本著作受兰州大学管理学院教师学术出版基金、国家自然科学基金面上项目（71972092）、国家自然科学基金重点项目（71832015、71832010）资助

Tactile Experience and Consumer Behavior

触觉体验和消费者行为

柳武妹 ◎著

科学出版社

北 京

内 容 简 介

本书围绕消费者的三类产品触觉体验，即产品触摸体验的有无、产品具体触感体验、对图片或屏幕中产品的触摸容易体验（简称产品触摸容易体验）展开论述。全书共 6 篇，共计 16 章。第一篇旨在概述消费者产品触觉体验这一研究领域并引出本书的目的；第二篇对三类产品触觉体验的前因层面的研究议题进行了阐述和展望；第三篇和第四篇对三类产品触觉体验的后效层面的研究议题进行了介绍和展望；第五篇从前因和后效两个层面介绍了对产品触摸需求不同的消费者在三类产品触觉体验上的差异，并提出了相应的未来研究议题；第六篇对前篇进行了总结，并基于已有文献和个人思考提出了相应的有待未来研究的研究议题。

本书可供产品触觉领域的学者、一线服务人员、营销管理者、公共政策制定者和消费者阅读和使用。

图书在版编目（CIP）数据

触觉体验和消费者行为 / 柳武妹著. —北京：科学出版社，2022.11
ISBN 978-7-03-073845-5

Ⅰ. ①触… Ⅱ. ①柳… Ⅲ. ①触觉-影响-消费者行为论-研究
Ⅳ. ①F036.3

中国版本图书馆 CIP 数据核字（2022）第 220750 号

责任编辑：孙文影 黄雪雯 / 责任校对：王晓茜
责任印制：李 彤 / 封面设计：润一文化

科学出版社 出版
北京东黄城根北街 16 号
邮政编码：100717
http://www.sciencep.com
北京中石油彩色印刷有限责任公司 印刷
科学出版社发行 各地新华书店经销
*
2022 年 11 月第 一 版 开本：720×1000 1/16
2022 年 11 月第一次印刷 印张：14
字数：254 000
定价：99.00 元
（如有印装质量问题，我社负责调换）

前言

Preface

自2011年攻读市场营销方向的博士学位开始，笔者就对人的触摸渴望和触觉体验非常感兴趣，并将其作为研究领域来钻研。围绕这一研究领域，笔者撰写了博士论文，申请了两项国家自然科学基金项目，也发表了几篇不足挂齿的论文成果。对这一领域钻研得越深，笔者感觉对这一领域的了解越肤浅。原本希望自己能成为这一领域的小专家，但是现在发现自己只是一个"搬砖的砖工"，甚至连搬砖的功夫还不到家。2021年春节期间，笔者萌生了写一本介绍这一领域的学术著作的想法，作为自己对这一领域钻研10年的一个小结。笔者希望本书能鞭策自己继续前进，继续探究无数令人着迷的研究议题，也希望本书能成为其他人了解消费者产品触觉体验这一领域的一扇窗，还希望本书能成为实践者针对消费者产品触觉体验开展营销活动的理论依据。

本书的书名之所以选择《触觉体验和消费者行为》，是因为我们每个人每天都在触摸物体或消费产品。究竟什么是消费者的产品触觉体验？哪些因素会影响消费者对产品的触觉体验？这些触觉体验又会对消费者的心理和行为产生怎样的影响？不同消费者群体对产品触觉体验的感知是否相同？各类产品触觉体验对不同消费者群体的影响是否相同？这5个问题是本书旨在回答的核心问题。为回答这5个核心问题，笔者规划了六篇共计16章内容。第一篇（第一、二章）旨在概述消费者产品触觉体验这一研究领域并引出本书的目的。本书将消费者的产品触觉体验划分为三类：产品触摸体验的有无、产品具体触感体验和产品触摸容易体验。第一章介绍了这三类产品触觉体验的概念、研究价值、研究方法和理论基础。第二章介绍了这三类产品触觉体验的研究现状和研究空缺，进而引出本书的目的——梳理消费者三类产品触觉体验的前因和后效并展望未来研究议题。第二篇（第三至第五章）对三类产品触觉体验的前因层面的研究议题进行了阐述和展望。第三篇（第六至第八章）和第四篇（第九至第十一章）对三类产品触觉体验的后效层面的研究议题进行了介绍和展望。作为对第二至第四篇的进一步推进，第五篇（第十二至第十五章）从前因和后效两个层面介绍了对产品的触摸需求不同的消费者在三类产品触觉体验上的差异，并提出了相应的未来研究议题。第六篇（第十六章）对前面篇章进行了小结，对本书的创新之处、特色及价值进行了讨论，并指出了本书的不足和未来的研究方向。

本书第一至第五章、第八章、第十二章、第十六章由笔者独立收集资料和撰写。其余章节的资料收集工作由笔者的在读学术型硕士生和博士生协助完成。具体而言，武峰和李佳扬分别参与第六章和第七章的资料收集和整理工作；张九旭、龚子腾和肖海谊分别参与第九至第十一章的资料收集和整理工作；康娜、陆佑麟和曾雅丽分别参与第十三至第十五章的资料收集和整理工作。笔者根据上述 8 位同学整理的资料撰写了相应篇章。此外，笔者的学术型硕士生刘艳、王璐、张新新和博士生杨巧英也对本书的文字和文献进行了校对，其中张新新同学还协助笔者对本书进行了多轮校稿。这 12 位同学工作非常认真、高效。在此，对他们的辛勤付出表示由衷的感谢！

本书在编写过程中也得到了下述人员和机构的支持与帮助。兰州大学管理学院的严燕老师对本书的目录和研究框架提出了宝贵建议。兰州大学管理学院以及国家自然科学基金管理科学部为本书提供了出版基金资助。科学出版社的孙文影、黄雪雯编辑在本书修改、校稿和出版过程中花了大量的时间和精力，没有她们的帮助，本书便难以成稿和出版。笔者已毕业的 MBA 学生石嫣飞同学、科学出版社的韩东先生也为本书的出版提供了前期帮助。最后，笔者的家人在笔者撰写书稿时分担了大量家务，才让笔者有时间完成书稿写作，同时笔者的家人还帮忙逐字逐句校阅书稿。没有上述机构和人员的帮助，本书就无法成稿。在此，向这些机构和人员表示由衷的感谢和敬意！

需要向读者说明的是，本书只关注消费者对产品的触觉体验，对消费者在零售服务环境下和服务人员或其他消费者的偶发人际触碰仅简要提及。同样，本书对产品和产品之间的接触也只简要提及，主要原因是，笔者这些年的学术兴趣集中在产品触觉体验这一领域，对人际触碰和产品触碰这两个领域思考不深，不敢妄自阐述和论述。

由于笔者学术积累有限，写作时间仓促，本书难免存在不足，恳请读者批评斧正！

柳武妹

2022 年 3 月 26 日

写于兰州大学城关校区齐云楼

目录

Catalog

第三篇　线下购物时消费者产品触觉体验的后效

第一篇　消费者产品触觉体验概述及本书框架

作为本书的第一篇，本篇将对消费者产品触觉体验这一学术研究领域进行概述，并在概述的基础上提出本书的目的和内容框架。本篇包含两章。第一章旨在对消费者产品触觉体验这一领域进行概述，首先介绍产品触觉体验的概念和分类，随后介绍研究消费者产品触觉体验的理论价值和实践价值，最后介绍消费者产品触觉体验这一研究领域的方法基础和理论基础。第二章首先介绍消费者产品触觉体验这一研究领域的研究现状及研究空缺，随后引出本书的目的——梳理消费者三类产品触觉体验的前因和后效并展望未来研究议题。基于这一目的，提出本书的内容框架。这一框架将成为本书的灵魂，指引后续篇章的结构安排和内容安排。具体而言，这一框架将对三类产品触觉体验的前因、后效和个体差异进行清晰勾勒。这一框架不仅包含已经开展的前人研究议题，还包含未来有待解决的研究议题。

综上，第一篇是本书的导论部分，是本书的“索引”，总领全书，是读者了解消费者产品触觉体验这一领域的一扇窗。通过本篇的阐述，本书能为学术界的读者揭开消费者产品触觉体验这一学术研究领域的面纱，并能为实践界的读者提供这一学术研究领域的管理实践启示。

第一章

消费者产品触觉体验概述

什么是触觉？什么是触觉体验？什么是消费者的产品触觉体验？作为一个学术研究领域，消费者产品触觉体验这一领域有什么研究价值？学者可以用什么方法研究这一领域？学者在研究这一领域时需要掌握哪些理论？本章将一一回答这些问题。笔者希望本章对这些问题的回答能够为读者了解这一领域打下概念基础、方法基础和理论基础。

第一节 概念界定

一、触觉

人类有五种感官：视觉、触觉、听觉、嗅觉和味觉。这五种感官是人类感知外界刺激的通道，也是后续一切信息加工和认知活动的起点和基础（Krishna，2012）。虽然其他四种感官对个体了解外部世界非常重要，但触觉是一种发育最早、衰退最晚的感觉形态（Ackerman et al.，2010）。长期以来，触觉这一感觉也被认为是信息传递的重要感官通道。人类从生命的开始到生命的终结，都与触觉形影不离，都需要依赖触觉来感知自己的身体状态和外界环境。既然触觉如此重要，那么什么是触觉呢？触觉是指皮肤上的触觉感受器接受机械刺激后产生的感觉（Stevens & Green，1996；Citrin et al.，2003）。触觉通过多种形态，如分布于全身皮肤上的神经细胞对外界温度、湿度、压力、振动等的反应而存在（Robles-De-La-Torre，2006；柳武妹等，2014）。从这一定义可以看出，触觉隶属于肤觉（sense of skin）。在消费者行为研究中提及触觉主要指的是手部肤觉或手部触觉，这主要是因为手是消费者接收和感知外界刺激时最常用的人体器官，消费者对产品触觉信息的输入需要依赖手来实现。比如，消费者需要用手来触摸产品，或用手点击鼠标或滑动触摸屏来浏览屏幕中的产品图片和文字信息。当然，除了手以外，消费者在日常消费过程中还可能利用牙齿和口腔来感受食物的触觉属性（如坚硬/柔软、光滑/粗糙等），利用双足来感受商店地板或地毯的温度和柔软/坚硬程度。但是，相比手部触觉，学术界对口腔触觉和足部触觉关注不多。

二、消费者触觉体验

触觉体验是对触摸对象的体验。具体到营销学科中，触觉体验是指消费者对触摸对象的体验。这类触觉体验可以是实际触摸后的体验，也可以是想象触摸后的体验。比如，消费者会触摸物品和产品，会触摸他人，会触摸无形的事物（如空气、细菌等），所以消费者的触觉体验包含对产品的触觉体验、对他人的触觉体验以及对传染物的触觉体验。因此，消费者触觉体验相应地划分为人-物触觉体验、人际触觉体验和物-物触觉体验（Krishna，2012；钟科等，2016）。

三、消费者产品触觉体验

正如前言部分所提，本书的侧重点在人-物触觉体验上，对人际触觉体验和物-物触觉体验不做重点关注。消费者对产品的触觉体验是指消费者触摸产品时的体验，这里的产品可以是产品实物，也可以是图片或屏幕中的产品。总体来看，迄今为止，消费者行为领域的学者探究了三类产品触觉体验：产品触摸体验的有无、产品具体触感体验以及产品触摸容易体验。比如，在以触摸还是不触摸产品为自变量或因变量的触觉研究中，学者关注的是有无产品触摸体验对消费者心理和行为的影响（Peck & Childers，2003a；Peck & Shu，2009；Ringler et al.，2019）。在以触摸冷-热、轻-重、光-粗和软-硬感知为自变量或因变量的研究中，学者关注的是个体对外界刺激的具体触感体验（Dai & Hsee，2013；Krishna et al.，2010；Jha et al.，2020）。外界刺激尤其是产品的触觉属性包括温度属性（冷 vs.热）、重量属性（轻 vs.重）、光滑度属性（光滑 vs.粗糙）以及柔软度属性（柔软 vs.坚硬）（Ackerman et al.，2010）。相应地，消费者对外界产品刺激的具体触感体验也包含冷-热体验、轻-重体验、光-粗体验和软-硬体验。在以产品触摸容易体验为自变量或因变量的触觉研究中，学者关注的是对图片或屏幕中产品的触摸容易体验（Elder & Krishna，2012；Maille et al.，2020）。

借鉴前人的研究范式，本书也关注这三类触觉体验，并且将消费者的产品触觉体验界定为消费者触摸产品实物以及图片或屏幕中产品时的体验。笔者认为，产品触摸体验的有无与触摸产品动作的有无相伴而生，对产品的具体触感体验和冷-热体验、轻-重体验、光-粗体验、软-硬体验等四对触感体验相对应，而产品触摸容易体验和/或触摸困难体验是一种元认知体验。这三类产品触觉体验将贯穿本书始终，本书将分别梳理这三类产品触觉体验的前因（诱发因素）和后效（影响结果），并提出相应的未来研究议题。为方便读者理解，笔者绘制了本书关注的三类消费者产品触觉体验，具体如图 1-1 所示。

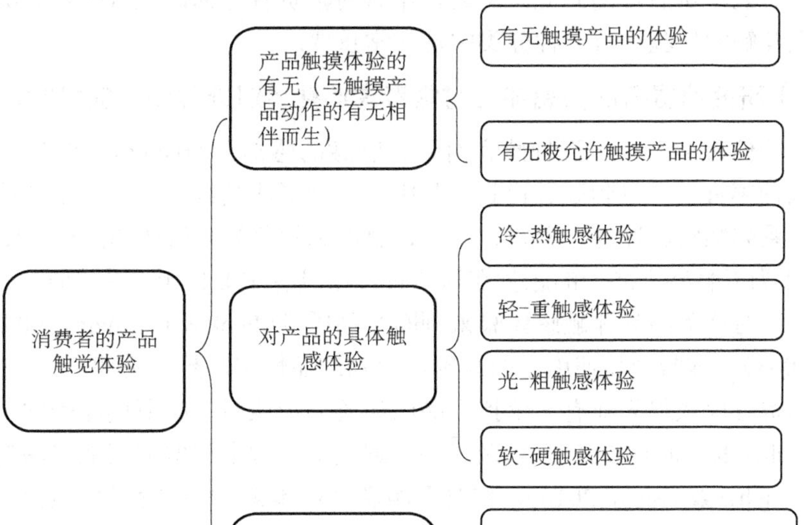

图 1-1　本书关注的三类消费者产品触觉体验

第二节 研究价值

一、在消费者行为研究中的价值

关于消费者行为研究的分类，学术界尚未形成一致观点。从消费者行为领域国际权威组织——消费者研究协会（Association for Consumer Research，ACR）为学者提供的研究领域清单来看，消费者行为研究包含认知、情绪、信息加工、决策制定、感官体验、元认知体验等数十类。国内外知名商学院市场营销方向博士生的消费者行为学课程分为两大板块——信息加工和决策制定。这意味着消费者行为研究也可以分为信息加工和决策制定这两大类。当然也可以根据消费者行为领域知名学术文章中提出的模型，如希夫和费多日肯（Shiv & Fedorikhin，1999）提出的将认知和情感作为人类的双系统模型（dual-system model）以及梅特卡夫和米歇尔（Metcalfe & Mischel，1999）提出的将冷系统和热系统（hot system and cold system）作为人类的双系统模型，将消费者行为研究分为认知研究（冷系统研究）和情感研究（热系统研究）。还可以根据经典消费者行为教材（迈克尔·所罗门，2014）中对消费者购买过程的分类，将消费者行为研究分为消费者购前行为研究、购买行为研究和购后行为研究。总之，不管对消费者行为研究做哪种分类，消费者的触觉及触觉体验在每一种分类中都非常重要。

（一）研究消费者的信息加工时需考虑消费者对外界刺激的触觉输入

个体的信息加工始于五种感官对外界刺激的感知（Krishna，2012）。个体只有通过五种感官把外界刺激登记到大脑中，才会形成基础认知和基础情绪，并产生后续一系列知觉、注意、学习、记忆、思维和想象等高级认知活动（Krishna，2012）。作为五种感官之一的触觉在这个过程中具有重要作用。具体而言，消费者要依赖自己对产品的具体触感体验来判断产品质量（Peck & Childers，2003a; Citrin et al.，2003），推断产品使用者的性别，感知产品性别联想（易仲怡等，2018）。同时，消费者要依赖先前有无手抓产品的体验来形成对产品所属品牌的记忆和再认（Streicher & Estes，2015）以及对随后遇到的视觉上相似的其他产品的评估和选择（Streicher & Estes，2016）。相对于触摸困难体验，触摸容易体验会促使消费者形成对产品的拥有者身份感知（Brasel & Gips，2014），产生积极情感（Chung et al.，2018），并倾向选择享乐品（Shen et al.，2016；Chung et al.，2018；Wang et al.，2020）。

（二）研究消费者的决策制定时需考虑消费者的产品触觉体验

进行线下购物时，首先，消费者会依赖自己先前有无对产品实物的触摸体验来确定自己对所评估产品的购买意愿（Citrin et al.，2003；Liu et al.，2017）、产品偏好（McCabe & Nowlis，2003）、估价以及价格支付意愿（Peck & Shu，2009；Peck et al.，2013；Liu et al.，2017）。其次，消费者会依赖自己对触摸物的光滑度体验来决定自己是否要同情和帮助受难者（Wang et al.，2016），并依赖自己对触摸物的柔软度体验来决定自己是否要对服务失败情境给予更多的宽容（钟科等，2014）。再次，消费者会依赖自己先前是否有被允许触摸某个源产品（source product）的体验来决定自己是否要购买这个源产品（Otterbring，2016），以及是否要触摸和购买随后遇到的其他产品（Ringler et al.，2019；Otterbring，2016）。最后，消费者会依赖自己先前有无产品实物触摸体验来确定自己是否选择随后遇到的目标新产品（柳武妹等，2018）。除线下购物外，线上购物时，消费者也会依赖自己的触摸容易体验来确定自己是否要选择和购买所评估的产品（Shen et al.，2016；Chung et al.，2018；Wang et al.，2020）。

（三）研究消费者的情感和认知时需考虑消费者的产品触觉体验

研究消费者的情感和认知时需要考虑消费者的产品触摸体验的有无和对产品的具体触感体验。首先，相比缺乏产品触摸体验，拥有产品触摸体验会给消费者带来愉悦感（Peck & Shu，2009），降低受挫感（Peck & Childers，2003a），增加消费者对产品的控制感（Peck et al.，2013），以及缓解消费者因缺乏对环境的控制感而感受到的负性情绪（柳武妹等，2016）。其次，触摸柔软产品的体验还能减缓社会排斥带给消费者的负性情绪（丁瑛，宫秀双，2016）。除情感和情绪影响外，消费者对产品的认知和信息加工也受产品触摸体验的有无和对产品具体触觉体验的影响。前文已论述过这一点，在此不再赘述。

（四）研究消费者的购前、购时和购后行为时无法忽视消费者的三类产品触觉体验

前文论述的消费者的产品触觉体验对消费者情绪和认知的影响都体现在购前或决策前。但是，消费者的三类产品触觉体验对其情绪、认知和行为的影响也体现在购买时，比如，消费者在购买产品时会基于产品有无被他人触摸过而决定是否将该产品放入购物车。研究指出，消费者不愿意购买被陌生他人触摸过的产品，因为这些产品会诱发消费者的恶心或对疾病传染的担忧（Argo et al.，2006）。但消费者会愿意购买被名人和漂亮他人触摸过的产品，因为消费者觉得被他们触摸

过的产品沾染上了他们的积极人格特征（Argo et al.，2008；Newman et al.，2011）。这就意味着他人对产品的触摸会影响消费者的购买行为。此外，消费者对产品触摸体验的有无还有可能缓解消费者的购后冲突，减少消费者对旧产品的扔弃，加强消费者对旧产品的热爱，这主要是因为触摸产品会增强消费者对产品的拥有者身份感知，即让消费者感知到该产品仅属于他本人（Peck & Shu，2009）。这种拥有者身份感知会缓解消费者的购后冲突，降低产品被丢弃的可能性，进而提高消费者对产品的代际赠送意愿（尤其是当该产品是珠宝首饰等不会变质且和消费者自我概念紧密关联时）。

二、在营销管理中的实践价值

正如前文所言，消费者的三类产品触觉体验在消费者的购前信息加工和决策制定中具有重要作用。因此，营销管理者、一线服务人员、产品研发者和设计者以及品牌经理和产品经理等都不能忽视这三类产品触觉体验对消费者在评估和搜寻产品信息时的作用。

（一）研究消费者的三类产品触觉体验对营销管理者和一线服务人员的价值

营销管理者和一线服务人员需要重视通过消费者的三类产品触觉体验，来增加产品销量和消费者的惠顾行为。具体而言，一线服务人员鼓励（vs.禁止）消费者触摸产品会增加消费者对产品的冲动购买（Peck & Childers，2006），对产品广告信息的信服力感知（Peck & Wiggins，2006；2011），以及对店铺、零售商和前台服务人员的好评（Ringler et al.，2019）。当消费者无法触摸产品时，线上零售商可以向消费者提供描述产品触觉属性的文字或让消费者想象触摸产品，也能提高消费者对产品的购买意愿（McCabe & Nowlis，2003；Peck et al.，2013）。因此，为了产生积极的营销结果，营销管理者和一线服务人员需要鼓励消费者去触摸产品或了解产品触觉信息。

（二）研究消费者的三类产品触觉体验对产品研发者和设计者的价值

产品研发者和设计者要在产品设计过程中重视消费者的三类产品触觉体验。有研究者指出，触觉反馈媒介能够提高消费者在游戏、健康管理和健身活动中的任务表现（Hadi & Valenzuela，2019）。因此，游戏开发者、健康管理 App 及健身 App 的设计者需要在产品设计过程中增加产品的触觉反馈功能，以便增加消费者对产品的好评率和重复使用率。研究还指出，圆形触摸屏要比菱形触摸屏更能促进消费者对享乐品而非功能品的选择（Wang et al.，2020），而且在手机和平板电脑上展示产品要比在台式电脑上展示产品更能增加消费者对产品的坚硬感知（Chung et al.，2016）。因此，触摸屏设计者需要在产品研发时考虑触摸屏的形状和触觉属性。

（三）研究消费者的三类产品触觉体验对品牌经理和产品经理的价值

品牌经理和产品经理也需要重视消费者的三类产品触觉体验，因为触摸产品能够促进消费者对产品所属品牌的再认和记忆（Brasel & Gips，2014）和对新产品的评估和选择（柳武妹等，2018）。因此，当一个新产品进入市场时，产品经理和品牌经理需要研究如何通过促进消费者对产品的触摸来让消费者记住该产品和品牌，从而实现基于顾客心智的品牌资产。

三、在增进消费者福祉层面的研究价值

消费者的三类产品触觉体验除了在营销管理中具有实践价值外，还在增进消费者福祉层面具有重要研究价值。幸福、健康是美好生活的特征。消费者的三类产品触觉体验对消费者追求美好生活的影响值得研究者关注。

（一）产品触摸体验的有无对消费者福祉的双刃剑作用值得关注

一方面，消费者在线下实体店购物时会被服务人员或销售人员鼓励去随意触摸产品、随意试用产品；另一方面，消费者也会看到诸如珠宝首饰、儿童玩具、玻璃饰品等产品旁边贴有“禁止触摸”的标识。有研究指出，一线服务人员鼓励（vs.禁止）消费者触摸产品的营销策略能够促使消费者产生计划外的冲动购买（Peck & Childers，2006），并且体验到触摸带来的愉悦情绪（Peck & Shu，2009；Peck et al.，2013）。这就意味着由触摸产品引发的愉悦情绪会让消费者做出计划外的冲动购物，从而可能减少消费者福祉。但与此同时，由触摸产品引发的愉悦情绪又会让消费者感受到购物的乐趣和幸福。可以看出，触摸产品对消费者福祉会产生双刃剑作用，这种双刃剑效应值得研究者去关注，也值得消费者去洞察。

（二）“禁止触摸”策略对消费者的短期影响和长期影响值得探究

营销者开展的“禁止触摸”策略会影响消费者随后的店内消费金额。有研究指出，禁止（vs.鼓励）消费者触摸产品会在认知层面促使消费者产生对产品的抵触，但在行为层面会增加消费者对该类产品的实际购买和支付金额，这一现象在被禁止触摸的产品价格高且能显示身份地位时更加明显（Otterbring，2016）。同时，先前禁止消费者触摸某产品还会促使消费者在离开该产品后增加对店内其他产品的触摸和购买，但会降低消费者对服务人员的评价（Ringler et al.，2019）。笔者开展的最新研究表明，如果商家在消费者浏览线下实体店出售的产品时禁止（vs.鼓励）其触摸产品，会促使消费者在随后不相关情境中进行多样化寻求。这

种多样化寻求倾向会促使消费者在随后遇到的产品品牌和店铺品牌间频繁转换，最终不利于消费者对产品品牌和店铺品牌的忠诚（柳武妹，张东，2022）。由此可知，商家实行的“禁止触摸”这类营销策略会产生双刃剑效应，一方面会促进消费者的报复性购买，另一方面会降低消费者对店铺中出售的其他产品和品牌的忠诚度，从长远来看，不利于增进消费者的福祉。因此，关注消费者福祉的研究者和实践者不能忽视消费者对产品触摸体验的有无。

（三）产品具体触感体验和触摸容易体验对消费者福祉也会产生影响

消费者对产品的冷-热触感体验、轻-重触感体验、光-粗触感体验及软-硬触感体验都是一种具身感受，这种具身感受会对消费者的自我概念和他人觉知产生影响。比如，触摸软（vs.硬）球会增强消费者的渐变论维度的内隐人格观，让消费者觉得自身的各种特性可以随着时间和努力发生变化（钟科等，2014）。一旦消费者觉得自身的一些负性性格特征和人格特征可变时，消费者会对生活有更多憧憬，并最终促进消费者对生活美好的感知。此外，消费者的产品触摸容易体验也会影响其福祉。根据研究者对资源稀缺对消费者行为影响框架的勾勒，消费者对产品的稀缺感知会促进其对产品的热爱和珍惜（雷亮等，2020）。而当消费者的产品触摸容易体验强时，其会在购买到或获取到该产品后降低对该产品的热爱和珍惜度，进而导致对产品的更早丢弃和相应的财务损失，最终不利于消费者的金融福祉。

第三节　方 法 基 础

在研究消费者的产品触觉体验时，学者通常会使用实验法（包含实验室实验和田野实验）来检验消费者对产品的触觉体验是否会影响、如何影响以及为何会影响消费者对产品的态度和购买反应，也会使用测量法（或问卷调查法）来测量消费者在产品触觉输入需求上的个体差异，还会使用二手数据法来研究消费者在诱发其不同触觉体验的购物渠道（线上 vs.线下）和电子产品界面（平板电脑端 vs.手机端 vs.电脑端）上所购买产品的类型、订单数量以及订单金额等。接下来，笔者具体阐述每类方法在消费者产品触觉体验研究中的应用。

一、实验室实验

实验室实验无疑是消费者产品触觉领域的学者最偏爱、使用最为频繁的一种研究方法。实验室实验，是指一种在实验室情境下有计划地操纵自变量，控制噪声和干扰因素，以检验因变量变化的实验类型（小卡尔·麦克丹尼尔，罗杰·盖茨，2019）。在这类实验中，被试会被随机分配，噪声会被尽可能地控制掉（郭秀艳，2004）。用实验室实验可以操纵消费者的三类产品触觉体验。

（一）用实验室实验操纵产品触摸体验的有无

实验室实验需要操纵自变量以促使因变量变化。学者在操纵消费者产品触摸体验的有无时，最常使用的方法是让实验人员将产品实物带到实验室并且放到实验室桌子上，让触摸组被试看并且触摸产品 1 分钟，而让不触摸组被试看产品 1 分钟但不触摸产品（Peck & Childers，2003a；2003b；柳武妹等，2016；2018）。通过这一操作，触摸组被试会拥有触摸产品的机会和体验，而不触摸组被试会缺乏这一体验。随后，实验人员会让被试回答涉及对产品的态度和购买决策等因变量的问题。当然，也有学者在操纵消费者对产品触摸体验的有无时，让触摸组被试看着电脑屏幕上的产品图片想象自己正在触摸产品，而让不触摸组被试看着电脑屏幕上的图片想象自己没有触摸产品或不被允许触摸产品（Ringler et al.，2019；Otterbring，2016）。

（二）用实验室实验操纵消费者对产品的具体触感体验

在操纵消费者对产品具体触感体验时，实验者常会让被试触摸和感受在触觉属性上不同但隶属于同一品类的产品。整体而言，柔软（vs.坚硬）、光滑（vs.粗糙）、温暖（vs.寒冷）、轻（vs.重）这四对触感体验都可以通过实验室实验来操纵。

1. 对柔软（vs.坚硬）触感体验的操纵

用实验室实验可以操纵不同身体部位的柔软（vs.坚硬）触感体验。首先，操纵脚部柔软（vs.坚硬）触感体验时，迈耶-利维等（Meyers-Levy et al.，2010）让柔软触感体验组被试（vs.坚硬触感体验组被试）走在铺有地毯（未铺地毯）的实验室地面上，随后测量被试的信息加工类型。其次，操纵臀部柔软（vs.坚硬）触感体验时，阿克曼等（Ackerman et al.，2010）让柔软触感体验组被试（vs.坚硬触感体验组被试）坐在触感柔软（vs.坚硬）的凳子上，随后对被试的特征进行推断和评估。再次，操纵手部柔软（vs.坚硬）触感体验时，丁瑛和宫秀双（2016）让柔软触感体验组被试触摸触感柔软（毛绒材质）的纸巾盒，而让坚硬触感体验组被试触摸触感坚硬（皮革材质）的纸巾盒，随后测量他们对纸巾盒的评价。类似地，钟科等（2014）在操纵手部柔软（vs.坚硬）触感体验时，让被试用手触摸在软-硬触感上有差异的笔袋、桌垫和玩具熊猫。佩克和威金斯（Peck & Wiggins，2006）让柔软体验组被试用手触摸博物馆宣传手册上的人造毛皮来感受柔软和愉悦的触摸体验，而让对照组被试触摸的博物馆宣传手册上则没有人造毛皮这一柔软触觉线索。最后，操纵口腔柔软（vs.坚硬）触感体验时，实验者让被试咀嚼口感柔软（vs.坚硬）的食物（Biswas et al.，2014）。

2. 对其他触感体验的操纵

除柔软（vs.坚硬）触感体验外，实验者也会操纵被试的光滑（vs.粗糙）触感体验、冷（vs.热）触感体验以及轻（vs.重）触感体验。首先，通过实验室实验可以操纵消费者对产品的光滑（vs.粗糙）触感体验。比如，阿克曼等（Ackerman et al.，2010）以及威廉斯和巴奇（Williams & Bargh，2008）让被试用手触摸光滑纸（vs.磨砂纸），以便诱发光滑触感（vs.粗糙触感）。随后让被试完成测量因变量的题项，如询问被试对人际互动的感知。再比如，克里希纳等（Krishna et al.，2010）以及易仲怡等（2018）让被试用手触摸磨砂纸（vs.光滑纸），来判断纸张所引发的性别联想。其次，用实验室实验也可以操纵消费者对物体的轻（vs.重）触感体验。比如，实验者让被试手提或肩扛装有重体积矿泉水（vs.轻体积矿泉水）的购物袋，或让被试用重量轻（vs.重）的物体书写（Zhang & Li，2012）。此外，实验者让被试用轻勺子（vs.重勺子）吃酸奶（Biswas et al.，2014）。最后，用实验室实验还可以操纵消费者对物体的冷（vs.热）触感体验。比如，实验者让被试手拿装有热水（vs.冷水）的杯子（Williams & Bargh，2008）。

（三）用实验室实验操纵消费者的产品触摸容易体验

在操纵被试的产品触摸容易体验时，实验者常采取两种方式：一是让被试用手直接触摸（vs.用鼠标或键盘点击）图片或屏幕中的产品；二是让产品变得容易抓取（vs.难以抓取）。从本质上而言，第一种方式是通过操纵触摸媒介或界面的类型（直接触摸界面 vs.间接触摸界面）来操纵消费者与产品的空间距离，第二种方式是操纵触摸对象的触摸难易程度。这两种操纵方式都非常简单易操作，感兴趣的学者和实践者可以借鉴。

1. 通过操纵消费者与产品的空间距离操纵消费者的产品触摸容易体验

当消费者离目标物的空间距离较近（vs.远）时，消费者会觉得该目标物容易被触摸到（vs.难以被触摸到）。用手机或平板电脑触摸图片或屏幕中的产品时，消费者会觉得自己和产品的空间距离近；而用鼠标或键盘触摸图片或屏幕中的产品时，消费者会觉得自己和产品的空间距离远。遵循这一逻辑，实验者常让被试在智能手机或平板电脑等可直接触摸界面上浏览产品，用手指做点击任务，以诱发被试对产品的触摸容易体验；或者让被试在台式电脑、笔记本电脑等间接触摸界面上浏览产品，并用鼠标或键盘做点击任务，以诱发被试对产品的触摸困难体验（Brasel & Gips，2014；Shen et al.，2016）。

2. 通过其他方式操纵消费者的产品触摸容易体验

除了使用不同电子产品界面操纵消费者的产品触摸容易体验，研究者还会通过给产品添加把柄（vs.不添加把柄）（Elder & Krishna，2012）、让图片中的产品朝向被试的手（vs.不朝向被试的手）（Tucker & Ellis，1998；Eelen et al.，2013）、在难以抓取的液态食物前放置勺子或餐具（vs.不放置勺子或餐具）（Elder & Krishna，2012）、给无法触摸的无形服务等前添加可触摸线索（vs.不添加可触摸线索）（Maille et al.，2020），以及让被试抓取产品的手未被占用（vs.被占用）（Shen & Sengupta，2012）等手段来操纵产品的触摸难易程度，进而诱发消费者对产品的触摸容易体验（vs.触摸困难体验）。

由上可见，学者在实验室实验中可以根据自己的研究需要和研究条件，通过各种方式操纵三类产品触觉体验，且这种方法比较容易操纵且实验噪声小，因此被消费者产品触觉领域的学者频繁采用。

二、田野实验

田野实验也即现场实验，是一项在真实田野环境下开展的探究自变量和因变量间因果关系的实验类型。在该实验中，自变量是真实田野环境下发生的、被试没有意识到的各类刺激；因变量涉及实际行为；同时研究人员对实验过程无法干预，对被试无法随机分配，从而导致该类实验设计本身不严密，但外部效度高（柳武妹等，2020）。由此可以看出，田野实验和实验室实验的最大区别在于真实性。在实验室实验中，研究情境是模拟的、非真实的；而在田野实验中，研究情境是真实的。真实的消费情境中存在噪声和干扰，所以在田野实验中操纵消费者的三类产品触觉体验具有一定难度。笔者根据自己的文献积累，简要整理了学者在田野实验中对消费者三类产品触觉体验的操纵。

（一）通过超市或商店中的广告语操纵消费者的产品触摸体验的有无

在田野实验中，实验者常会通过超市或商店中的广告语中是否涉及触摸字眼来相对自然和真实地操纵产品触摸体验的有无。比如，佩克和奇尔德斯（Peck & Childers，2006）在检验产品触摸体验的有无与消费者冲动购买之间的关系时，通过在北美一家大型超市的水果专柜旁张贴“feel the freshness”（感受新鲜）的宣传海报（vs.不张贴该宣传海报）来诱发消费者对产品的触摸举动。随后，他们记录了消费者对目标产品（桃子）的实际购买行为，发现相比于不张贴诱发触摸举动的海报，张贴诱发触摸举动的海报会增加消费者对桃子的购买。此外，佩克和威金斯（Peck & Wiggins，2006）通过向孩子年龄在 8 岁以下的家庭邮寄含有触觉元素（vs.不含触觉元素）的博物馆捐赠手册来操纵他们对手册上触觉元素的触摸体验。这里的触觉元素是指博物馆捐赠手册中恐龙图片上柔软的人造毛皮。读者可以借鉴佩克及其合作者的上述操纵方法。

（二）通过超市或商店中的实物操纵消费者的产品具体触感体验

学者可以在田野实验中操纵消费者的产品具体触感体验。比如，迈耶-利维等（Meyers-Levy et al.，2010）通过超市地板铺有地毯（vs.未铺地毯）来诱发消费者的柔软（vs.坚硬）触感体验，结果发现，相比未铺有地毯的超市，铺有地毯的超市会增强消费者对该超市出售产品的舒适度感知，进而提高对该超市产品的评估。

（三）通过浏览产品的电子产品界面操纵消费者的产品触摸容易体验

学者可以在田野实验中操纵消费者的产品触摸容易体验。比如，布拉塞尔和吉普斯（Brasel & Gips，2015）在研究电子产品界面类型（直接触摸界面 vs.间接触摸界面）对消费者信息搜寻的数量和内容的影响时，就通过记录被试采用哪一种界面浏览真实的旅游推荐网站，来研究对消费者的产品触摸容易体验的作用。目前，线上购物的后台数据能够记录消费者购物时用的是哪种界面，所以这类方法非常容易被学者使用。

三、问卷调查法

使用问卷调查法可以帮助学者检验消费者的产品触觉体验。三类产品触觉体验中，产品触摸体验的有无在本质上是一种触摸动作，无法通过问卷来调查。同样，对产品的具体触感体验也与消费者触摸产品相伴而生。所以，通过问卷只能核查消费者对产品触摸体验的有无和具体触感体验的操纵是否成功。然而，产品触摸容易体验可以通过问卷来测量，这类产品触觉体验在研究中常被学者作为中介变量来测量。比如，有学者就通过 4 个条目来测量被试的产品触摸容易体验和其他体验（Shen & Sengupta，2012）。这 4 个条目是："你对想象自己抓产品这一动作感到有多么困难/多么不愉悦/多么正确/多么舒适？"（1 代表"一点都不"，7 代表"非常多"）。其中第一个条目测的是产品触摸容易体验。

笔者在这里介绍两个用来测量消费者对产品的触摸需求的个体差异的量表，即触摸需求量表（need for touch scale，NFT 量表）和触觉信息输入需求量表（need for tactile input scale，NTI 量表）。

（一）NFT 量表

NFT 量表由佩克和奇尔德斯（Peck & Childers，2003a）于 2003 开发，并发表在《消费者研究杂志》（*Journal of Consumer Research*）上。该量表用来测量消费者在浏览产品时对产品的触摸需求的高低以及触摸产品的原因。NFT 量表是一个包含 2 个维度（工具型触摸需求和享乐型触摸需求）、12 个条目（2 个触摸需求维度各有 6 个条目）的利克特 7 点量表（−3 代表“强烈不同意”，+3 代表“强烈同意”）。其中，工具型触摸需求指的是触摸产品带有工具性目的，也即触摸产品是为了制定购买决策。享乐型触摸需求指的是触摸产品本身就是目的，也即触摸产品仅仅是为了获取愉悦，与购买无关（Peck & Childers，2003a；2003b）。表 1-1 列出了笔者翻译的 NFT 量表，供读者参考。

表 1-1　NFT 量表中文翻译版

条目	强烈不同意	不同意	稍微不同意	中立	稍微同意	同意	强烈同意
1. 逛商店时，我会情不自禁地触摸各类产品（A）	−3	−2	−1	0	+1	+2	+3
2. 触摸产品非常有趣（A）	−3	−2	−1	0	+1	+2	+3
3. 我更信任那些能在购买前触摸的产品（I）	−3	−2	−1	0	+1	+2	+3
4. 当亲自检查了某产品后，购买它时我心里会更加舒服（I）	−3	−2	−1	0	+1	+2	+3
5. 对我而言，逛商店时手摸各类产品非常重要（A）	−3	−2	−1	0	+1	+2	+3
6. 如果我在商店不能触摸某产品，我就不愿意购买它（I）	−3	−2	−1	0	+1	+2	+3
7. 即使我没有购买产品的意向，我还是喜欢去触摸它们（A）	−3	−2	−1	0	+1	+2	+3
8. 触摸某产品后，我对要做的购买决策更有信心（I）	−3	−2	−1	0	+1	+2	+3
9. 逛商店时，我喜欢触摸许多产品（A）	−3	−2	−1	0	+1	+2	+3
10. 确信一件产品值得购买的唯一方法，就是去实际触摸它（I）	−3	−2	−1	0	+1	+2	+3
11. 我发现自己会触摸商店里的各种产品（A）	−3	−2	−1	0	+1	+2	+3
12. 对于许多产品，只有能在购前触摸它们，我才会购买（I）	−3	−2	−1	0	+1	+2	+3

注：A 代表的是享乐型触摸需求维度的条目，I 代表的是工具型触摸需求维度的条目

（二）NTI 量表

NTI 量表由希特林等（Citrin et al.，2003）开发，并发表在《商业研究杂志》（*Journal of Business Research*）上。NTI 量表是一个单维度的利克特 7 点量表（1 代表“强烈不同意”，7 代表“强烈同意”），用来测量消费者在评估产品时在触觉信息输入需求上的个体差异，以及消费者在依赖触摸判断产品质量和做出购买决策上的个体差异。表 1-2 列出了笔者翻译的 NTI 量表，从中可以看出，希特林等开发的NTI量表与佩克和奇尔德斯开发的NFT量表中的工具型触摸需求存在对应性。相比于低触觉信息输入需求者，高触觉信息输入需求者触摸产品具有制定购买决策的工具性目的。

表 1-2 NTI 量表的中文翻译版

条目	强烈不同意	不同意	稍微不同意	中立	稍微同意	同意	强烈同意
1. 我需要触摸产品以便评估它的质量	1	2	3	4	5	6	7
2. 我需要触摸产品以便评估我有多么喜欢它	1	2	3	4	5	6	7
3. 我感到很有必要触摸产品以便评估它的物理特征	1	2	3	4	5	6	7
4. 我感到很有必要触摸产品以便评估它的质量	1	2	3	4	5	6	7
5. 我需要触摸产品以便评估它的物理特征	1	2	3	4	5	6	7
6. 我需要触摸产品以便形成对它的整体评估	1	2	3	4	5	6	7

相比较而言，NFT 量表比 NTI 量表在消费者触觉研究中的运用更加广泛，并且 NFT 量表还有其他语言版本。比如，努斯鲍姆等（Nuszbaum et al.，2010）就用德文版 NFT 量表检验了消费者的触摸需求水平是否会调节产品触摸体验的有无对消费者评估产品的信心的影响。NFT 量表比 NTI 量表运用更广的原因在于：①刊发 NFT 量表的杂志比刊发 NTI 量表的杂志更权威；②NFT 量表是一个两维度量表，能让学者根据研究需要测出消费者触摸产品背后的具体原因（解决问题 vs.追求享乐）。

需要说明的是，用量表或问卷测量消费者的触觉体验时，消费者回答的是他们的主观态度，而主观态度并不等同于客观行为，也反映不出客观生理指标。因此，弗拉纳和莫克里（Vrána & Mokrý，2020）呼吁在进行消费者触觉体验研究时尽量减少使用纸笔测验作为研究方法，建议将脑电、核磁共振技术等运用在消费者触觉体验研究中。此外，弗拉纳和莫克里（Vrána & Mokrý，2020）对 4 篇使用脑电和核磁共振技术作为研究手段的相关文献做了回顾，感兴趣的读者可以阅读这篇文章。

四、二手数据

使用二手数据研究消费者产品触觉体验的文章相对偏少，但是这并不意味着学者无法使用二手数据进行与消费者产品触觉相关的研究。事实上，巧妙地使用二手数据研究消费者的产品触觉体验对产品销量和订单量、消费者购买产品的类型、购买金额等的影响，可以弥补实验法的缺陷（如外部效度低）和问卷调查法的缺陷（如被试的自陈报告容易出现社会期望效应）。

（一）用二手数据检验购前产品触摸体验的有无对消费者行为的影响

于热等（Huyghe et al.，2015）通过二手数据检验了线上购物渠道（购前无产品触觉体验）和线下购物渠道（购前有产品触觉体验）哪个更能促使消费者做出健康食物选择。具体而言，他们选择了一家欧洲大型零售商（该零售商同时经营线上店铺和线下店铺，且这两种店铺出售相同价格、相同品类的产品）作为研究对象，并获取了所有持有该零售商忠诚卡的客户信息。随后，他们将这些客户分为三类：仅通过线下店铺频繁购物的客户、仅通过线上店铺频繁购物的客户以及在线上店铺和线下店铺都购物的客户，然后从每类客户中随机抽选出10%的样本，分析这三组样本在2013年1月至4月的店铺购买数据，最终产生的数据集涉及32 363次购买次数和4313名消费者。在分析这些数据时，于热等（Huyghe et al.，2015）参考已有研究比较了消费者线上购买和线下购买5个不利于健康的产品品类（咸味饼干、薯条、巧克力、糖果棒、糖果口香糖）的消费金额，结果发现，相比不提供触摸体验的线上店铺，提供触摸体验的线下店铺更能增加消费者对这5个品类产品的购买金额。

（二）用二手数据研究消费者的产品具体触感体验

可能是笔者的文献积累有限，笔者还没有发现有学者用二手数据检验不同产品具体触感体验对消费者行为的影响，但感兴趣的学者可以尝试这样做。比如，可以比较消费者对同一品类同一价格下的触感柔软的产品（如软的塑料球）和触感坚硬的产品（如硬的足球）是否存在购物时长或购买金额的差异。笔者推测，很有可能相比于触感坚硬的产品，触感柔软的产品会增加消费者的购物时长和购买金额。笔者还推测，相比于触感粗糙的产品，触感光滑的产品很有可能会增加消费者的购物时长和购买金额。

（三）用二手数据检验产品触摸容易体验对消费者行为的影响

相比电脑端呈现的产品，消费者会觉得手机端呈现的产品触摸起来更容易，因此可以通过比较消费者在这两个购买端口（或购买界面）上的停留时长、订单额等数据，来间接研究触摸容易体验对消费者决策时间和购买金额的影响。国内学者黄敏学和王薇（2019）就采用了这一思路，利用二手数据检验了购买端口（手机端 vs.电脑端）对消费者延迟选择的影响。他们获取了某品牌的酒类商品在2016年8月26日到2016年11月1日的天猫官方旗舰店的订单数据，通过这些数据分析了产品价格和购买端口类型的交互作用对订单时长的影响。结果发现，对于低价产品，消费者在手机端比在电脑端决策更快。也有学者使用淘宝购物网站的大规模档案数据，探究平板电脑的采用对消费者购买行为的影响（如 Xu et al.，2017）。还有学者利用二手数据研究手机购物对消费者的影响（Wang et al.，2015）。上述证据都表明，研究者可以用历史交易数据和其他二手数据研究产品触摸容易体验对消费者行为的影响。

第四节　理论基础

学者通常会使用哪些理论来研究消费者的产品触觉体验呢？基于这些年对这一领域的积累和思考，笔者认为，下述几个主要理论基础可供读者参考。这里有几点需要向读者交代和说明：①本书将在后续章节专门介绍支撑这些理论的学术研究，因此本节仅简要提及这些研究以便佐证本节所提理论的合理性；②目前，消费者产品触觉领域的实证研究数量很多，但大多实证研究所依赖的具体理论基础不尽相同，笔者很难介绍所有文献的理论基础，因此本节只阐释笔者认为具有一定代表性的理论依据；③虽然下文提到的一些观点在笔者已发表的文章（柳武妹，2021）中有提及，但这里的介绍会更加全面和完整。

一、基本需求和动机驱使消费者触摸产品并获取触感体验

（一）解决问题的动机 vs.追求享乐的动机

解决问题和追求享乐是驱动消费者消费的最基础动机（Holbrook & Hirschman，1982），基于这一观点，佩克和奇尔德斯（Peck & Childers，2003b）认为，消费者触摸产品这一行为在本质上也受到这两类动机的驱使。具体而言，以解决问题为动机的工具型触摸能帮助消费者获取产品信息，从而为消费者对产品的评估和购买提供依据；以追求享乐为动机的享乐型触摸和消费者的购买目标并无关联，仅能帮助消费者获得愉悦的感官体验（Peck & Childers，2003a；2003b）。

笔者认为，解决问题和追求享乐这对动机能为消费者产品触觉领域的众多研究结论作出解释。首先，有研究指出，触摸（vs.不触摸）产品的体验会对消费者产生积极的影响结果（如消费者评估产品信心的提升、购买意愿的提高、价格支付意愿的提高等）（Peck & Childers，2003a；2003b；McCabe & Nowlis，2003；Liu et al.，2017）。笔者认为，这一现象在本质上反映出产品触觉体验满足了消费者解决问题的动机及相应的工具型触摸需求，而触摸（vs.不触摸）产品导致消费者冲动购物和极易被说服等结果（Peck & Childers，2006；Peck & Wiggins，2006；2011），则反映出触摸（vs.不触摸）产品的体验满足了消费者追求享乐的动机及相应的享乐型触摸需求。其次，有研究指出，描述产品触觉信息的文字和产品图片可以部分代替实物触摸（Peck & Childers，2003a；McCabe & Nowlis，2003），这表明这些弥补或补偿策略在一定程度上可以帮助消费者了解产品信息，进而间接满足消费者解决问题的动机及相应的工具型触摸需求。还有研究指出，提供（vs.不提供）触觉反馈的触摸屏能够提升消费者的品牌兴奋感（Jin & Phua，2015）和

任务表现（Hadi & Valenzuela，2019），这表明触觉反馈满足了消费者追求享乐的动机及相应的享乐型触摸需求。最后，用手指触摸触摸屏上的图片（vs.用鼠标点击屏幕上的图片）能够增加消费者对享乐品的选择（Shen et al.，2016；Chung et al.，2018；Wang et al.，2020），这可以用消费者追求享乐的动机得到满足来解释；触摸屏（vs.鼠标）增加消费者对低风险产品的购买（Wang et al.，2015；黄敏学，王薇，2019），这可以用消费者解决问题的动机得到满足来解释。

（二）接近动机 vs.回避动机

接近和回避是人类行为背后的基本动机（Higgins，1997）。人们接近的往往是能带来收益和愉悦的事物，而回避的往往是可能给自己带来威胁和伤害的事物（Wenzler et al.，2016）。笔者认为接近和回避这对动机可以解释触觉体验及消费者行为研究中的众多研究结论。具体而言，有研究发现，陌生他人对产品的触碰和对产品表面的破坏会降低消费者对产品的评价、购买和使用意愿等（Galoni & Noseworthy，2015；Gérard & Helme-Guizon，2018）。这一负性传染现象的出现，是因为消费者担心这些被触碰过的、诱发恶心感的目标物上的细菌、病毒等给自己带来潜在伤害和威胁，因此消费者会产生回避动机。名人和漂亮他人对产品的触摸会提高消费者对产品的评价、购买等（Argo et al.，2008；Newman et al.，2011）。这一正性传染现象的出现，是因为吸引力、名气以及产品生产者和创造者的智慧、才华等都会给消费者带来潜在收益，因此消费者会产生接近动机。

（三）人际归属动机的寻求

获取人际归属感是人类行为的基本动机之一（Baumeister & Leary，1995），触摸和人际归属动机关联紧密（Monsour，1992；Thayer，1986）。本书认为，触摸和人际归属动机的满足之间的关联可以解释消费者产品触觉领域的个别研究结论。如柔软触感（vs.坚硬触感）可以缓解（vs.加重）社会排斥带给个体的威胁（丁瑛，宫秀双，2016），这反映出柔软触感满足了消费者的归属动机。

（四）控制动机的寻求

获取对外在环境的控制是人类行为的基本动机之一（Burger & Cooper，1979），触摸产品可以帮助消费者对产品施加身体控制（Peck et al.，2013），进而增强对环境的控制（柳武妹等，2016）。因此，当消费者在购前不被允许触摸产品时，他们会感到自由被剥夺，由此产生心理抗拒和控制寻求行为。这可以解释前人发现的先前遭遇禁止触摸的体验为何会增加消费者随后对其他产品的购买（Ringler et al.，2019），还可以解释缺乏控制感的消费者为何会表现出高触摸需求（柳武妹等，2016）。

二、元认知体验和相应的心理模拟可以解释触摸容易体验的研究结论

元认知体验，是指伴随认知活动产生的有意识的认知体验与情感体验，是元认知（即对认知的认知）的一个重要成分（Flavell，1979）。元认知体验包含容易体验和流畅体验（Schwarz，2004）。个体在对目标物的加工过程中感受到的容易体验和流畅体验会进一步促使他们形成对目标物的心理意象（mental imagery）和相应的心理模拟（mental simulation）（Elder & Krishna，2012；Schwarz，2004），进而引发他们对目标物的积极情感和接近行为（Ping et al.，2009；Schwarz，2004）。下列证据表明，元认知体验和心理模拟是消费者产品触觉领域的理论基础。

（一）元认知容易体验可以解释触摸容易体验的后效

人们喜欢去做容易的事情，也喜欢那些通过控制身体动作比较容易获取的事物（Ping et al.，2009）。触摸产品实物及图片或屏幕中的产品意味着消费者需要用手来接近产品或图片，因此，当图片或屏幕中的产品离消费者的手比较近时（如消费者用手点击图片或屏幕中的产品而非用鼠标点击），消费者会感觉获取该产品比较容易。这可以解释前人发现的，为何通过触摸屏直接触摸产品图片（vs.通过键盘或鼠标点击产品图片）会促进消费者对产品（尤其是诸如巧克力蛋糕等享乐品）的偏好和选择（Shen et al.，2016；Chung et al.，2018）。此外，和容易抓取—较高评价这一逻辑一致，当消费者对产品的触摸容易体验被阻碍时，消费者对产品的评价也会降低。这可以解释前人发现的，占用（vs.未占用）消费者准备抓产品的手会降低消费者对准备抓的产品的评价（Shen & Sengupta，2012）。

（二）元认知流畅体验可以解释产品触摸体验的有无的后效

有研究指出，让某事物重复暴露于消费者眼前会增加消费者对该事物的流畅性感知（Janiszewski & Meyvis，2001；Shen & Rao，2016），触摸产品本身就是让某产品暴露于消费者眼前。触摸（vs.不触摸）产品会增加消费者对与所触摸产品相似的目标产品的流畅性感知（Streicher & Estes，2016）。这可以解释前人发现的，为何当消费者先前触摸了一个与目标产品在视觉上相似的源产品时，消费者会在随后增加对与源产品视觉上相似的目标产品的偏好和选择（Streicher & Estes，2016）。此外，滑动屏幕要比点击屏幕更具连续性，也更流畅，因此滑动屏幕会比点击屏幕更能增强用户沉浸体验（张计划等，2020）。

（三）心理模拟可以解释触摸容易体验的后效

心理模拟指对一个或一系列事件模仿性的情境表征（Taylor & Schneider，

1989）。与对抽象概念的语义表征恰好相反，这种模仿性的情境表征是对一些真实的或假设的事情的细节的表征（Szpunar et al.，2014）。研究指出，人们对物体的心理模拟可以引发人们对物体的基础认知（Barsalou，2008；Krishna，2012），这种心理模拟是消费者产品触觉领域众多研究结论的驱动机制。具体而言，容易用手抓产品的心理模拟中介了消费者的手部姿势与产品朝向间的一致性对消费者对产品评价的影响（Elder & Krishna，2012；Shen & Sengupta，2012）。比如，消费者与产品的互动心理模拟中介了消费者与屏幕中产品的互动方式（用手触摸触摸屏 vs.用手点击鼠标或键盘）对享乐品选择的影响（Shen et al.，2016）。

三、具身认知 vs.概念激活可以解释产品具体触感体验的前因和后效

人们的认知受身体感受的影响，因此身体感受构成了认知的一部分，这是具身认知说持有的基本观点（Barsalou，2008；魏华等，2018）。克里希纳（Krishna，2012）认为，作为身体感受的一部分，触觉体验会对人们的认知和判断产生影响。因此，具身认知说可以解释消费者对产品的具体触感体验为何会影响他们的心理和行为（魏华等，2018）。

而概念激活说认为身体感受对认知判断的影响需要通过概念（或语义）网络的激活来实现（Landau et al.，2010）。面对上述有争议的观点，读者可能会好奇，触觉体验影响消费者认知和判断的内在机理究竟是较为直接的具身认知，还是较为间接的概念激活？张萌和李绣平（Zhang & Li，2012）对此进行了实证检验。结果发现，手提重物并不能直接让人们形成重要性判断，而需要通过“重—重要性”这一概念网络的激活来实现。这一概念激活说可以解释前人（钟科等，2014）发现的，为何触摸柔软物体（vs.坚硬物体）会引发消费者对服务失败的容忍（因为柔软激活了“变化”这一语义概念）。这一概念激活说也可以解释先前研究者（Biswas et al.，2014）发现的，为何咀嚼口感柔软（vs.口感坚硬）的食物会增加消费者对食物热量的感知（因为柔软激活了“热”这一语义概念）。这一概念激活说还可以解释前人（Wang et al.，2020）发现的，为何圆形触摸屏比菱形触摸屏更能增加消费者对享乐品的选择（因为圆形比菱形更能激活“圆满”和“愉悦”这些语义概念）。

四、解释水平理论可以解释触摸体验的有无和触摸容易体验的后效

解释水平理论是消费者产品触觉研究的基础理论。该理论由特罗普和利伯曼（Trope & Liberman）于 2003 年提出，起源于瓦拉赫和韦格纳（Vallacher &

Wegner，1989）的原创性观点——对于同一事件，一些个体会习惯性地进行抽象理解和阐释，而另一些个体则会习惯性地进行具体理解和阐释。具体而言，解释水平理论认为，高解释水平的特征是简单、抽象、去情境化的，而低解释水平的特征是复杂、具体、依赖情境的（Trope & Liberman，2010）。更重要的是，解释水平理论认为人们对事物的解释水平和人们与这些事物之间的心理距离密切相关，而心理距离又可以划分为四类：时间距离、空间距离、社会距离和假设性或概率距离（Trope et al.，2007）。远心理距离往往对应高解释水平和相应的抽象表征，而近心理距离往往对应低解释水平和相应的具体表征（Trope & Liberman，2003）。

回到本书关注的消费者产品触觉体验这一主题上，空间距离和产品触觉密切相关。具体而言，与视觉、听觉等远空间距离的感官相比，触觉是一种近空间距离的感官（Elder et al.，2017）。当运用触觉来评估产品时，消费者往往需要把产品拿在手中仔细感受，因此，触摸产品代表着和产品进行近空间距离的互动。这就意味着近空间距离的触摸和低解释水平相关，这也就解释了触摸产品提高消费者对产品的购买意愿的现象为何会在消费者的解释水平较低或消费者的心理表征具体时更明显，而在高解释水平者或抽象表征者身上不明显。笔者和其合作者的一项研究（Liu et al.，2017）检验了这一猜想。上述推理逻辑和实证证据表明，解释水平理论可以成为研究消费者产品触摸体验的有无与其对消费者心理和行为的后效间关系的理论依据。

研究者除了可以用解释水平理论研究产品触摸体验的有无对消费者心理和行为的影响外，也可以用该理论研究产品触摸容易体验与消费者心理和行为间的关系。具体而言，使用不同界面（如电脑界面、手机界面以及平板电脑界面等）和产品互动时，消费者会感到自己离产品图片在空间距离上存在差异——手机界面和平板电脑界面展示的产品图片比电脑界面展示的产品图片离消费者的空间距离更近。因此，在逻辑上，空间距离近（vs.远）时，消费者会感觉自己触摸图片中的产品更容易（vs.困难），这就意味着触摸屏购物要比非触摸屏（电脑需要用鼠标或键盘）购物更能诱发消费者对产品的触摸容易体验。容易抓取会促进享乐反应（Ping et al.，2009），因此，用平板电脑购物要比用电脑购物更能增加消费者对享乐品的选择。遵循这一思路，沈浩等（Shen et al.，2016）发现，当平板电脑屏幕上的产品离消费者的手部距离远时，触摸屏购物增加消费者对享乐品的选择的现象消失。由上可见，消费者和产品间的近空间距离会激发消费者对产品的触摸容易体验，进而提高消费者对产品的好感和购买意愿。解释水平理论无疑是理解上述学术观点的理论依据。

五、心理抗拒理论可以解释触觉体验的后效

心理抗拒理论也可以解释产品触觉领域的一些研究结论。具体而言，心理抗拒理论由杰克·布雷姆（Jack W. Brehem）于1966年在《心理抗拒理论》（*A Theory of Psychological Reactance*）一书中提出。他在书中先介绍了心理抗拒理论是一个解释个体如何应对个人自由受限制和受威胁的理论，随后详细阐述了主观层面的自由受限和客观层面的自由受限对个体的影响（Brehm，1966）。迈伦及布雷姆（Miron & Brehm，2006）在该理论被提出40年后对其进展做了梳理和展望。国内也有学者在该理论被提出50年后对其进行了梳理和述评（贺远琼等，2016）。基于布雷姆的开创性工作，营销领域学者围绕这一理论开展了大量探索，并得出了相对一致的结论——营销情境中的产品禁售、产品缺货、广告推荐①、超市走廊狭窄等威胁源都会诱发消费者的心理抗拒感，进而促使消费者表现出趋近型反应和回避型反应（Fitzsimons，2000；Levav & Zhu，2009；Moore & Fitzsimons，2014）。这里的趋近型反应具体表现为，营销者越限制消费者接近威胁物，消费者越会增加对威胁物的好感和购买行为。这里的回避型反应具体表现为，营销者越限制消费者远离威胁物，消费者越会对威胁物产生抵触和不购买行为。究竟消费者何时会表现出趋近型反应，何时又会表现出回避型反应呢？对这一问题的回答比较复杂且受到多种因素的影响，贺远琼等（2016）在综述心理抗拒理论时对这一问题进行了解答，本书不再赘述。

落脚到本书关注的消费者产品触觉体验这一主题上，据笔者所知，有两篇这一领域的文献运用心理抗拒理论解释了营销人员限制消费者触摸产品对消费者心理和行为的影响。具体而言，奥特布林（Otterbring，2016）探究了线下零售情境中，营销人员和店员在消费者评估产品时禁止其触摸产品的这一策略对消费者的影响。结果发现，“禁止触摸”策略会让消费者产生心理抗拒感，并且会诱发消费者在认知层面产生远离该产品的想法，但是在行为层面却增加了对该产品的实际购买行为。同样以心理抗拒理论为核心理论，林格勒等（Ringler et al.，2019）也发现了类似结果。具体而言，林格勒等发现，前台服务人员如果禁止（vs.允许）消费者去触摸某产品，那么消费者会在离开前台服务人员后增加对随后遇到的其他产品的触摸和购买。此外，他们还发现，前台服务人员的禁止触摸策略会让消费者出于心理抗拒而增加对前台服务人员的差评和报复心理。本书将在第三篇详细解读奥特布林（Otterbring，2016）和林格勒等（Ringler et al.，2019）的文章。此外，笔者和其合作者的研究也发现，限制（vs.不限制）消费者的产品触摸体验

① 广告推荐先入为主，实际上会限制消费者的主动权。

会增加消费者在离开该产品后在选购其他产品和品牌时的多样化寻求倾向和行为（柳武妹，张东，2022）。

六、神经生理因素可以解释产品具体触感体验的后效

人类的行为反应会受到神经生理因素的驱使。尽管如此，只有少数学者检验了神经生理因素在消费者的触觉体验和消费者的态度间是否会发挥中介作用。一项脑电实验表明，触摸粗糙物体要比触摸光滑物体更能激活被试头脑中的疼痛反应，进而引发被试对不幸者的同情（Wang et al.，2016）。另一项研究也表明，看见他人触摸产品之所以能够代替实际触摸是因为二者都能诱发镜像神经元系统的神经反应（Liu et al.，2018）。上述证据都表明，消费者产品触觉领域的部分研究结论可以用神经生理因素来解释。

本节论述了学者在研究消费者触觉体验（尤其是消费者的产品触觉体验）时依赖的六种理论机制。虽然笔者对每一理论机制如何发挥作用分别做了阐释，但这并不意味着这六种机制是独立发挥作用的。相反，这些机制之间会联合发挥作用，共同解释触觉体验的前因和后效。

第二章

相关研究和本书框架

上一章分别对消费者产品触觉体验的概念、研究价值、方法基础和理论基础进行了阐释，本章将在此基础上带领读者了解消费者产品触觉领域的研究现状和研究空缺，进而引出本书的目的和研究框架。本章分为四节：第一节旨在介绍消费者产品触觉领域的研究现状；第二节将在第一节的基础上总结消费者产品触觉领域存在的研究空缺；第三节将从理论层面和实践层面阐释弥补这些研究空缺的必要性和重要性；第四节将引出本书的目的—梳理消费者三类产品触觉体验的前因和后效并展望未来研究议题，并基于这一目的提出本书的研究框架。该研究框架围绕消费者的三类产品触觉体验的前因和后效展开，是对本书后续篇章内容的高度浓缩和提炼。需要向读者说明的是，本章在第二节呈现已有研究空缺后，没有直接阐述本书的目的，而是阐释了弥补研究空缺的必要性和重要性。这样安排的考虑是，只有在理论层面和实践层面阐明已有研究空缺为何值得探究，才能说明这些研究空缺是亟待弥补且有探究价值的。

第一节 相关研究现状

一、早期心理学领域的触觉研究

对触觉的研究最早可以追溯到亚里士多德（Aristotle）时期。亚里士多德指出，触觉是我们感知外部世界的纽带，人们对听觉、嗅觉、味觉、视觉的感知要依靠触觉的中介才能完成（Siegel，1970）。我国古代的心学集大成者王阳明先生在其建立的心统万物的“心学”体系中就提出“心外无理、心外无物、心外无事”，一切“有”都离不开“心”而独立存在，此处的“心”更多指包含触觉在内的个体感觉（王阳明，《传习录》）。近代，威廉·詹姆斯（Williams James）的心理学经典著作《心理学原理》中提到，感觉尤其是触觉对个体的心理活动具有重要作用。对触觉进行科学实验研究起始于20世纪中叶，这一时期开展了两个著名的触觉实验：感官剥夺实验和母爱剥夺实验（猕猴实验）。前者由加拿大学者贝克斯顿（Bexton）等于1954年在麦吉尔大学开展，后者由马斯洛（Maslow）的导师美国学者哈洛（Harlow）于1958年开展。这两个实验都说明了动物对环境的触觉以及对温暖的触感体验具有本能需求。

二、营销学领域的消费者触觉研究现状

根据笔者的积累，在营销学领域的消费者行为这一子领域中，触觉研究的关注点按时间出现顺序依次是人际触碰、人-物触碰和物-物触碰。具体来讲，最早的消费者触觉研究始于营销学者雅格·霍尔尼克（Jacob Hornik），其于1992年开展的人际触觉研究探究了消费者与店员间的不经意触摸对消费者购买金额，以及对店铺和产品的评价等的影响，结果发现，店员对消费者尤其是女性消费者的轻微触碰能够增加她们的购物时间、购物金额，提高她们对店铺和店员的评价以及品尝店内小吃的概率（Hornik，1992）。

基于霍尔尼克（Hornik）的研究，佩克和奇尔德斯（Peck & Childers，2003）以及希特林等（Citrin et al.，2003）开辟了产品触觉研究的先河。他们的研究发现，一些消费者（如高触摸需求者和对触觉信息的高输入需求者）要比另一些消费者（如低触摸需求者和对触觉信息的低输入需求者）更喜欢触摸店内产品，更需要依赖触摸产品来完成对产品的评估和购买决策。随后的产品触觉研究大体上围绕三个方向发展：对产品或物体的触感体验引发的具身认知[大致始于威廉斯和巴奇（Williams & Bargh，2008）以及阿克曼等（Ackerman et al.，2010）]、触觉界面

研究[大致始于布拉塞尔和吉普斯（Brasel & Gips，2014）]和对图片中产品的触觉体验研究[大致始于塔克和埃利斯（Tucker & Ellis，1998）]。本书的后续部分会对这些研究进行介绍，在此不再赘述。

早期心理学领域的触觉研究和营销学领域的消费者触觉研究关注他人对消费者的触碰对消费者行为的影响，以及消费者触摸产品对自身消费行为的影响，但忽视了他人对产品的触摸以及产品和产品之间的触碰对消费者行为的影响。这就催生了消费者行为领域的另一项触觉研究——传染研究。该研究最早始于阿尔戈等（Argo et al.，2006）的研究，他们发现了负性传染效应，即他人对产品的触摸会引发消费者的恶心，进而降低消费者对产品的评价和购买可能性。莫拉莱斯和菲茨西蒙斯（Morales & Fitzsimons，2007）也发现产品和产品之间的触碰会引发消费者的恶心，进而产生负性传染效应（降低消费者对目标产品的评价）。阿尔戈等（Argo et al.，2008）随后发现了正性传染效应，即当看到相同的产品被外观具有吸引力（vs.外观普通）的其他消费者正在触摸时，消费者会提高对产品的评价，并增加购买的可能性。

从上述介绍可以看出，消费者行为领域中的触觉研究按历史脉络整体上可以分为三大研究板块：人际触觉研究、产品触觉研究、传染研究。虽然本书关注产品触觉研究，但是人际触觉研究和传染研究会为产品触觉研究提供推进视角，因此本书也会有所涉及。实际上，产品触觉研究之所以出现，正是受了人际触觉研究的启发。

第二节　研究空缺

由于消费者产品触觉领域的文献非常多，研究主题也五花八门，如果对每篇文献进行单个介绍，不仅内容零散而且篇幅宏大。一个比较行之有效的方法是，分析这一领域学者发表的文献综述，并基于这些综述识别出这一领域的研究空缺。因为文献综述通常是由作者多年积累并且反复推敲、打磨和修改形成的，往往涵盖了非常全面和时新的文献，是读者了解这一领域的工具。本节将遵循这一思路，对已经发表的产品触觉领域的文献综述进行研究主题和具体研究内容的梳理。通过这些梳理，读者能够更全面地了解学者围绕三类产品触觉体验究竟开展了哪些研究以及相应的研究空缺。需要指出的是，一篇文献的不足或局限性往往是相对主观和多层面的，本书的焦点在于梳理和阐释消费者的产品触觉体验对其消费行为的影响，并基于这一焦点分析产品触觉领域的研究空缺。表 2-1 较为直观地呈现了消费者产品触觉领域已有研究综述的概况及其研究空缺。

表 2-1 消费者产品触觉领域已有研究综述的概况及其研究空缺

文献	研究主题	具体研究内容	是否关注产品触觉体验，以及关注哪类体验	不足或局限性
佩克和奇尔德斯（Peck & Childers，2008）	消费者的产品触觉	触摸和个体差异、触摸和情境因素、触摸和产品差异	是，关注消费者产品触摸体验的有无	忽视了消费者和他人对产品的具体触感体验和产品触摸容易体验对消费者行为的影响
克里希纳（Krishna，2012）	消费者的各类触觉	产品触觉、人际触觉及传染	是，关注消费者产品触摸体验的有无，以及对产品的具体触感体验	忽视了消费者和他人产品触摸容易体验对消费者行为的影响
柳武妹等（2014）	消费者的各类触觉	人物触摸（指消费者触摸产品）、人际触碰、线上产品不能触摸的弥补策略、消费者传染和触摸的具身效应	是，关注消费者产品触摸体验的有无，以及消费者对产品的具体触感体验	忽视了消费者和他人产品触摸容易体验对消费者行为的影响
钟科等（2016）	消费者的各类触觉	人际直接触觉（人-人）、人际间接触觉（人-物-人）、产品触觉（人-产品）和环境触觉（人-环境）	是，关注消费者产品触摸体验的有无，以及消费者对产品的具体触感体验	忽视了消费者和他人产品触摸容易体验对消费者行为的影响
黄等（Huang et al.，2017）	他人的产品触觉	正性传染和负性传染	是，关注他人产品触摸体验的有无	忽视了三类产品触觉体验对消费者自身行为的影响
朱和梅塔（Zhu & Metha，2017）	人际触觉	消费者触摸他人以及消费者被他人触碰对消费者创造力的影响	无	忽视了三类产品触觉体验对消费者行为（尤其是创造力）的影响
魏华等（2018）	消费者的产品触觉	软-硬触感、轻-重触感以及冷-热触感对消费者行为的影响	是，关注消费者对产品的具体触感体验	忽视了消费者和他人产品触摸体验的有无和产品触摸容易体验对消费者行为的影响
佩蒂特等（Petit et al.，2019）	消费者的线上产品触觉	人机互动中包含触觉元素在内的感官元素如何融入消费者的线上体验	是，关注消费者的产品触摸容易体验/触摸困难体验	忽视了消费者和他人产品触摸体验的有无及对产品的具体触感体验对消费者行为的影响
柳武妹（2021）	产品触觉	介绍数码时代下产品触觉研究的新主题，并展望新的研究方向	是，重点探究两类触觉体验（产品触摸容易体验、产品触摸体验的有无）对消费者行为的影响	未研究他人产品触摸体验的有无对消费者行为的后效和触觉体验的前因

从表 2-1 可以看出，消费者产品触觉领域的研究整体上分为产品触觉研究、人际触觉研究、传染研究这三大板块，而消费者产品触觉领域目前存在的研究空缺是：①绝大多数的研究都将消费者的三类产品触觉体验割裂开研究，没有从前因和后效角度将三者进行整合研究；②绝大多数的研究都在关注消费者对产品的触觉体验对其本人的影响，忽视了他人对产品的触摸是否会影响消费者的心理和行为；③绝大多数的研究是同情境的研究，没有探究消费者和他人对产品的触摸所导致的跨情境影响结果。简而言之，消费者产品触觉领域的研究空缺是，没有同时考虑消费者和他人对产品的三类触觉体验的前因以及同情境和跨情境的后效。

结合产品触觉、人际触觉和传染触觉领域研究综述各自的优点和局限性，本书将提出一个更加整合、可以弥补已有研究空缺的新的产品触觉研究框架。这一新的研究框架将以消费者的三类产品触觉体验为切入点，既对消费者三类产品触觉体验的前因进行梳理和展望，也对消费者本人和他人的三类产品触觉体验的后效进行梳理和展望。

第三节 弥补已有研究空缺的必要性和重要性

上一节介绍了消费者产品触觉领域的研究空缺，本节将阐释弥补这些研究空缺的必要性和重要性。

一、关注消费者本人和他人的产品触觉体验的必要性和重要性

（一）理论层面的必要性和重要性

通过表 2-1 可以看出，绝大多数的人际触觉研究和产品触觉研究在关注消费者对产品的触觉体验对其本人心理和行为的影响，而绝大多数的传染研究在关注他人对产品的触摸，以及产品之间的触碰对消费者心理和行为的影响。这既是这些研究的优点，也是其局限性。之所以说是优点，是因为关注点聚焦有助于控制或屏蔽可能的噪声，从而更容易得出和检验预期相同的研究结论。之所以说是局限性，是因为过于聚焦会让消费者产品触觉研究走进死胡同，不利于开辟出新的研究主题，进而不利于推进这一领域在产品理论方面的进展。举例来说，前文介绍的消费者触觉领域的传染研究正是基于产品触觉领域的研究空缺生成的，并催生和推动了大量关注正性传染效应和负性传染效应的消费者产品触觉领域的实证研究。然而，目前消费者产品触觉领域再没有出现这样一个能够催生大量实证研究的新研究领域。

实际上，笔者通过这些年对产品触觉领域的研究的梳理，发现 2017—2022 年该领域学者在顶级和权威期刊上发表的文章数量比 10 年前少了很多，而且 2019—2022 年的研究更多关注的是触觉反馈和触摸容易体验对消费者心理和行为的影响（Hadi & Valenzuela，2019；Maille et al.，2020）。学者对传统购物视角下的有无触摸产品实物的体验如何影响消费者心理和行为的探究兴趣开始变淡，目前仅发现林格勒等（Ringler et al.，2019）对此做了探讨。笔者猜想，可能的原因是产品触觉领域的研究点过于狭窄，因此，在理论层面，该领域学者极有必要突破思维瓶颈，另辟蹊径，为产品触觉研究找到新的曙光。

根据笔者的洞察，其中的一个可行方向是以他人视角和消费者本人视角为切

入点，探究人际触觉、产品触觉以及产品-产品触觉间的融合，从而使触觉研究取得实质性进展。在同一个消费环境下的消费者会共同评估同一个线下零售环境中的产品实物或同一个线上零售环境中的产品图片，因此在逻辑上消费者对产品的评估和决策不可能不受他人的影响。从这个角度而言，探究产品触觉的研究需要考虑他人对产品的三类触觉体验，尤其是产品触摸容易体验对消费者心理和行为的影响。

目前的产品触觉研究大多关注消费者对产品触摸体验的有无及具体触感体验对其本人心理和行为的影响，仅有少数研究关注他人对产品触摸体验的有无对消费者本人心理和行为的影响。因此他人对产品的具体触感体验和他人的产品触摸容易体验是否会影响以及如何影响消费者的心理和行为，目前依旧是产品触觉领域的研究空缺。弥补这一研究空缺将会在理论上推进已有产品触觉研究的发展，从而避免这一领域越走越窄，催生不出新思想和新火花。

（二）实践层面的必要性和重要性

研究消费者本人和他人对产品的触觉体验在实践层面也极具必要性和重要性。2021 年全球线上购物的销售额仅占所有销售额的不到 20%（Ringler et al.，2019），依旧有多于 80%的消费者选择在线下购物（Skrovana，2017）①。这说明尽管线上购物已经成为消费者获取和评估产品的重要方式，但从全球来看，消费者的主要消费渠道依旧是线下实体店（Ringler et al.，2019）。在传统的线下购物中，消费者和他人共同构成了一个消费场，有可能会同时对同一款产品产生兴趣，并且有可能会先后触摸或同时触摸该产品。因此，线下零售商、一线服务人员和销售人员需要洞察他人对产品的先前触摸，以及他人和消费者同时触摸同一款产品，是否会影响消费者对产品的评估和购买决策。同时，还需要评估这一影响究竟是正向的还是负向的。如果是正向影响，那么店铺就需要通过各种营销策略增加店内人流量，并增强产品对消费者的吸引力；如果是负向影响，那么店铺就需要及时清理他人对产品的触摸或试用痕迹，以避免消费者发现该产品被他人触摸过。只有如此，营销管理者和服务人员才能制定更有效和更有针对性的营销策略，并获取预期产品销量和店铺收入。

不仅线下的营销管理者和服务人员有必要去研究消费者本人和他人对产品的触觉体验对消费者行为的影响，而且线上的营销管理者和服务人员也有必要去研究他人（尤其是已经购买产品的消费者）对产品的触摸以及具体触感体验对消费者行为的潜在影响。对于在线上出售的产品，消费者往往只能看却摸不到，所以

① Skrovana, S. Why most shoppers still choose brick-and-mortar stores over ecommerce.（2017-02-22）. https://www.retaildive.com/new/why-most-shoppers-still-choose-brick-and-mortar-stores-over-commerce/436068/.

消费者需要基于产品的触感体验来判断产品质量，感知产品的吸引力，并制定相关购买决策。因此，线上评论中他人对产品具体触感体验的描述对消费者行为的影响值得研究。此外，当前线上零售商往往不仅鼓励消费者发表产品评论，而且鼓励消费者拍摄与产品使用相关的视频，即消费者使用产品的过程。这一策略也被广泛用在线上直播带货情境中。具体而言，主播在直播时，也会亲手触摸和使用产品。究竟这些营销实践的理论依据和适用条件是什么？线上情境下他人对产品的触摸对消费者行为的影响和线下情境下他人对产品的触摸对消费者行为的影响是否相同？营销者、管理者和服务人员、销售人员非常有必要去关注并探究这些问题，以便明晰产品触摸和相关视频何时应该用、何时不应该用。只有这样，才能为触觉相关营销实践提供理论依据，并不断创新营销实践。

二、关注三类产品触觉体验的必要性和重要性

（一）理论层面的必要性和重要性

通过表 2-1 可以看出，产品触觉领域的绝大多数研究都在关注产品触摸体验的有无及具体触感体验对消费者心理和行为的影响，但这些研究忽视了消费者的产品触摸容易体验对其心理和行为的可能影响。前文提及过，消费者的产品触摸容易体验既受电子产品界面的影响，又受产品图片和消费者的姿势等特征的影响。然而，目前学术界围绕这三类触觉体验的探究相对独立，这在理论层面阻碍了消费者触觉研究的进一步发展和推进。

根据笔者对这个领域的研究，与触摸屏界面、图片中的产品的感官特征等相关的研究是目前该领域的主流方向之一。比如，界面研究在布拉塞尔和吉普斯（Brasel & Gips，2014）开创后涌现出了很多相关研究，这些研究探究了与传统的电脑端购物相比，手机端和平板电脑端购物对消费者情绪（Chung et al.，2018；Wang et al.，2019）、思维方式（Zhu & Meyer，2017）、产品选择（Chung et al.，2018；Shen et al.，2016；Wang et al.，2020）、产品销量（Wang et al.，2015；2019）等的影响。而这些界面在本质上的差异是消费者触摸产品图片的难易程度。因此，在理论层面，学术界非常有必要将传统视角下产品触摸体验的有无、对产品的具体触感体验和当前主流的产品触摸容易体验相结合，以催生出更多的产品触觉领域的实证研究。比如，有学者就在这一方面做出了尝试，他们将触摸屏的触感和产品图片的触摸容易体验（设备界面）相结合，探究了对同一个产品，触摸屏触摸（vs.鼠标等设备点击）对消费者产品触感体验的影响，结果发现，触摸屏触摸要比鼠标点击更能降低消费者对同一产品触感的柔软感知和粗糙感知（Liu & Jiang，2020）。目前，这种融合视角的产品触觉研究较为匮乏，未来的研究非常有必要围绕这一方向继续探究，以产生更多能够推进产品触觉理论发展的实证研

究。在因变量层面，需要超出已有的关注点（产品整体评估、产品感知、产品购买等），寻找其他被忽视的关注点，做这些工作对推进消费者产品触觉领域的研究的重要性和价值是不言而喻的。

（二）实践层面的必要性和重要性

相比学术界，实践界更需要关注消费者的三类触觉体验，以创新营销实践。具体而言，线上零售商在展示产品图片时，需要考虑产品图片离消费者手部距离的远近。绝大多数的消费者是右利手，因此，产品图片呈现在屏幕右侧比呈现在左侧更能激发消费者触摸产品的渴望和触摸容易体验。同时，个体更倾向于站直身体并用手抓取视野范围上方或与视野平行的物体，而非弯腰抓取视野下方的物体，因此，目前一些大型线上零售商在其网站首页，都喜欢将产品图片展示在屏幕右上方，而非左下方，这样可以激发消费者的触摸容易体验。

然而，这些已有营销实践还远远不够，因为还没有考虑消费者的另两类产品触觉体验——产品触摸体验的有无和具体触感体验。尽管在线上购物时，消费者无法直接触摸产品实物，也无法亲自感受产品触感，但是实践界极有必要考虑如何将这三类触觉体验都能在线上向消费者提供。一种可行的策略是，当消费者触摸产品图片时，能够弹出对产品的触感描述，或者能够通过屏幕传递出粗糙光滑、冷热等体验，或许人工智能技术可以帮助营销者实现这一可能性。除了在消费者触摸产品图片时提供或模拟产品触感体验外，营销者和相关技术人员也有必要考虑如何模拟消费者对产品实物的实际触摸，通过震动屏来实现这一猜想也是营销实践者可以考虑的方向。除了线上零售商，线下零售商也应该考虑如何在消费者触摸产品实物时，促进其对产品实物的触摸容易体验和具体触感体验。比如，把触觉属性明显的产品放在消费者触手可及的地方，并鼓励消费者去触摸。总之，实践界要创新营销实践，需要同时关注消费者的三类产品触觉体验。

三、对三类产品触觉体验的诱发因素进行梳理和述评的必要性和重要性

（一）理论层面的必要性和重要性

根据表 2-1 可以看出，消费者触觉领域的已有研究综述并没有对消费者触觉体验的诱发因素进行系统梳理和述评，而是把关注点更多地放在消费者触摸体验有无的后效上，仅把触摸体验的有无当作自变量处理。比如，关于消费者为何渴望触摸产品这一问题，目前学术界公认的观点是消费者出于个体差异去触摸产品。具体而言，高工具型触摸需求者和高触觉输入需求者会为了完成产品

评估和购买决策而去触摸产品（Citrin et al.，2003；Peck & Childers，2003a；2003b），而高享乐型触摸需求者是为了体验愉悦和乐趣而去触摸产品（Peck & Childers，2003a；2003b）。然而，他人以及笔者的研究均表明，消费者的产品触摸渴望和产品触摸行为除了受个体差异影响外，还受情境因素的影响（Ringler et al.，2019；丁瑛，宫秀双，2016；柳武妹等，2016）。所以，需要学者从理论层面对诱发消费者产品触摸体验有无的因素和原因进行整理、总结和述评，并提出新的研究方向，这将会为学术界了解消费者产品触摸体验有无的诱发因素提供逻辑指导，并催生出更多新的实证研究。实质上，前因和后效像是消费者产品触觉研究的左右腿——研究后效时离不开对前因的探究，而研究前因也是为了探究后效时能找到更多的研究思路。换句话说，只有探究清楚前因，才能对影响结果的出现及其背后的逻辑进行更清晰的洞察，才能找到消费者触摸体验的有无的更多影响因素和其中的调节变量。因此，消费者行为领域的研究极有必要梳理消费者产品触摸体验有无的诱发因素，这将有助于从整体层面推进这一领域的发展。

此外，学术界也有必要去梳理和挖掘消费者对产品的具体触感体验和触摸容易体验的更多诱发因素。关于消费者为何会对同一产品产生不同的触感感知、为何会产生触摸容易体验或触摸困难体验等问题，学术界并没有给出系统解答或成体系的整理和述评。比如，关于消费者为何会对同一产品产生不同的触感感知，目前只有少数研究进行了比较零散的探究和回答（详见本书第四章的介绍）。戴先炽和奚恺元（Dai & Hsee，2013）认为，消费者会根据自己是否拥有某产品而对该产品的轻-重触感体验产生差异——当自己拥有这款产品时，会感觉该产品更小、更轻、更少；而当自己不拥有这款产品时，会感觉该产品更大、更重、更多。然而，其他视角的产品具体触感体验的研究较为匮乏。再比如，就产品触摸容易体验而言，目前学术界也只是将其当作中介变量（详见本书第五章的介绍）而不是因变量来系统梳理和回答这类触觉体验的诱发因素和新研究议题。

综上，学术界需要在理论层面对各类消费者触觉体验的前因进行梳理、思考和整理，因为消费者触觉研究不能离开前因这条左腿而只关注后效这条右腿。

（二）实践层面的必要性和重要性

从实践层面探究消费者的三类产品触觉体验的诱发因素的价值是不言而喻的。营销者往往通过促销、橱窗展示、广告、视频直播等方式促使消费者进实体店或线上店铺去触摸、感受和了解店内产品。因为触摸能促进消费者的冲动购物（Peck & Childers，2006）和增加消费者的购买金额（Liu et al.，2017；Peck & Shu，

2009；Peck et al.，2013）。然而，究竟哪些因素会促使消费者去触摸产品，哪些因素会阻碍消费者触摸产品，目前学术界少有学者从三类触觉体验视角对消费者触摸行为的前因进行梳理及对实践进行阐释，这就不能为营销者、零售者、服务人员和销售人员制定触摸策略提供理论指导。除了实际触摸动作外，营销者也常常以产品的触感作为产品的核心卖点和广告诉求点。由于消费者对同一产品的触感体验受到消费者层面、产品层面和情境层面因素的影响，营销实践者就需要有的放矢地对产品的核心卖点和广告诉求点进行调整和适应。最后，当前各种类型的线上购物层出不穷，线上购物的产品展示都要以图片形式通过屏幕呈现。研究发现，产品触摸容易体验会促进消费者的产品选择，尤其是对享乐品的选择（Chung et al.，2018；Shen et al.，2016），那么营销实践者需要通过哪些因素来促使消费者感到自己很容易触摸到图片中的产品呢？对这个问题的系统回答有助于营销者更好地开展相关营销策略。由此可见，对消费者的三类产品触觉体验的前因进行梳理，有利于营销者创新营销实践，并为其营销实践找到理论依据和理论指引。

第四节　本书的主体内容框架

上文讨论了消费者产品触觉领域的研究现状和研究空缺，以及弥补这些空缺的重要性和必要性，本节将介绍本书的目的——梳理消费者的三类产品触觉体验的前因和后效并展望未来研究议题。基于这一目的，形成图 2-1 所示的本书主体内容框架。

一、阐释和展望产品触摸体验的有无的前因与后效

从图 2-1 中可以看出，学术界已经围绕消费者的三类产品触觉体验的前因和后效开展了一系列研究。其中，研究最多的部分聚集在产品触摸体验的有无这一触觉体验上。从前因角度而言，学术界探讨了消费者特质层面、情境层面及产品层面促使消费者去触摸产品的诱发因素。目前识别出的消费者特质层面的因素聚焦在触摸需求及解释水平上，情境层面的因素聚焦在个人控制感缺乏上，而产品层面的因素聚焦在产品类型上。然而，这三个层面的其他因素是否也会影响消费者的触摸渴望、触摸举动以及相应的触觉体验，目前仍是尚未探究的研究议题。

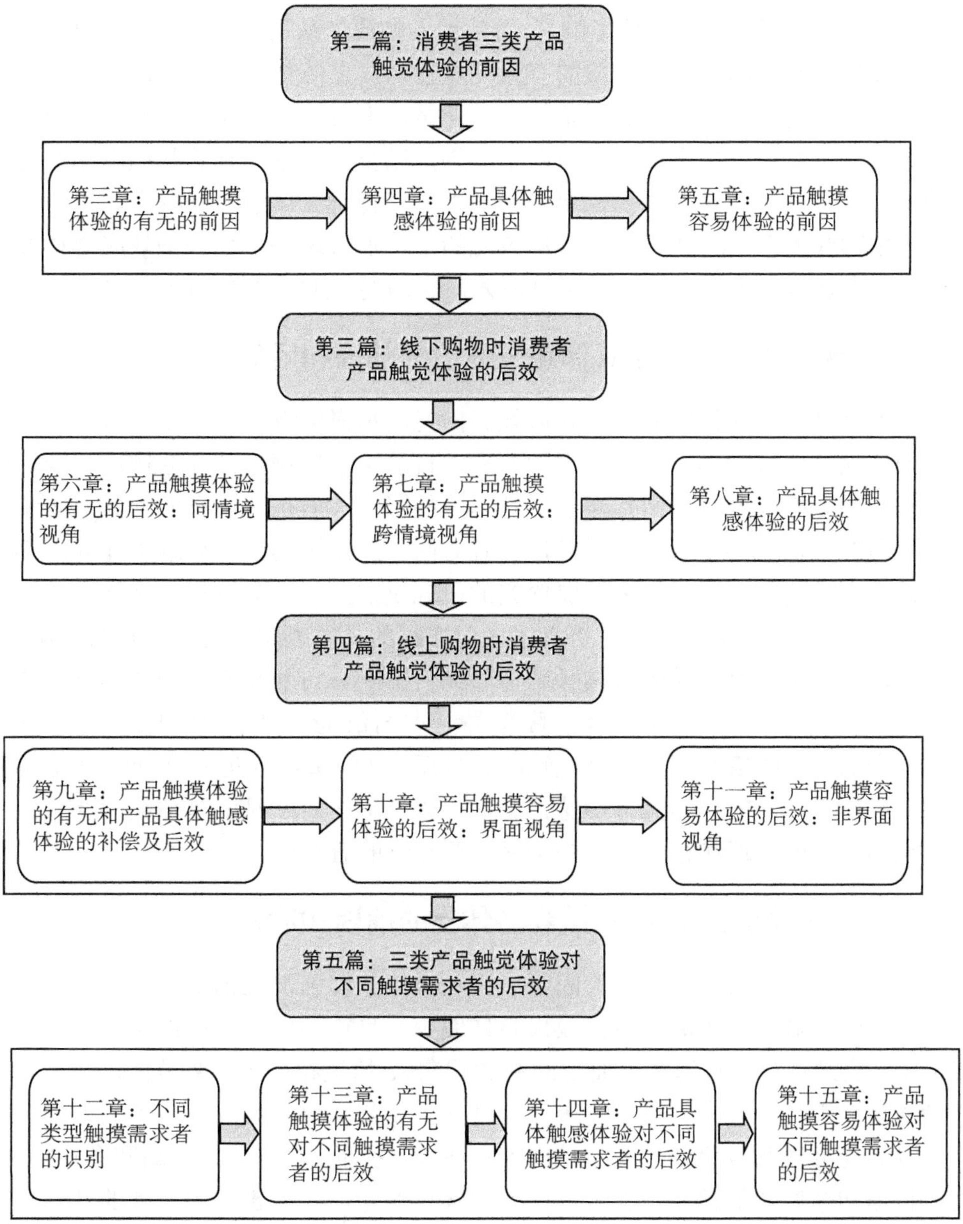

图 2-1 本书主体内容框架

注：此框架未包含的第一篇为消费者产品触觉体验概述，第六篇为对本书内容的总结

从后效角度而言，学术界探讨了消费者本人及他人是否触摸产品对消费者情绪、认知、行为等层面的影响。同时，从消费者本人触摸产品的视角出发，学术界也探讨了产品触摸体验的有无对所触摸产品的影响（同情境影响）和对随后遇

到的其他产品的影响（跨情境影响）。而就他人触摸产品而言，学术界目前的关注点聚焦在他人对产品的触摸体验的有无究竟会诱发正性传染效应还是负性传染效应，以及相应的解释机制和适用条件上。但是，消费者本人对产品触摸体验的有无是否会产生对所评估产品的其他营销结果，以及对之后遇到的其他产品的其他营销结果？依旧是悬而未决、需要未来加以探究的研究议题。同时，如果他人对产品触摸体验的有无会诱发负性传染效应的话，那么这些负性传染效应会拓展到哪些地方？这也是他人触摸视角下悬而未决、需要在未来探究的研究议题。

二、阐释和展望产品具体触感体验的前因和后效

对产品具体触感体验的前因和后效的探究，是消费者产品触觉领域的第二大子领域。就具体触感体验的诱发因素而言，目前学术界探讨了社会排斥（情境层面）和内隐人格（个体层面）对该触觉体验的影响，但是情境层面的其他因素和个体层面的其他因素是否也会引发消费者对同一产品不同的具体触感体验，学术界并没有探究清楚，这是未来需要探究的研究议题。就产品具体触感体验的影响结果而言，学术界目前探讨了消费者本人对产品的具体触感体验对其自身的影响，表现在消费者本人对产品的具体触感体验如何影响其自身与产品相关的具身认知和具身反应（同情境视角），以及消费者先前对产品的具体触感体验如何影响其随后在与产品无关的情境下的具身认知和具身反应（跨情境视角）。然而，线上购物是如何补偿消费者的产品具体触感体验的，以及他人对产品的具体触感体验是如何影响消费者的心理和行为的，是未来需要探讨的研究议题。

三、阐释和展望产品触摸容易体验的前因和后效

对产品触摸容易体验的诱发因素和影响结果的探究，是消费者产品触觉领域的第三大子领域，该领域的研究成果整体偏少，目前的研究只关注了产品和图片特征（主要是图片相对消费者而言的视觉朝向）、情境特征（主要是评估情境中消费者的优势手是否被占用等）和个体特征（主要是个体在心理意象上的差异）如何以及为何会诱发消费者的产品触摸容易体验。然而，识别出的产品和图片特征、情境特征和个体特征都非常有限，需要继续挖掘除已经报告的因素外的其他产品和图片层面、情境层面及个体层面的诱发因素。关于产品触摸容易体验的后效，学术界目前的关注点在消费者本人触摸图片或屏幕中的产品对其自身的影响，并主要探究了产品触摸容易体验对享乐品选择、产品评价、产品感知等的影响结果。然而，消费者本人的产品触摸容易体验是否还会对消费者和产品产生影响？他人的产品触摸容易体验是否也会诱发与他人触摸产品实物相似的正性传染效应或负性传染效应？这些问题都是值得未来探究的研究议题。

四、阐释和展望消费者的三类产品触觉体验对不同类型触摸需求者的影响差异

本书将围绕图2-1介绍前人已经开展的研究议题和未来需要挖掘的研究议题。与图 2-1 的框架呈现结构相似，本书第二篇介绍消费者三类产品触觉体验的诱发因素；第三篇介绍线下购物时消费者两类产品触觉体验（触摸体验的有无及产品具体触感体验）的后效；第四篇介绍线上购物中三类产品触觉体验对消费者的影响；第五篇介绍三类产品触觉体验对不同触摸需求者的影响；第六篇对整本书进行总结与讨论。

第二篇　消费者三类产品触觉体验的前因

本篇旨在介绍消费者三类触觉体验的诱发因素。由于消费者的三类触觉体验是相互独立的，所以本篇分别通过三章内容对这三类触觉体验进行阐述。具体而言，第三章将介绍产品触摸体验的有无的诱发因素。这类产品触觉体验在本质上和触摸产品的行为或触摸动作相伴而生，也即有（vs.无）触摸产品的行为或动作就自然有（vs.无）触摸产品实物的体验。因此，第三章将介绍消费者为何及何时会表现出触摸产品的行为或动作并获得触摸产品的体验。第四章将介绍产品具体触感体验的诱发因素。不同产品在触感上存在差异，这不需要特别研究，需要研究的是消费者为何会对同一产品的具体触感体验产生差异？诱发这一差异的具体因素又是什么？该章将对这些问题进行回答。第五章将对诱发消费者产品触摸容易体验的因素进行梳理、述评和展望，重点介绍设备界面层面和图片自身特征层面的诱发因素，并对其他层面的诱发因素进行简要提及。

笔者希望本篇通过三章的内容能够清楚回答以下问题：消费者为何会做出触摸产品的动作进而拥有触摸产品的体验，为何会对同一产品的触感感知存在差异，以及哪些因素会促进或阻碍消费者的产品触摸容易体验。

第三章

产品触摸体验的有无的前因

本章将介绍哪些因素会诱发消费者做出触摸产品的动作进而获得产品触摸体验。本章包含四节内容：第一节至第三节将分别围绕消费者层面、情境层面和产品层面的诱发因素进行专题阐述；第四节将围绕诱发消费者触摸产品的其他层面的影响因素进行展望。

图 3-1 是本章内容导图。

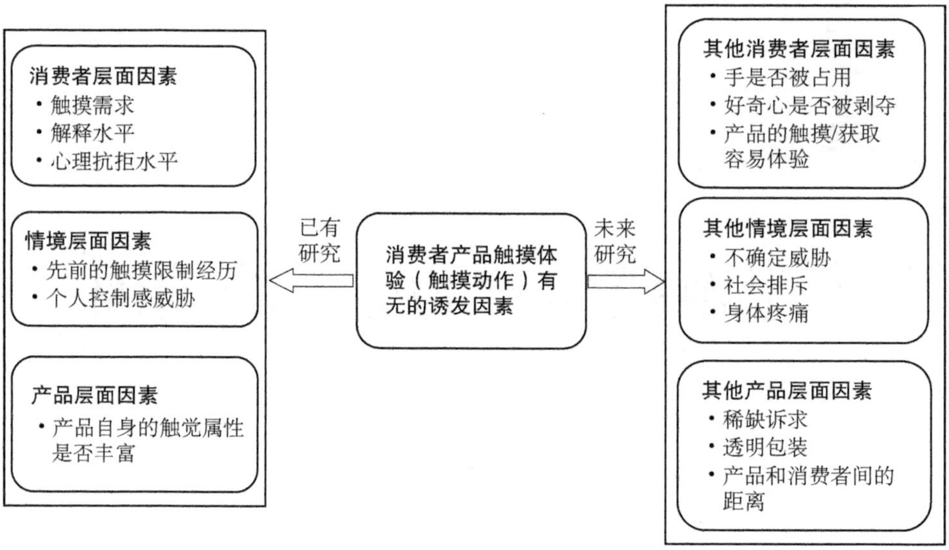

图 3-1　第三章内容导图

第一节　消费者层面因素

消费者为何会在评估产品时表现出触摸产品的举动？学术界的主流观点是触摸产品的行为受个体特质或个体差异的驱使，也即消费者是否触摸产品是由先天因素驱动的。具体而言，学者认为，一些消费者要比另一些消费者更倾向于去触摸产品（Citrin et al.，2003；Peck & Childers，2003a；2003b），究其原因，他们在触摸需求、解释水平、心理抗拒水平等个体特质上存在差异。接下来，笔者将详细阐释这些研究观点。

一、触摸需求

消费者产品触觉领域的代表人物、威斯康星大学麦迪逊分校的佩克教授认为，正是由于在触摸需求上的个体差异，消费者才会表现出触摸行为上的差异。具体而言，佩克和其合作者奇尔德斯发表在《营销杂志》（*Journal of Marketing*）和《消费者研究杂志》上的文章详细阐明了这一观点。他们认为，消费者触摸产品的举动受到两种动机的驱使：解决问题的工具动机（此处的解决问题指的是判断产品质量和制定购买决策）和获取愉悦的目的动机（Peck & Childers，2003a；2003b）。此外，两位研究者认为，高工具型触摸需求者（vs.低工具型触摸需求者）和高享乐型触摸需求者（vs.低享乐型触摸需求者）更倾向于做出触摸产品的行为，从而拥有触摸产品的体验（Peck & Childers，2003a；2003b）。佩克和奇尔德斯在对这一观点进行解释时引用了霍尔布鲁克和赫希曼（Holbrook & Hirschman，1982）关于消费者的分类（问题解决型消费者和追求愉悦型消费者）。同时，佩克和奇尔德斯开发了 NFT 量表来测量消费者在触摸需求上的差异。除了佩克和奇尔德斯外，希特林等（Citrin et al.，2003）也认为消费者的产品触摸行为受到个体触觉输入需求的驱使。此处的触觉输入需求对应佩克和奇尔德斯提出的工具型触摸需求。因此，在希特林等（Citrin et al.，2003）看来，相比低触觉输入需求者，高触觉输入需求者会做出更多的触摸产品的行为，以评估产品质量，增强购买信心，而且他们发现，女性比男性的触觉输入需求更高。

综上，佩克和奇尔德斯（Peck & Childers，2003a；2003b）以及希特林等（Citrin et al.，2003）都认为，高触摸需求者或高触觉输入需求者要比低触摸需求者或低触觉输入需求者在实际购物中表现出更多的触摸产品的行为。然而，这些研究者并没有开展实证研究去检验这一观点。相反，他们将触摸需求或触觉输入需求作为调节变量，检验了触摸产品的行为与评估产品的信心、购买意愿等营销结果变量间的关系。类似地，后续学者也将触摸需求作为调节变量，探究了触摸有无与产品评估、产品估价等结果变量间的关系（Peck & Childers，2006；Peck & Shu，2009；柳武妹等，2018）。为何学者不去直接探究高触摸需求者和低触摸需求者在产品触摸行为上的差异？笔者认为这一问题的答案是不证自明的，因此学者不需要专门开展实证研究去探讨。

二、解释水平

除触摸需求这一个特质外，个体对事物的解释水平或心理表征也可以解释为何其会表现出触摸产品的行为。关于解释水平理论，本书第一篇第一章在介绍触觉体验及消费者行为研究的理论基础时已经详细介绍过，此处不再赘述。理论上，相比低解释水平者，高解释水平者会表现出更多触摸产品的行为。笔者及其合作者早年发表的文章在论证解释水平如何调节触摸行为的有无与产品购买意愿和支付金额间的关系时，对这一观点进行了逻辑层面的推理。具体而言，柳武妹等（Liu et al.，2017）认为，相比高解释水平者（或对事物进行抽象心理表征者），低解释水平者（或对事物进行具体心理表征者）会倾向于对事物进行近距离评估以获取细节信息。触摸产品意味着和产品零距离接触，从而可以帮助消费者获取产品细节信息，因此柳武妹等（Liu et al.，2017）提出，低解释水平者会比高解释水平者表现出更多的产品触摸行为，以获取产品细节信息。

三、心理抗拒水平

林格勒等（Ringler et al.，2019）的研究发现，当一线服务人员不允许消费者触摸某产品时（vs.允许触摸），心理抗拒水平强的个体会比心理抗拒水平弱的个体表现出更强的触摸渴望，并对随后遇到的其他产品表现出更多的触摸行为。这表明心理抗拒水平也是诱发消费者产品触摸行为的特质因素，但这一因素需要与诱发心理抗拒的情境因素（如不被允许触摸产品）联合起来影响消费者的产品触摸行为。

本节介绍了导致消费者做出触摸产品这一行为的消费者层面的诱发因素。然而，消费者的个体特质很难在实验中被操纵，也很难在消费场景中被营销者识别和操控，因此，学者很少以个体特质为自变量、触摸行为为因变量开展实证研究。与个体特质不同，情境层面和产品层面的诱发因素能够被营销者操控，因此在实践层面更具有探究价值。

第二节　情境层面因素

本节将主要介绍从情境层面对消费者触摸行为进行前因探究的已有实证研究。据笔者所知，目前有两篇消费者产品触觉领域的文章进行了这一探究。一篇是林格勒等（Ringler et al.，2019）发表在《零售杂志》（*Journal of Retailing*）上的文章。这篇文章中的研究检验了前台服务人员禁止（vs.不禁止）消费者触摸所要评估的产品，是否会增加消费者对随后遇到的其他产品的触摸行为和购买行为。另一篇是笔者及其合作者开展的探究消费者控制感缺乏对其触摸渴望的影响及内在机制（柳武妹等，2016）。由于林格勒等的文章将在本书第三篇第七章进行详细介绍，此处不再花费笔墨。本节将重点介绍笔者及其合作者发表在《心理学报》上的实证研究。同时，在介绍这项实证研究时将重点回答下述几个问题：作者为何开展这一研究？作者基于什么推理提出了什么观点？作者如何检验这一观点？这一观点有什么价值和启示？

需要说明的是，本书其他章节在介绍相关研究时也会围绕这四个问题进行回答。因为回答这四个问题不仅可以帮助读者清晰地理解研究的主要思想，而且可以帮助读者理清研究的来龙去脉。

一、作者为何开展这一研究？

正如前文所述，消费者产品触觉领域公认的观点是消费者触摸产品的行为受触摸需求这一消费者个体特质的驱使（Citrin et al.，2003；Peck & Childers，2003a；

2003b)。但是很多时候，当消费者身处诱发控制感缺乏的情境（如堵车、地震、变故等）时，也会表现出触摸举动和触摸渴望。这一点目前在理论上存在研究空缺。弥补这一研究空缺对营销实践者非常需要，因为只有诱发消费者触摸产品，才能使其进一步对产品产生好感和购买行为。因此，柳武妹等（2016）旨在通过实验研究探讨控制感缺乏对消费者触摸渴望的影响及内在机制。

二、作者基于什么推理提出了什么观点？

个体渴望具有较强的控制感（Burger & Cooper，1979；Whitson & Galinsky，2008）。个人控制感指的是个体感到自己在多大程度上能够预测、解释、影响和改变外部事件的发生与发展（Burger，1989）。感知控制的双过程模型（two-process model of perceived control）可以解释人们面临控制感威胁时的反应。该模型认为，控制感威胁会让个体表现出高控制需求，为满足这一需求，个体会尝试主动掌控环境以使环境中事物的发展符合自己的期望，这一过程被称为初级控制（primary control）；只有当初级控制失败后，个体才会改变自己以适应环境，这一过程被称为次级控制（secondary control）（Rothbaum et al.，1982）。鉴于对环境中的物体施加控制可以满足这一需求（Wrosch et al.，2000；Zhou et al.，2012），而触摸产品意味着消费者可以用身体来抓举、移动产品，即用身体来控制产品（Peck et al.，2013），因此，当个体身处控制感受威胁的情境中时，触摸产品可以增强其控制感。遵循这一逻辑，柳武妹等（2016）认为，控制感的缺乏会增加消费者触摸产品的渴望和实际触摸行为，控制需求是内在中介。

三、作者如何检验这一观点？

柳武妹等（2016）开展了两个实验室实验探究了控制感缺乏对消费者触摸渴望的主效应影响以及控制需求在其中所起的中介作用。其中，实验一检验主效应，实验二检验中介效应。实验一采用控制感的威胁（是 vs.否）单因素被试间设计。因变量是对与触摸相关的词、中性词以及非词的反应时（单位为毫秒）。结果发现，控制感受威胁时（vs.未受威胁时），个体对与触摸相关的词的反应时更短，但两组在中性词和非词上的反应时均没有差异。当将触摸需求作为协变量加以控制时，依旧得出相似结果。这表明对控制感的威胁会增加个体的触摸渴望。实验二采取威胁类型（对控制感的威胁 vs.其他威胁）单因素被试间设计。因变量是触摸产品的渴望，使用 NFT 量表进行测量。结果发现，与其他威胁相比，对控制感的威胁会增加个体触摸产品的渴望，这一结果由控制需求驱动，而非由感官刺激寻求倾向的增加和不确定减少动机的增加诱发。

四、这一观点有什么价值和启示?

据笔者所知，柳武妹等（2016）的报告《消费者触摸渴望的形成机制解析——基于认知体验视角》是为数不多从情境层面探究消费者为何会表现出触摸产品渴望的研究报告。其在控制感受威胁和产品触摸之间建立桥梁，为个体控制感受威胁增加了一个新的结果变量。更重要的是，该研究在控制个体层面的触摸需求差异后，发现控制感受威胁的情境能够增加个体对产品的触摸渴望。这就表明个体触摸产品的想法不仅受触摸需求这一个体特质的驱动，还受控制感受威胁这一情境因素的影响。这就给营销管理者和线下零售商在消费者控制感受威胁时（如地震等自然灾难、大型考试、中奖等偶然事件发生后）鼓励他们去触摸产品提供了理论指导。然而，这篇文章也存在局限性，如由于作者的水平和时间有限，没有在研究中将触摸行为作为因变量。但是，人们的行为往往受内心想法的驱使，因此根据这篇文章的结果，有理由推出控制感的缺乏会增加个体触摸产品的行为。

第三节　产品层面因素

产品层面的哪些因素会诱发消费者做出触摸产品的动作？学者对这一问题进行了一些思考和探讨。目前得出的一致结论是：一些产品（如触觉属性丰富的产品、触觉属性对产品决策具有高诊断性的产品，如毛织品、弹簧玩具等）要比另一些产品（如几何属性丰富的产品、视觉属性对产品决策具有高诊断性的产品，如有包装的书籍、塑料盒装的饼干）更容易诱发消费者的触摸渴望（Marlow & Jansson-Boyd，2011；McCabe & Nowlis，2003；Peck & Childers，2003a）。但是，学者并没有将这些产品差异作为自变量、触摸行为作为因变量来开展实证检验。相反，在具体的实证研究中，学者将触摸行为作为自变量、产品差异作为调节变量、购买意愿等作为因变量。笔者认为，学者做出上述变量处理的原因有两个：第一，触觉属性丰富的产品比视觉属性丰富的产品更适合触摸，这一结论是不证自明的，因此，学者不需要专门对此进行实证检验；第二，同一品类下的不同产品除了在触觉属性上存在差异外，还在其他特征（如质量、价格、外观等）上存在差异。但学者在研究产品差异和触摸行为间的因果关系时，很难彻底控制质量、价格、外观等噪声，这给实验的开展带来了诸多困难。

然而，探究同一产品的不同广告诉求（如稀缺 vs.不稀缺）和不同特征（如透明包装 vs.不透明包装；远距离 vs.近距离等）对消费者触摸行为的影响是有价值的研究议题。其在实践层面容易操作，在理论层面有新颖性。目前还没有关于上述议题的研究成果，笔者将在第四节提出一些研究展望。

第四节 待解决的研究议题

一、探究诱发消费者做出产品触摸行为的其他消费者层面的因素

目前，学者探究了消费者的触摸需求以及消费者的个人控制感等对其产品触摸行为的影响（Peck & Childers，2003b；柳武妹等，2016）。笔者认为，学术界还可以探究下述几个消费者层面的因素对消费者产品触摸行为的影响。

（一）消费者的手是否被占用

沈浩和森古普塔（Shen & Sengupta，2012）的报告指出，当消费者评价产品图片时，相比手未被占用，如果准备抓产品的手被占用（如拿着球），那么消费者会降低对产品的评价。根据这一逻辑，笔者推测，如果消费者评估产品实物时，准备抓产品的手被占用，会导致消费者减少对产品的触摸行为，中介是对产品的错误归因。也就是说，消费者会将自己的手被占用导致的负面情绪错误归因到所要评估的产品上，进而降低对产品的接近意愿。

（二）消费者的好奇心是否被剥夺

除了手被占用外，未来研究还可以探究好奇心被剥夺对消费者触摸行为的影响。好奇心是指一种对“知识的欲望”（Kang et al.，2019）。好奇心的激发能促使人寻求新的知识和体验（Kashdan et al.，2004）。消费者如果在评估产品前经历了好奇心被剥夺（如商家在猜谜活动时不让消费者知道谜底，看精彩视频时突然中断等），会在随后急于满足好奇心而触摸产品，尤其是触摸一个新奇的新产品，而让消费者了解该产品，可以降低消费者对该产品的好奇心。因此，先前的好奇心被剥夺会增加消费者随后的产品触摸行为。当然，在探究这一主效应时，还要考虑和控制个体的好奇心特质差异、触摸需求差异等变量的影响。

（三）消费者是否觉得产品容易被触摸到

为了逻辑清晰，本书关注的触摸容易体验局限于对图片或屏幕中产品的触摸容易体验上。然而，现实生活中消费者对线下零售店中的产品实物也会产生触摸容易或触摸困难的体验。这类体验通常由产品自身的因素（如产品是否被放在密封的展示柜中、产品是否被放在高处、产品是否是易碎品或贴有“禁止触摸”的标识等）、消费者因素（如消费者的身高、消费者看产品的位置等）和情境因素（如情境是否允许消费者触摸产品）等激发。笔者感兴趣的是，当消费者感受到某个

产品实物很容易触摸到时，他们对该产品实物究竟是更想触摸，还是更不想触摸？换言之，对产品的触摸容易体验究竟会增加还是会减少消费者对产品的实际触摸行为呢？这一问题值得进一步探究，因为先前研究得到的答案是互相冲突的。在一些情况下（如消费者触摸需求高时），触摸容易体验会增加消费者对产品的实际触摸行为，而在另一些情况下（如消费者触摸需求低时），触摸容易体验会减少消费者对产品的实际触摸行为。

二、探究诱发消费者做出产品触摸行为的其他情境层面的因素

已有研究围绕诱发消费者做出产品触摸行为的情境层面的因素开展的研究并不多见。据笔者有限的文献积累，仅有林格勒等（Ringler et al.，2019）以及柳武妹等（2016）进行了探究。但情境层面的因素最容易在实验室中操控，也最容易在零售环境中被运用。因此，围绕这一主题的探究更有实践价值。笔者认为，与没有遭遇这些威胁相比，当身处诱发不确定感、社会排斥和孤独感及身体疼痛的情境时，消费者会更倾向于做出触摸生活中的产品或物体的行为。

三、探究诱发消费者做出产品触摸行为的其他产品层面的因素

如同上一节所述，已有研究在探究产品层面的因素对消费者触摸行为的影响时，将焦点放在了产品类型的差异上，并认为触觉属性丰富且对决策具有诊断性的产品要比触觉属性不丰富且对决策不具诊断性的产品更容易诱发消费者的触摸行为（Marlow & Jansson-Boyd，2011；McCabe & Nowlis，2003；Peck & Childers，2003a）。但是，这种产品之间的差异在实验中会诱发很多噪声，不利于实验控制。笔者认为，探究同一产品的不同特征就可以避免这一操作困难，且下述三个研究议题值得学者关注。

（一）探究产品的稀缺诉求对消费者产品触摸行为的影响

产品的稀缺诉求可能会影响消费者的触摸行为和相应的获取渴望。稀缺源于需求和供给之间的不平衡，这种不平衡会导致资源短缺和资源竞争（Kristofferson et al.，2016）。落脚到营销领域，消费者会看到两种表明产品稀缺的诉求：销售数量有限（限量稀缺）和销售时间有限（限时稀缺）。究竟这两种稀缺诉求是否会对消费者触摸行为产生影响，目前相关研究较少。同时，相比未强调稀缺诉求的产品，强调稀缺诉求的产品是否也会增加消费者的产品触摸行为？目前尚未有研究涉及此。笔者认为，稀缺诉求与产品触摸行为间的关系是复杂的，需要分情形来看。对于同一产品而言，如果该产品是奢侈定位或高价定位的话，稀缺诉求（vs. 非稀缺诉求）会增加消费者的触摸渴望，内在机制可能是对产品渴望的增加；如

果该产品是非奢侈定位和低价定位的话，稀缺诉求会降低消费者的触摸渴望，内在机制可能是心理抗拒的增加。笔者进一步猜测，对于限量稀缺和限时稀缺这两类不同稀缺诉求而言，限量比限时更能诱发消费者对产品的稀缺和有限感知，因此更能增加其触摸倾向和触摸行为。

（二）探究产品的透明包装对消费者产品触摸行为的影响

透明包装也可能会影响消费者的触摸倾向和触摸行为。对于同一产品，相比透明包装，不透明包装会让消费者无法看清楚包装里面的产品，这就让消费者产生了不确定感和好奇心，因此，不透明包装更能促使消费者拿起产品端详，从而产生触摸行为。当然，不透明包装和触摸行为间的关系可能不止这么简单，还需考虑包装先前有没有被他人触摸过，他人的先前触摸可能会诱发消费者产生恶心或病毒传染的担忧（Argo et al.，2006），从而会降低触摸产品的可能性。因此，如果消费者看到或想到不透明包装已经被他人触摸过的话，包装的透明程度对触摸行为的影响会消失。同时，透明包装上提供的产品信息的多少也可能会成为其与触摸行为间的调节变量，当不透明包装盒上提供了产品触觉信息或产品图片时，消费者可能会减少对产品的触摸。已有研究发现，当消费者无法触摸产品实物时，提供产品触觉信息和产品图片也能帮助消费者了解产品，从而增加产品购买可能性（McCabe & Nowlis，2003；Peck & Childers，2003a）。

综上，对透明包装与消费者产品触摸行为二者间的关系感兴趣的学者在研究时，需要考虑包装有没有被他人触摸过以及包装上有没有提供产品图片或对产品触觉属性的描述等。

（三）探究产品和消费者间的距离对消费者产品触摸行为的影响

正如前文在论述触觉体验及消费者行为研究的理论基础时所提，解释水平理论可以成为消费者触觉体验相关研究的理论基础。解释水平理论认为，人们对事物的解释水平和人们与这些事物之间的心理距离密切相关，而心理距离又可以划分为四类：时间距离、空间距离、社会距离和假设性或概率距离（Trope et al.，2007）。触摸产品意味着和产品在空间距离上近距离接触和互动，因此当产品实物离消费者的手部距离近时，消费者对产品的触摸行为会更多，触摸容易体验是中介。

除空间距离外，研究者还可以探究解释水平理论提出的其他三类距离对触摸行为的影响。首先，就社会距离而言，如果同一产品在社交距离上的诉求不同（如是否强调亲密他人），消费者的产品触摸倾向和实际触摸行为也会不同。相比不强调亲密他人的产品诉求（如陌生他人喜欢该产品），强调亲密他人的产品诉求（如亲密他人喜欢该产品）会增加消费者的产品触摸倾向和实际触摸行为，近社交距离以及相应的开心情绪将是可能的中介。其次，就时间距离而言，如果一个产品以获取时间近（如明天）为产品诉求，消费者会对该产品产生容易获取的元认知体验，进而增加触摸行为；如果一个产品以获取时间远（如三年后）为产品诉求，消费者会对该产品产生较难获取的元认知体验，进而减少触摸行为。然而，在探究时间距离对触摸行为的影响时，也要考虑另一种相反方向，即远时间距离出现的产品会比近时间距离出现的产品更能增加消费者的触摸行为，对产品的渴望性感知将是可能的中介。最后，就假设性或概率距离而言，产品退出市场的可能性就是一种概率，高退出可能性会增加消费者与产品的概率距离，进而增加触摸行为，而低退出可能性会减少消费者对产品的触摸行为。

第四章

产品具体触感体验的前因

本章旨在介绍消费者产品具体触感体验的前因。不同产品在触感上存在天然差异，因此，本章不关注产品间的差异，而是聚焦消费者层面和情境层面的诱发因素，并探究哪些因素会诱发消费者对同一产品的具体触感体验存在差异，这一探究结果可以帮助营销管理者针对同一产品根据情境和人群的不同开展不同的营销策略。本章将先介绍前人已经开展的研究，再介绍前人还未开展但有探究价值的研究方向。本章涉及的相关文献非常少，所以重点介绍三篇发表在权威期刊上的文章。其中两篇涉及对产品轻-重感知的诱发因素，还有一篇涉及对产品冷-热感知的诱发因素。目前还未发现关于软-硬感知及光-粗感知的诱发因素的相关研究，因此仅将其作为未来研究议题进行讨论。

图 4-1 为本章内容导图。

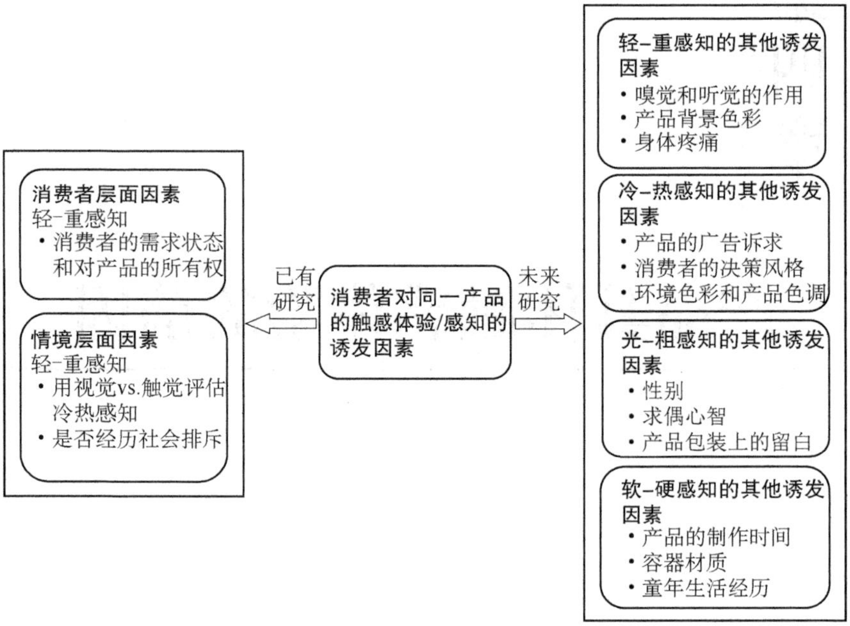

图 4-1　第四章内容导图

第一节　消费者层面因素

哪些消费者层面的因素会促使消费者对同一产品的具体触感体验存在差异呢？由于文献积累有限，笔者目前仅发现一篇文章探究了这一问题。这篇文章是由香港中文大学的戴先炽（Xianchi Dai）教授和芝加哥大学的奚恺元（Christopher K. Hsee）教授合作完成的，并发表在《营销研究杂志》（*Journal of Marketing Research*）上。该文章探究了消费者的需求状态和对产品的所有权感知是如何共同影响他们对产品的轻-重感知和大-小感知的。由于本章主题是触觉感知而非视觉感知，所以这里只介绍轻-重感知的实验。在介绍这篇文章时，笔者依旧从四个方面展开：作者为何开展这一研究？作者基于什么推理提出了什么观点？作者如何检验这一观点？这一观点有什么价值和启示？

一、作者为何开展这一研究？

已有研究发现了“饥饿—更大效应”（the hungrier-the-larger effect），即和吃饱的人相比，饥饿的人感觉一块蛋糕更大；和不口渴的人相比，口渴的人感觉一听可乐罐内装的可乐更多（Brendl et al.，2003；DuBois et al.，2010）。这一效应最早在布鲁纳和古德曼（Bruner & Goodman，1947）的经典实验中被发现。该实验发现，穷孩子要比富孩子感觉硬币更大。但是日常生活中也存在另一种现象，即对事物有更大需求的人对事物的大小、体积及重量等会形成更悲观的判断。例如，饥饿的人感觉饭的量更少，口渴的人感觉杯子里的水更少，作者将这一现象称为“饥饿—更小效应”（the hungrier-the-smaller effect）。当时，学术界并没有关注饥饿—更小效应，也没有研究何时饥饿—更大效应成立，何时饥饿—更小效应成立。戴先炽和奚恺元（Dai & Hsee，2013）的这篇文章旨在弥补这些研究空缺。

二、作者基于什么推理提出了什么观点？

整体而言，这篇文章并没有在推理研究观点时引用大量的文献作为论据。相反，作者依据自己的逻辑推理得出了该文的核心观点——当对产品具有所有权时，高需求组要比低需求组觉得产品更小、更重（此处代表更不好）；当对产品没有所有权时，高需求组要比低需求组觉得产品更大、更轻（此处代表更好）。也就是说，这篇文章在讲生活中的一种常见现象：别人家的草坪比自家绿；别人家的东西比自家好。作者将饥饿状态作为需求状态的衡量，将对产品的大小感知和轻重感知作为目标变量，运用愿望型思考和担忧型思考作为内在中介机制来推理自己的观点。戴先炽和奚恺元认为，在布鲁纳和古德曼（Bruner & Goodman，1947）的经典实验中，被试对蛋糕并没有所有权，因此会出现愿望型思考（希望自己拥有该蛋糕，并且能拥有更多的蛋糕）和饥饿—更大效应；当被试对蛋糕有所有权时，被试会出现担忧型思考（担忧自己的蛋糕太小/太少/太轻而不够吃）和饥饿—更小效应。

三、作者如何检验这一观点？

作者开展了 4 个实验来检验上述双过程假设。在实验一中，作者通过控制被试的生理需求（口渴）和他们对目标物体（水）的所有权状态，探究被试对目标物体的体积评估。目标物是一个真实容量为 118.29 毫升的水杯。结果发现，口渴的被试在面前的水不属于自己时，会将水的容量估计得更多；而他们在面前的水属于自己时，会将水的容量估计得更少。这一现象在不口渴的被试身上不存在。实验二和实验三、实验一的结果相似。同时，实验三还提供了关于假设的过程证据。实验四通过探究被试的生理需求（饥饿）对重量评估的影响进一步检验了这一过程。实验二和实验四都关注轻重感知，因此这里重点介绍这两个实验。

（一）实验二

实验二采用 2（需求：高 vs.低）×2（所有权：属于我 vs.不属于我）的双因素

被试组间设计，因变量是圆盘重量估计。被试是来自香港某大学的 220 名学生（其中女性为 112 名）。实验分为两个阶段。在第一个阶段，被试首先要完成一项表面上不相关的锻炼任务，接着需要回答一些关于这项锻炼任务的问题。其中一半的被试只需简单地做一些轻松的身体移动锻炼项目，而另一半被试则需要不断地举起 15 千克重的哑铃。让被试完成这些锻炼的目的是使他们产生回避举重物的高需求或低需求。在两种锻炼类型持续 10 分钟后，被试回答了关于他们的锻炼体验的若干问题。这些问题包括：①这项任务具有多大的挑战性；②在完成这项任务后感觉自己多累；③感觉自己多么积极或消极；④感觉自己的身体多么精疲力尽。被试用 7 点量表回答这些问题，得分越高意味着任务更具挑战性，自己感觉更累、更加积极、身体更加精疲力尽。

被试回答完上述问题之后，实验就进入第二个阶段。实验者告诉所有被试接下来他们的任务是要举重物，他们必须用双手水平举重物（要么是一个较重的圆盘，要么是一个哑铃）5 分钟，随后要求被试评估圆盘的重量（实际重量为 3.012 千克）。其中一半的被试被告诉这个圆盘是他们自己在接下来的实验中要举的，另一半被试则被告诉这个圆盘是其他参与者在接下来的实验中要举的，而他们要举的是哑铃（与他们在之前的实验中用的那个哑铃不同），他们需要直接估计圆盘的重量。结果发现，当被估计的目标重物是被试在接下来的实验中要举的重物时，高需求的被试（对圆盘的重量估计均值为 4.72 千克）要比低需求的被试（对圆盘的重量估计均值为 3.87 千克）估计的重量更重。这一结果验证了作者提出的饥饿—更小效应（对应在本实验中是更重）。相反，当被估计的目标重物是其他参与者在接下来的实验中要举的重物时，高需求的被试（对圆盘的重量估计均值为 4.14 千克）要比低需求的被试（对圆盘的重量估计均值为 4.98 千克）估计更轻的重量。这验证了前人提出的饥饿—更大效应（对应在本实验中是更轻）。这一结果也表明，被试认为自己的重担比别人重。

（二）实验四

作者在实验四中进一步检验了导致实验二结果的过程机制。实验四采用 2（需求：高 vs.低）×2（所有权：属于我 vs.不属于我）的双因素被试间设计，因变量是对干酪蛋糕的重量估计。被试是来自香港某大学的 109 名学生。实验刺激材料是面包。

实验四的过程和实验二相似。实验者先操纵了被试的饥饿（对食物的高需求）或饱（对食物的低需求）的状态。所有被试都是在上午（8：30 到 11：00）参加实验，但实验者通过电子邮件指示一半的被试在实验前不要吃早餐（高度饥饿），而指示另一半的被试在实验前要吃早餐（低度饥饿）。在被试到达实验室后，处于低度饥饿状态下的被试需要吃三大片面包，而处于高度饥饿状态下的被试只需吃一小片蘸有黄油的面包，之后所有被试需要完成一个食物评价问卷，同时通过 7 点量表来评价自己的饥饿程度（1 代表“一点儿都不饿”，7 代表“非常饿”）。接下来测量中介变量。实验者询问被试“如果这儿有块干酪蛋糕可以让你马上吃掉，你希望它多大呢？”，并给被试提供了 0～600 克的范围让他们选择，每个选择之间的重量间隔为 30 克。接着，实验者给被试展示了第一块干酪蛋糕（重 113 克），告诉一半的被试这块蛋糕是给他们吃的，而告诉另一半的被试这块蛋糕是给其他参与者吃的，以操纵被试对蛋糕所有权的状态。最后，被试用 30 点量表估计这块蛋糕的大小（1 代表“0 克”，30 代表“600 克”）。

实验四发现，高度饥饿的被试对干酪蛋糕的重量估计（均值为 10.42 克）要比低度饥饿的被试（均值为 14.70 克）更轻；相反，当被估计的干酪蛋糕要被其他参与者消费时，高度饥饿的被试（均值为 13.89 克）对干酪蛋糕的重量估计要比低度饥饿的被试（均值为 10.68 克）更重。作者还进一步检验了愿望型思考和担忧型思考在饥饿—更大效应和饥饿—更小效应中的中介作用。

四、这一观点有什么价值和启示？

这篇文章发现了饥饿—更小效应，对已有的饥饿—更大效应研究做出了有力补充。同时，作者还用所有权状态预测了何时饥饿—更小效应出现，何时饥饿—更大效应出现，并用担忧型思考和愿望型思考对这两种效应进行了机制解释。从实践层面而言，这篇文章能够帮助营销者理解为何消费者在购前会渴望拥有产品，而在购后却容易产生购后冲突和购后不满。同时，在共享经济盛行的当下，这篇文章还可以解释和他人共享物品（消费者没有所有权）的优势，即消费者对物品没有所有权时，会出现愿望型思考，并会对共享物品产生更高的评价。

目前，关于轻-重触感感知的消费者层面的其他诱发因素的研究非常少，因此是亟待弥补的研究空缺。笔者将在本章第三节待解决的研究议题部分给出一些思考，接下来先介绍学术界围绕情境层面的诱发因素开展的实证研究。

第二节 情境层面因素

哪些情境层面因素会使消费者对同一产品产生不同的具体触感体验？仅有少数学者对此进行了专题探讨。本节重点介绍两篇文章（Krishna，2006；Zhong & Leonardelli，2008）。第一篇文章认为，轻-重感知的诱发因素是评估方式（用视觉评估 vs.用触觉评估）。第二篇文章认为，冷-热感知的诱发因素是社会排斥。笔者在介绍这两篇文章时采用和前文一致的思路，即回答下述四个核心问题：作者为何开展这一研究？作者基于什么推理提出了什么观点？作者如何检验这一观点？这一观点有什么价值和启示？

一、用视觉 vs.触觉评估产品会影响消费者对产品的轻-重感知

（一）作者为何开展这一研究？

1968 年，知名认知心理学家皮亚杰（Piaget）以儿童为被试开展了著名的伸长偏见（elongation bias）实验，发现了伸长偏见现象。克里希纳（Krishna，2006）探究了视觉和触觉对伸长偏见的作用。在实验中，实验者将相同容量的彩色液体从一个瘦长的圆筒容器中倒入另一个矮胖的圆筒容器中，并让孩子们在观察这一动作后，判断容器内的液体容量保持不变还是变少了，结果发现，绝大多数孩子认为容量变少了。这一现象被皮亚杰称为伸长偏见，也即人们认为瘦长的容器装的液体要比矮胖的容器装的液体更多，因此也更重。但是该实验是让被试用视觉观察，并未运用触觉器官。当被试用触觉来做相似的任务评估时，这一伸长偏见究竟会依旧存在，还是会逆转？在克里希纳（Krishna，2006）的文章发表前，这一问题一直未被解决，因此，克里希纳开展的研究弥补了这一研究空缺。

（二）作者基于什么推理提出了什么观点？

当人们用视觉和用触觉来判断两个容器（如玻璃杯）中液体容量的轻重时会产生不一样的结果。具体而言，皮亚杰的伸长偏见研究是让被试运用视觉去判断，运用视觉时，高度将是一个显著的判断维度（Raghubir & Krishna，1999）。然而，当把被试的眼睛遮住，让被试用手拿容器时，宽度将是一个显著的判断维度。因为人们用手拿一个物体时，就会得出该物体的直径信息（Klatsky et al.，1993），而对高度的判断依赖视觉就可以完成，较少依赖触觉。可见，判断维度的显著性会促使人们做评估时仅依赖一个维度而忽视其他维度，进而会出现评估偏见。因此，作者提出下述观点：运用视觉评估时，人们会依赖容器高度做判断，会觉得瘦长的容器中的液体容量比矮且宽胖的容器中的液体容量多（重）；而运用触觉评估时，人们会依赖容器宽度做判断，会觉得瘦长的容器中的液体容量比矮胖的容器中的液体容量少（轻）。

（三）作者如何检验这一观点？

作者开展了三个实验来检验上诉观点，在此详细介绍第一个实验，即实验一，简要提及实验二和实验三。实验一采取评估感官（纯视觉 vs.纯触觉 vs.视觉和触觉混合）单因素被试间设计，被试是来自美国非商科专业的 66 名大学生，因变量是容量估计，实验材料是两个可以装相同容量液体（7 英制液体盎司，198.87 毫

升）的塑料杯。选取轻的塑料杯而非重的玻璃杯或其他材质的杯子，是为了控制被试在液体重量判断时对容器重量的考虑。克里希纳（Krishna，2006）并没有对实验一的过程进行详尽描述。下面内容是笔者根据自己对文章的理解勾勒的实验过程场景。在具体实验过程中，实验者先告诉所有被试一个罐装可口可乐的液体容量为 12 英制液体盎司，之后让纯视觉组被试观看实验人员将瘦长塑料杯中的液体倒进矮胖杯，让视觉和触觉混合组被试也观看这一过程，且可以用手拿容器，而纯触觉组没有观察这一过程，且他们的双眼在容器出现前就已经被布遮住（双盲），之后用手来感受两个容器的长宽高等信息。为了避免塑料杯的出现顺序对实验结果的影响，实验者在一半被试前将瘦长杯中的液体倒进矮胖杯中，在另一半被试前将矮胖杯中的液体倒进瘦长杯中。随后，三组被试都口头回答了两个塑料杯中的液体容量有多少英制液体盎司，实验人员对被试的回答进行了记录。

实验一发现，当用纯视觉（均值为 7.30 英制液体盎司）和用视觉、触觉两种感官共同评估（均值为 6.96 英制液体盎司）时，被试认为瘦长塑料杯中盛有的液体比用纯触觉评估时（均值为 6.11 英制液体盎司）更重。相反，对矮胖塑料杯中盛有的液体的重量进行估计时，用纯触觉评估（均值为 7.24 英制液体盎司）时要比用纯视觉评估（均值为 6.27 英制液体盎司）和用视觉、触觉两种感官共同评估（均值为 6.23 英制液体盎司）时更重。这一研究结果表明，前人发现的伸长偏见在被试用视觉评估和用视觉、触觉两种感官共同评估时成立；而当用纯触觉评估时，前人发现的伸长偏见则会被逆转。

实验二进一步复制了实验一的结果。实验三检验了视觉负荷的作用，发现当消费者使用视觉判断容器中液体的轻重时，如果视觉资源被占用（在实验中让被试一边观看一个 30 秒的广告片一边做重量判断），消费者就会依赖触觉做判断，进而前人发现的伸长偏见也会被逆转。但如果视觉资源未被占用，前人发现的伸长偏见则会被复制。因此，实验三的结果进一步表明，人们对容器中液体的轻重估计取决于人们评估时运用的感官是视觉还是触觉，以及容器的视觉形状是瘦长还是矮胖。

（四）这一观点有什么价值和启示？

克里希纳（Krishna，2006）发现伸长偏见在用视觉和视觉、触觉共同评估时成立，而在用触觉评估时逆转，这一结果有着重要的理论贡献和实践启示。在理论层面，克里希纳（Krishna，2006）的文章不仅验证了前人的研究结论，而且发现了前人未探究过的新知识（触觉评估会逆转伸长偏见），还对皮亚杰（Piaget）以及后续学者单纯运用视觉任务来观察伸长偏见的研究在实践层面做出了重要推进。克里希纳（Krishna，2006）指出，俱乐部管理者以及饮料提供商可以向顾客提供矮胖的酒杯来让顾客感知到俱乐部和饮料提供商的慷慨，进而赢得积极口碑。同时，结合克里希纳（Krishna，2006）实验三中视觉负荷的研究结果，影院在向观影者提供爆米花时，应尽量将爆米花装在矮胖的容器中而非瘦长的容器中，这样观影者在有视觉负荷时更能够感受到手中爆米花的重量及影院的慷慨。

二、消费者是否经历过社会排斥影响其对环境的冷-热感知

个体经历过的社会排斥（如被分手、面试被淘汰、被拒绝等）是否会影响其对环境以及环境中物体的冷-热触感感知，有研究（Zhong & Leonardelli，2008）对这一问题进行了详细检验。接下来依旧从四个方面来阐述这篇文章。

（一）作者为何开展这一研究？

前人的研究指出，获取归属感是人们行为背后的基本动机之一（Baumeister & Tice，1990），但是社会排斥阻碍了人们对归属感的寻求，甚至让个体产生了焦虑、抑郁以及身体疼痛等负性体验（Beck et al.，1974；Eisenberger et al.，2003）。社会排斥是否会影响人们对环境以及环境中物体的冷-热感知这一问题一直是研究空缺，而钟和莱奥纳尔代利（Zhong & Leonardelli，2008）的研究弥补了这一空缺。

（二）作者基于什么推理提出了什么观点？

社会排斥会让个体感受到孤独，而孤独和寒冷在语义上往往是紧密关联的。具身认知说认为，人们会根据身体感受形成对物体的感知和认知，概念隐喻可以解释这一现象（Barsalou，2008）。前人关于具身认知和概念隐喻的研究发现，让被试手拿冷（vs.热）饮料来判断另一个人的性格特质时，会觉得这个人更不温暖和更不友好（Williams & Bargh，2008）。因此，钟和莱奥纳尔代利（Zhong & Leonardelli，2008）推测，经历过社会排斥的个体会感受到孤独和寒冷，进而会导致他们对环境温度形成冷感偏差。

（三）作者如何检验这一观点？

钟和莱奥纳尔代利（Zhong & Leonardelli，2008）开展了两个实验室实验来检验这一观点。其中，实验一检验了社会排斥（vs.不排斥）是否会让个体感到所处房间更冷，实验二检验了社会排斥（vs.不排斥）是否会让个体出于身体寒冷感知而偏爱热食胜过冷食。

实验一和本章主题关联紧密，因此这里仅介绍实验一。该实验采用社会排斥（排斥 vs.接纳）单因素被试间设计，因变量是对室内温度的估计，被试是来自多伦多大学的 65 名本科生，他们将获得学分奖励。实验分为两个阶段。第一个阶

段操纵社会排斥。具体而言，被试在实验室的小隔间坐好后，排斥组被试被要求回忆并书写自己亲身经历过的一个被他人排斥的情境，而接纳组被试被要求回忆并书写自己亲身经历过的一个被他人接纳的情境。随后，要求两组被试描述这一情境的时间、地点、当时的感受等细节。然后进入第二个阶段。实验人员要求被试估计室内温度（室内温度是恒定的）。为了增加实验的真实性，在估计室内温度前，实验人员告诉被试实验室维护人员需要这一信息，因此本实验帮忙收集室温信息。

实验结果显示，被试对室内温度的估计值范围为12℃～40℃。与作者的猜测一致，相比接纳组（均值为24.02℃），排斥组（均值为21.44℃）对同一房间的室内温度的估计值低接近3℃。

（四）这一观点有什么价值和启示？

在理论层面，钟和莱奥纳尔代利（Zhong & Leonardelli，2008）的文章对威廉斯和巴奇（Williams & Bargh，2008）发表在《科学》（*Science*）杂志上探究身体感受和对他人特质推断的文章进行了有力推进。钟和莱奥纳尔代利（Zhong & Leonardelli，2008）的文章表明，身体感受除了影响人们对他人特质的推断外，还影响对相同环境温度的房间的冷-热感知。同时，钟和莱奥纳尔代利（Zhong & Leonardelli，2008）的文章也被艾泽曼等（Ijzerman et al.，2012）发表在《心理学学报》（*Acta Psychologica*）上的文章引用。由此可以看出钟和莱奥纳尔代利所得研究结论的稳健性。在实践层面，剧院、实体店、体验店等可以针对遭遇过社会排斥的人群开展环境营销，即提升室温以减弱这些人对寒冷的感知，并向这些人提供热食和热饮。

除上述两篇文章外，哈拉和斯彭斯（Harrar & Spence，2013）的文章还探究了餐具自身的材质是如何影响消费者对食物（酸奶）稠度的感知的。他们发现，相比使用陶瓷材质的勺子吃酸奶，使用塑料材质的勺子吃酸奶会降低对酸奶的浓度感知，因为直觉上稠度越高的酸奶要比同体积稠度越低的酸奶更重。这篇文章也可以算作探究消费者产品触感感知的情境层面因素的文章。

第三节　待解决的研究议题

本章介绍了已有研究对消费者轻-重感知和冷-热感知这两对触感体验的诱发因素的探究。整体而言，涉及这类研究的文献非常少，主要是因为学者大多将产品的具体触感体验作为自变量而非因变量来研究。笔者认为，正是因为存在这样的研究空缺，才非常有必要挖掘诱发消费者具体触感体验的其他可能因素。这些有待开展的研究议题无论在理论层面还是在实践层面都有研究价值。接下来，笔者提出以下几个有待挖掘的未来研究议题。

一、消费者对同一产品轻-重感知的其他诱发因素

根据上文对涉及轻重触感感知的诱发因素的文章的介绍，可以看出消费者对产品的轻重感知既受个体因素（如需求状态和所有权状态）也受情境因素（如用视觉还是用触觉评估）的影响。然而，其他层面的个体因素和其他层面的情境因素是否也会影响消费者对同一物体的轻重感知，目前依旧是研究空缺。一个比较有趣的研究点是探究嗅觉和听觉如何影响消费者对同一产品的轻重感知。在日常生活中，个体常用嗅觉来闻近处传来的气味，而用听觉来听远处传来的声音。根据常识，近常和重关联，远常和轻关联，这就意味着在屏蔽视觉的影响后，当消费者用嗅觉来判断同一产品的重量时会觉得产品更轻，而用听觉来判断同一产品的重量时会觉得产品更重。感兴趣的研究者可以探究这一点。此外，研究者还可以检验产品的背景色彩对消费者产品轻重感知的影响。哈格特韦特和布拉塞尔（Hagtvedt & Brasel，2017）发现，产品着色越多，消费者会觉得产品尺寸越大。依据这一发现，笔者进一步推测，如果放置产品的货架或购物车着色越多（vs.越少），消费者也会觉得产品的重量越重（越轻）。

二、消费者对同一产品冷-热感知的其他诱发因素

已有研究探究了消费者经历的社会排斥对环境温度冷-热感知的影响（Zhong & Leonardelli，2008），未来研究还可以探讨影响冷-热感知的其他可能因素。一个非常有趣的因素是产品自身的广告诉求（功能 vs.享乐），其中功能和认知相关，享乐和情绪相关（Han，2015）。因此，个体用认知做判断时必须冷静；而用情绪做判断时，必须依赖自己的心跳频率来感受心的温度（心跳频率越高，心的温度越高）。这就意味着对于同一产品，依赖情绪做决策的消费者会觉得产品温度更高（更热），而依赖认知做决策的消费者会觉得产品温度更低（更冷）。感兴趣的学者可以探究笔者的这一猜测。

除了上述消费者层面的诱发因素外，未来研究还可以探讨其他情境层面的诱发因素。例如，环境色彩这一情境因素对消费者的产品冷-热感知的影响以及对消费者随后行为的影响便是一个值得探究的话题。笔者猜测，如果店内装饰是冷色调（如蓝色、绿色等），消费者会感到身体冷，进而觉得正在评估的产品的温度低（冷感知）；相反，如果店内装饰是暖色调（如红色、黄色等），消费者会感到身体暖，进而觉得正在评估的产品的温度高（热感知）。笔者进一步推测，冷色调会让

消费者觉得产品比较高冷和价高，而暖色调会让消费者觉得产品比较温暖和价低，这会进一步影响消费者对产品的估值和支付价格，概念隐喻是可能的中介。

三、消费者对同一产品光-粗感知的诱发因素

据笔者有限的文献积累，目前探究影响消费者对同一产品的光-粗感知的前因研究非常匮乏。然而，既然已有研究发现消费者层面因素和情境层面因素会影响消费者对轻-重和冷-热这两对触感体验的感知差异，那么同为触感体验的光-粗触感也可能会受消费者层面因素和情境层面因素的影响。人们往往对女性皮肤的联想是光滑，而对男性皮肤的联想是粗糙，因此笔者猜测，性别和光-粗感知间可能存在关联。对于同一产品，在消费者无法看到产品表面质地的情况下，笔者推测，女性消费者会觉得产品更光滑，而男性消费者会觉得产品更粗糙，这一现象可能在个体的求偶心智未启动时成立。笔者进一步推测，个体的求偶心智启动后，这一现象会逆转，即女性消费者会出于求偶心智而觉得产品更男性化因而更粗糙，而男性消费者会出于求偶心智而觉得产品更女性化因而更光滑。这是因为求偶心智启动后，女性的头脑中会产生与男性及其特质相关的想法（男性的头脑中也会产生与女性及其特质相关的想法），进而会运用头脑中的想法来判断产品。感兴趣的学者可以检验这一议题。

除了将性别差异作为产品光-粗感知的诱发因素外，未来研究还可以探究影响消费者对同一产品光-粗感知的情境因素，一个有趣的情境因素是产品包装上的留白。笔者猜测，当产品包装（如洗手液瓶）上的留白多而文字少时，消费者会觉得产品用起来质地更光滑；当产品包装上的留白少而文字多时，消费者会觉得产品用起来质地更粗糙。这是因为文字往往是凸显在白纸上的，容易引发人们的凸显感知和相应的粗糙感知。人们会用这种包装上的文字粗糙感知来推测包装中的产品，进而产生错误归因。感兴趣的学者也可以检验这一议题。

四、消费者对同一产品软-硬感知的诱发因素

上文提出了诱发消费者轻-重、冷-热和光-粗这三对触感感知的可能因素，本节最后提出关于软-硬感知诱发因素的未来研究议题。研究发现，咀嚼口感柔软和光滑（vs.坚硬和粗糙）的食物会增加消费者对食物的热量感知，这是因为咀嚼柔软和光滑的食物时，消费者的咀嚼努力会减少（Biswas et al.，2014）。这就意味着人们会把费力和坚硬联系起来，由此笔者推测，当同一产品的制作时间是 1 天（vs.1 年）时，人们可能会觉得产品制作不费力（vs.费力），进而对产品形成软触感感知（vs.硬触感感知）。除产品制作时间外，笔者认为，盛放产品的容器材质也会影响消费者对产品的软-硬感知。相比用塑料盒装的坚果的口感，消费者会觉得用

玻璃盒装的坚果咀嚼起来更硬，这也是一种错误归因的表现。

此外，笔者认为，消费者对同一物体的软-硬感知还将受消费者自身特质的影响。钟科等（2014）发现，触摸柔软（vs.坚硬）的物体会增强人们实体论维度的内隐人格观（vs.渐变论维度的内隐人格观），进而促进人们对服务失败的容忍。除内隐人格外，笔者认为，相比童年生活富裕的个体，童年生活艰难的个体会觉得物体更硬，需要做的事情更难。

第五章

产品触摸容易体验的前因

作为本篇的最后一章，本章旨在介绍消费者的产品触摸容易体验的诱发因素。相比前两类触觉体验，触摸容易体验是学者近些年才关注的一类触觉体验，因此文献较少。更重要的是，通过第四篇的介绍可知，关于触摸容易体验的研究几乎都关注产品触摸容易体验导致的行为后效而非前因，而且这些研究都将容易体验作为中介变量，这就使得本书只能将这些研究拆开介绍，本章介绍诱发触摸容易体验的前因，第四篇介绍线上购物时消费者产品触摸容易体验的后效。本章的架构与第三章和第四章相似。在介绍前人的研究时，也从产品层面、消费者层面和情境层面分别阐释。

图 5-1 是本章内容导图。

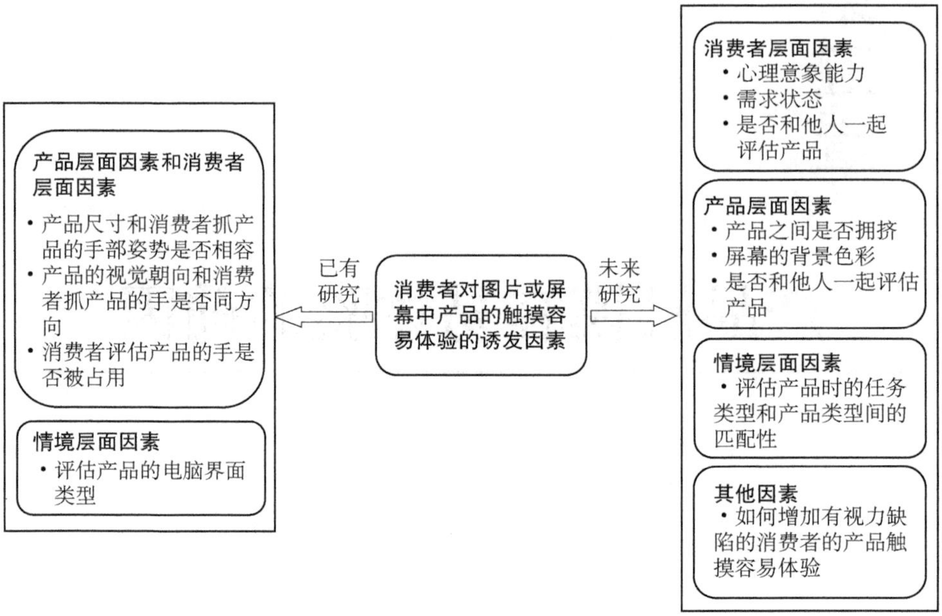

图 5-1　第五章内容导图

第一节　产品层面因素和消费者层面因素

有哪些产品层面的因素会诱发消费者的产品触摸容易体验呢？有少数几项研究对这一问题进行了回答。这些研究发现了两个产品层面的诱发因素，分别是图片或屏幕中产品的尺寸和消费者抓产品的手部姿势是否相容以及图片或屏幕中产品的视觉朝向与消费者抓产品的手是否同方向。此处的视觉朝向指的是图片或屏幕中的产品（主要是产品把柄）是否朝向消费者的优势手（Elder & Krishna，2012）。接下来，对这两个诱发因素进行简要介绍。

一、图片或屏幕中产品的尺寸和消费者抓产品的手部姿势是否相容

图片或屏幕中产品的尺寸（大 vs.小）和消费者抓产品的手部姿势（满手抓 vs.精确抓）是否相容会影响到个体对产品是否容易触摸的体验。这一观点被塔克和埃利斯（Tucker & Ellis，2001）发表在《视觉认知》（*Visual Cognition*）杂志上的文章间接检验。这篇文章检验了物体的视觉属性（即尺寸）对人们动作反应的影响。塔克和埃利斯提出，尺寸大的物体将会自动地诱发人们满手抓的反应，而尺寸小的物体会自动地诱发人们精确抓的反应。因此，当个体用满手抓姿势抓取

大尺寸物体、用精确抓姿势抓取小尺寸物体时，他们在物体分类任务中的反应时会更短。作者开展了 6 个实验检验了这一观点。其中实验一、实验三和实验五验证了物体尺寸和手抓姿势相容会使被试在分类任务中的反应时短这一观点。实验四 a 和实验四 b 进一步表明，这一现象持续时间非常短暂，因为当视觉物体从屏幕上消失时，由相容性导致的短反应时现象也就随之消失。实验二发现，当被试在做反应时任务之前被告知看到物体该如何反应时，这一现象也随之消失。实验一还发现，物体和按键间的物理距离不影响研究结果。

从上面对实验的介绍中可以看出，塔克和埃利斯并没有直接检验容易手抓物体的这一心理模拟体验是否会中介这一现象。但是，这篇文章间接反映出当人们用满手抓姿势抓取大尺寸物体、用精确抓姿势抓取小尺寸物体时，会觉得抓取动作更容易执行，因此反应时更短。需要说明的是，塔克和埃利斯的这篇文章非常出名，如果读者细心观察，会发现这篇文章是下面介绍的几篇文章，尤其是埃尔德和克里希纳（Elder & Krishna，2012）以及沈浩和森古普塔（Shen & Sengupta，2012）的文章的理论基础。

二、图片或屏幕中产品的视觉朝向和消费者抓产品的手是否同方向

塔克和埃利斯（Tucker & Ellis，1998）发现，当被试看到目标物体的朝向和自己的手部动作相一致时（如物体朝向被试右手，而被试的右手也做好了按键或旋转准备），他们在物体识别任务上的反应速度更快。有研究进一步拓展了塔克和埃利斯的这一研究，指出人们会觉得视觉上朝向自己的物体更容易抓，而视觉上远离自己的物体则抓起来困难（Ping et al.，2009）。埃尔德和克里希纳（Elder & Krishna，2012）的研究进一步检验了这一观点，他们检验了产品把柄朝向和被试准备抓产品的手是否在同一个方向（也即是否匹配），对被试头脑中形成的手抓产品的心理模拟（本书将其简称为手抓模拟）数量的影响。[①]埃尔德和克里希纳提出，相比图片或屏幕中产品把柄朝向和准备抓把柄的手不在同一个方向（也即不匹配），当二者在同一个方向（也即匹配）时，被试头脑中会形成更多触摸产品（表现为手抓产品）的心理模拟。此处特别提及产品把柄是因为看到产品有把柄时，人们会产生更多的手抓反应，因此，使用有把柄的产品有助于作者得出实验结果。

为了检验上述推理，埃尔德和克里希纳（Elder & Krishna，2012）在汇报的 5 个实验中分别使用图 5-2 中的 5 组图片中的产品（第 1 组产品为酸奶，第 2 组产品为汉堡，第 3 组产品为奶酪，第 4 组产品为黑芝麻糊，第 5 组产品为杯子）作为实验刺激物。从图 5-2 中可以看出，每一组图片中的产品完全相同，但作者操

① 尽管作者没有直接检验产品把柄的视觉朝向与准备抓产品的手的方向是否一致对容易手抓产品这一心理模拟体验的影响，但是从逻辑上来讲，心理模拟数量越多，表明进行这一模拟越容易。因此，根据埃尔德和克里希纳（Elder & Krishna，2012）的文章，可以直接推出产品把柄的视觉朝向与准备抓产品的手的方向是否一致会影响消费者对产品的手抓容易体验。

纵了产品把柄和抓把柄的手是否在同一个方向。5 种产品中，只有杯子是有真实把柄的，其他 4 个刺激物都以勺子或他人的手作为替代把柄。这就使实验结论可以不拘泥于有真实把柄的产品，还可以推广到用勺子做替代把柄的产品（如酸奶、黑芝麻糊等液态食物）。作者还在文章中进一步检验了手抓模拟所导致的行为后效（产品购买意愿的提高）和行为后效消失的情形（消费者的知觉资源被阻碍时、所评估的刺激物是负性效价时）。本书将在第四篇对这些行为后效层面的研究结论进行详细阐释。

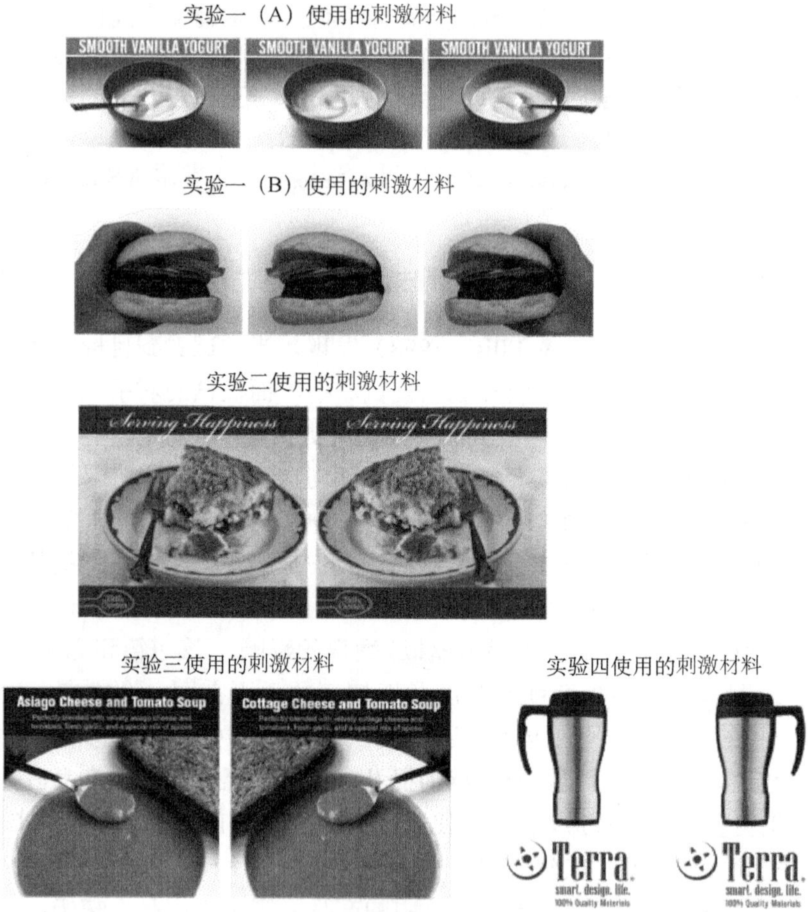

图 5-2　埃尔德和克里希纳（Elder & Krishna，2012）使用的操纵产品视觉朝向的实验刺激材料

基于埃尔德和克里希纳（Elder & Krishna，2012）的研究，艾伦等进一步检验了图片或屏幕中的产品朝向对产品评估的影响（Eelen et al.，2013）。他们在假设推演时提到，图片或屏幕中的产品朝向与消费者的手在同一个方向会增加消费

者对产品的互动模拟（此处主要指的是手抓模拟），但是他们并没有实证检验这一猜测，而是将重点放在调节变量上。因此，结合本节主题，这里不再对艾伦等的文章做过多介绍。本书第四篇将会对艾伦等（Eelen et al.，2013）的文章进行进一步介绍。

从上面对两个影响因素的介绍中可以看出，产品层面和消费者层面的因素共同影响消费者的产品触摸容易体验，而且产品层面和消费者层面的因素必须协调和相容，否则会对消费者的触摸容易体验造成阻碍和干扰。未来研究可以挖掘产品层面和消费者层面还有哪些不一致和不协调因素会阻碍消费者的触摸容易体验。除了上述两个因素外，学者还探究了消费者评估产品的手是否被占用对产品触摸容易体验的影响。接下来介绍这一研究。

三、消费者评估产品的手是否被占用

香港中文大学的沈浩和香港科技大学的杰迪普·森古普塔于 2012 年发表在《实验社会心理学》（*Journal of Experimental Social Psychology*）杂志上的文章也关注了触摸容易体验的诱发因素（Shen & Sengupta，2012）。他们认为，占用或限制被试评估图片或屏幕中产品的优势手会阻碍他们对产品的手抓模拟，进而降低他们对产品的评价。基于塔克和埃利斯（Tucker & Ellis，1998）的发现，即看到一个物体或图片中的物体时，人们会天然地产生对该物体施加行动的本能，沈浩和森古普塔（Shen & Sengupta，2012）认为，看到图片中的产品时，如果占用被试用来抓产品的手（如让被试手里拿东西），被试会感到自己抓取图片中的产品变得困难和不流畅，进而产生难以触摸到图片或屏幕中产品的元认知体验和低流畅性感知。随后，沈浩和森古普塔通过实验检验了这一猜想。

第二节　情境层面因素

据笔者有限的文献搜寻和整理，学术界围绕诱发消费者产品触摸容易体验的情境因素的探究非常少。本节仅介绍设备界面在消费者评估产品时的作用。关于设备界面会引发消费者的产品触摸容易体验的观点，被沈浩等（Shen et al.，2016）提出并进行了检验。沈浩等（Shen et al.，2016）还检验了触摸容易体验的行为后效，即享乐品选择，这一部分内容将在本书第四篇进行详细介绍。本节只介绍沈浩等（Shen et al.，2016）关于不同设备界面为何会影响触摸容易体验的推理逻辑以及实证检验方法和结果。

一、作者为何开展这一研究?

尽管消费者每天都会使用不同的设备界面（如以鼠标和键盘为主导的台式电脑端、以手机和平板电脑为主导的移动设备端等）去浏览信息、工作和购物，但是关于设备界面如何影响消费者行为的这一问题，营销学界并没有做大量研究。在沈浩等（Shen et al.，2016）的文章发表前，仅有一篇消费者行为领域的文章探究了不同设备界面对产品拥有者身份感知和产品估价的影响（Brasel & Gips，2014）。但是究竟设备界面还会对消费者产生怎样的影响在当时还存在较大研究空缺。

二、作者基于什么推理提出了什么观点?

基于这一空缺，沈浩等（Shen et al.，2016）提出，与需要鼠标的设备界面浏览产品图片相比，用平板电脑界面浏览产品图片时，消费者会觉得手抓图片中的产品以及与该产品互动更加容易，当图片中的产品是享乐品如巧克力蛋糕（vs.功能品，如水果沙拉）时，这一现象成立（vs.消失）。因为看到图片中的产品时，人们会产生用手去抓产品的冲动和本能（Ping et al.，2009），而享乐品比功能品更能诱发人的本能反应和相应的行动准备（Shiv & Fedorikhin，1999）。平板电脑界面上的产品比需要鼠标的设备界面上的产品离手部按键的距离更近，因此，相比用需要鼠标的设备界面浏览享乐品，用平板电脑界面更能增强容易触摸/手抓的元认知体验，进而增加容易手抓享乐品的心理模拟数量。

三、作者如何检验这一观点?

沈浩等（Shen et al.，2016）所汇报的 5 个实验中的 2 个实验（实验二和实验五）验证了这一推理。在实验二中，当平板电脑界面上的享乐品图片离被试手部按键的距离远时，平板电脑界面和需要鼠标的设备界面都不能诱发消费者的触摸容易体验以及和享乐品进行互动的心理模拟。在实验五中，实验者让在平板电脑界面浏览享乐品的被试用鼠标点击按键，而让在需要用鼠标的设备界面浏览享乐品的被试用手指点击按键，结果发现两类界面在诱发手抓模拟和互动模拟上变得相似。为了便于读者理解，图 5-3 列举了实验二的刺激材料。

四、这一观点有什么价值和启示?

在理论层面，沈浩等（Shen et al.，2016）的这篇文章对前人的文章（Brasel & Gips，2014；Elder & Krishna，2012；Ping et al.，2009）进行了推进，表现在对设备界面进行了关注，并对产品进行了功能品和享乐品的区分。在实践层面，沈浩等（Shen et al.，2016）的研究表明，平板电脑、智能手机等可直接触摸界面要比台式电脑和笔记本电脑界面更适合出售享乐品，尤其是食物类的享乐品。

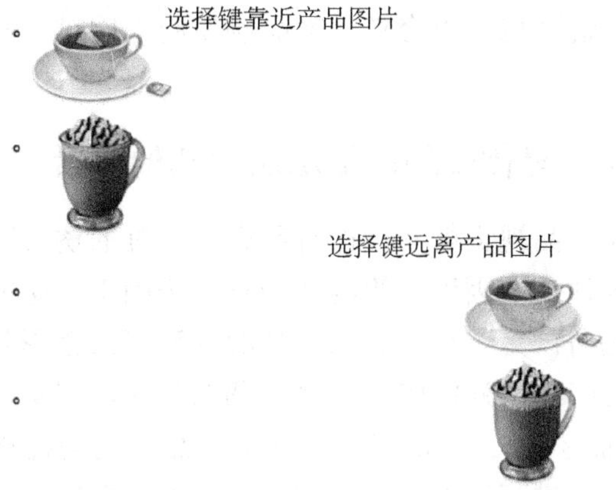

图 5-3 沈浩等（Shen et al.，2016）实验二使用的刺激材料

注：左上侧的界面点击按钮离产品茶和奶昔的距离近，而右下侧的界面点击按钮离产品的距离远

正如前文所言，学术界倾向于将消费者的触摸容易体验作为中介变量来对待，因此对这类触觉体验的影响结果的关注要比诱发因素更多。尽管如此，感兴趣的学者还可以探究诱发这类触觉体验的其他因素。接下来，笔者提出自己在这方面的思考。

第三节 待解决的研究议题

上文介绍了哪些因素会引发消费者的触摸容易体验和触摸困难体验。目前关于这一主题的研究，整体而言比较欠缺，这就给未来的研究提供了较大空间。笔者认为，未来可以围绕下述议题开展相应研究。

一、诱发触摸容易体验的消费者层面的其他因素

心理意象指在头脑中生动逼真地产生情境联想的能力（Adaval，2018；Peck et al.，2013）。首先，心理意象是一个非常值得关注的诱发消费者触摸容易体验的因素。一些消费者比另一些消费者更容易对情境产生心理模拟和心理意象（Adaval，2018），因此，笔者猜测，对于屏幕中的同一款产品，心理意象能力强的消费者要比心理意象能力弱的消费者产生更多的触摸容易体验。其次，消费者的需求状态也是一个值得关注的变量。当消费者对图片或屏幕中的产品有强需求时，会产生较高的触摸容易体验。最后，消费者是否和他人一起评估产品也是可能的诱发因

素。当消费者和他人一起评估同一款产品时，会出于担忧心理（担忧其他人触摸到产品并购买该产品）而觉得产品触摸起来困难；而当消费者单独评估产品时，不会出现担忧心理，进而也就不会觉得产品触摸起来困难。感兴趣的学者可以检验上述猜测。

二、诱发触摸容易体验的产品层面的其他因素

产品尺寸大小和产品视觉朝向是已有研究关注过的诱发因素，未来研究还可以探究产品层面的其他诱发因素。笔者认为有两个因素有探究价值：一个是图片中的产品之间是否拥挤；另一个是展示产品的屏幕背景色彩是蓝色还是红色。笔者猜测，当图片中的产品排列拥挤（vs.排列稀疏）时，消费者会觉得自己抓取目标产品变得困难（vs.容易）。这是因为图片中产品之间的拥挤会让消费者觉得自己的手没有放置位置，进而抓不到目标产品。此外，有研究指出，蓝背景比红背景更能增强人们的认知灵活性（Mehta & Zhu，2009）。笔者猜测，当展示产品的屏幕背景色彩是蓝色时，消费者会觉得自己的认知更灵活，这种认知层面的灵活性会进一步增强他们对自己肢体灵活性的感知，进而对蓝色背景中的产品产生更多的触摸容易体验；而当展示产品的背景色彩是红色时，消费者会觉得自己的认知不灵活，这种认知层面的不灵活性会进一步减弱他们对自己肢体灵活性的感知，进而对红色背景中的产品产生更少的触摸容易体验。

三、诱发触摸容易体验的情境层面的其他因素

情境容易被营销者操纵和识别，进而容易被运用在具体的营销实践中，因此，情境层面的其他因素是否会影响消费者的触摸容易体验是一个值得探究的研究议题。笔者认为，消费者评估产品时的任务类型和产品类型之间的匹配性是一个有潜力的话题。有研究指出，与功能品相比，消费者对享乐品会产生更多自发性的触摸和抓取冲动（Shen et al.，2016）。然而，还有研究指出，人们对功能品和享乐品的选择偏好受到任务类型的影响：当决策任务是放弃哪一产品时，人们会倾向于放弃享乐品而非功能品；而当决策任务是获取哪一产品时，人们对享乐品和功能品的选择没有差异（Dhar & Wertenbroch，2000）。达尔和韦滕布罗赫（Dhar & Wertenbroch，2000）认为，这一现象背后的内在机制是，人们觉得自己购买享乐品没有理由，因此放弃享乐品要比功能品更容易。结合上述前人的研究，笔者猜测，当决策任务是减法任务如删除哪一产品时，消费者会对图片中的功能品产生更多的触摸容易体验，进而更不愿意放弃该产品；而当决策任务是加法任务如添加哪一产品时，他们会对图片中的享乐品产生更多的触摸容易体验，进而更愿意添加该产品。

四、如何增加视力缺陷者的触摸容易体验

有视力缺陷的消费者（如盲人、弱视者等）是一个特殊群体。在传统的线下购物时，他们可以依赖自己的触觉器官来触摸和感受产品，以此来补偿视觉在评估产品时的劣势。但在线上购物时，有视力缺陷的消费者不但无法实地触摸产品实物和感受产品触感，而且无法对图片或屏幕中的产品形成触摸容易体验。究竟如何增加这类消费者的触摸容易体验，是一个非常具有实践意义的研究议题。笔者猜测，通过向这些消费者提供和所评估产品的触感相似的鼠标或平板电脑屏会增加他们的触摸容易体验及相应的产品好评和购买行为。

第三篇　线下购物时消费者产品触觉体验的后效

第二篇介绍了消费者的三类产品触觉体验的前因，本篇和下一篇将介绍消费者的三类产品触觉体验的后效。本篇从线下购物的视角出发，重点阐释与线下购物相对应的两类触觉体验（产品触摸体验的有无和产品具体触感体验）。本篇包含三章内容，关于产品触摸体验的有无（对应产品触摸动作的有无）的已有研究成果在产品触觉研究中占的比例最大，因此，笔者将用两章内容阐述这一类触觉体验对消费者的后效。

具体而言，第六章和第七章将分别从同情境视角和跨情境视角阐述产品触摸体验的有无对消费者的影响。此处的同情境和跨情境是针对因变量与所触摸（vs.不触摸）的产品是否相关而言的。如果研究者所关注的因变量是对所触摸产品的态度和行为，那么就是同情境；如果研究者所关注的因变量是对随后遇到的其他产品或刺激物的态度和行为，那么就是跨情境。在阐述了产品触摸体验的有无对消费者的后效后，第八章将阐述线下购物时涉及的另一类触觉体验——产品具体触感体验对消费者的后效。和前面两篇的介绍思路类似，本篇也是先介绍已有研究，随后介绍有待开展的未来议题。

第六章

产品触摸体验的有无的后效：同情境视角

本章关注的是产品触摸体验的有无对消费者产品态度和行为的后效，包含四节内容：前三节将分别介绍学术界围绕消费者本人的产品触摸、他人的产品触摸以及消费者本人和他人的产品触摸对消费者的影响这三个话题开展的相关研究。之后，第四节将提出一些待解决的研究议题。这一章涉及的相关文献较多，笔者无法对文献进行详细阐述而仅能进行总结、概括或述评。尽管如此，笔者仍会对其中几篇视角较为新颖的文章进行介绍。此外，笔者的学术积累集中在第六章的研究主题上，因此在涉及具体内容时将提及笔者或与其他合作者共同开展的研究。

图 6-1 是本章内容导图。

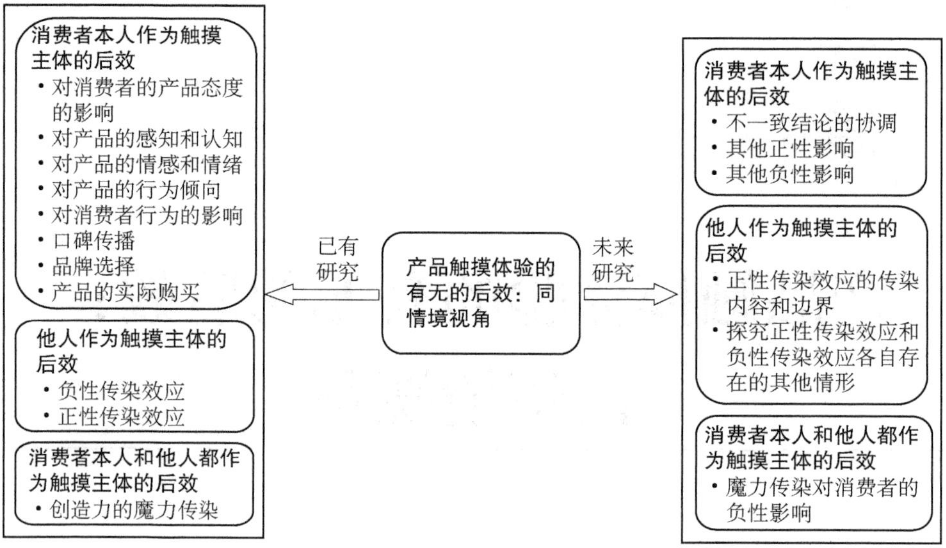

图 6-1　第六章内容导图

第一节　消费者本人作为触摸主体的后效

通过对已有相关文献的整理、思考和讨论，笔者发现，产品触摸体验的有无对消费者的影响整体上可以分为两部分：对消费者产品态度的影响和对消费者行为的影响。其中，以态度作为因变量的文献较多，而以行为作为因变量的文献较少。就态度这一影响结果而言，ABC 态度模型指出，态度包含认知（cognition）、情感（affect）和行为倾向（behavioral intention）三个维度（迈克尔 •所罗门，2014）。换言之，前人关于产品触摸体验的有无对消费者影响的探究主要从感知和认知、情感和情绪、行为倾向三个方面展开。就行为这一影响结果而言，前人关于产品触摸体验的有无对消费者行为的影响主要侧重于口碑传播、品牌选择和产品的实际购买。接下来，本节将介绍这些已有研究。

一、产品触摸体验的有无对消费者态度的影响

（一）产品触摸体验的有无对态度认知维度的影响

1. 产品触摸体验的有无影响消费者的产品评估信心

触摸产品会增强消费者（尤其是高触摸需求者）的产品评估信心，这一观点

最早由佩克和奇尔德斯（Peck & Childers，2003a；2003b）提出，但起源于法西奥和赞纳（Fazio & Zanna，1978）的文章。具体而言，法西奥和赞纳（Fazio & Zanna，1978）认为，人们既可以通过与态度对象的直接行为互动形成态度，也可以通过非直接行为体验形成态度。例如，一个孩子在玩新玩具时（直接体验）可能会形成对该玩具的态度，但他也可能根据朋友或广告对该玩具的描述（间接体验）形成态度。法西奥和赞纳（Fazio & Zanna，1978）进一步指出了两者的不同：与通过间接体验形成态度相比，通过直接体验形成态度能让个体更自信地持有这些态度。原因在于两方面：一方面，与间接体验相比，直接体验可以使个体获得更多关于对象的信息，充足的信息能够让个体更自信地评估目标；另一方面，直接体验和间接体验之间可能存在信息处理方式的差异，即直接体验会使个体更加关注目标，更易进行精细加工。相关的研究也进一步验证了直接体验目标对象对态度的影响（Smith & Swinyard，1983）。

细心的读者可能会发现，上述研究并没有出现与触摸相关的字眼，但本书仍然认为法西奥和赞纳（Fazio & Zanna，1978）的文章是消费者产品触觉领域的起源文献。原因在于，消费者触摸产品的本质是与目标产品进行直接行为互动并获取相关的直接经验和体验（Peck & Childers，2003a；柳武妹等，2014）。因此，基于法西奥和赞纳（Fazio & Zanna，1978）以及佩克和奇尔德斯（Peck & Childers，2003a）提出的观点，由触摸产品的直接体验形成的产品态度会增加消费者对所持有产品态度的信心。值得说明的是，我国学者董伶俐（2017）也发现了相似的结论，即触觉体验对消费者购买决策判断的感知信心有显著的正向影响。可见，触觉体验增加消费者产品评估信心的现象在西方文化和东方文化下都成立。

2. 产品触摸体验的有无影响消费者对产品的评价和精确度感知

尽管佩克和奇尔德斯（Peck & Childers，2003a；2003b）强调触摸对消费者、零售商都很重要，但并没有验证触觉输入会影响实际的产品评估，也没有阐明触觉效应的理论机制。基于上述研究空缺，格罗曼等（Grohmann et al.，2007）探究了是否触摸产品对产品评价和产品感知的影响。在该研究中，格罗曼等将整体的产品评价和具体的产品感知区分开来，通过 4 个实验检验了产品触摸（vs.不触摸）对消费者对产品的整体评价、感知精确度以及评估信心的影响。结果表明，触摸产品能够积极影响整体的产品评估，尤其是当这些产品的特征（如柔软度、质感）是通过触摸来获取时，这种影响更为积极。无独有偶，中国学者董伶俐和晁钢令（2012）将产品属性感知作为中介变量进行研究，结果也发现了触觉体验对消费者获取产品属性感知具有正向的影响作用。

3. 产品触摸体验的有无影响消费者对产品的美学感知和吸引力感知

与前文所提到的研究不同，詹森-博伊德和马洛（Jansson-Boyd & Marlow，2007）两位学者关注产品触摸体验的有无是否会影响消费者对产品的美学感知和吸引力感知。具体来说，詹森-博伊德和马洛（Jansson-Boyd & Marlow，2007）所关注的是美学领域内的产品审美评估，并且操纵不触摸的方式是要求被试只看不摸。他们的研究表明，对产品的审美评估受到触觉输入的影响，并且触觉输入要比视觉输入对产品美学感知的影响更大。由于之前该领域的研究焦点主要集中在视觉对审美评估过程的影响上（Ernst & Banks，2002），所以詹森-博伊德和马洛的这一研究具有重要的开创性，也进一步扩展了触觉体验的应用范围。基于两人先前的研究，马洛和詹森-博伊德（Marlow & Jansson-Boyd，2011）还关注了产品触摸体验的有无对产品吸引力感知的影响，并且他们的研究回答了“是否应该一直鼓励消费者触摸产品以及触摸是否总是会改变对产品的感知”这两个问题。结果表明，对于触觉属性丰富的产品，触摸（vs.不触摸）该类产品能够增加消费者对产品吸引力的感知和评价，但是对于视觉属性丰富的产品，这种影响则会减弱。

4. 产品触摸体验的有无影响消费者对产品的预期易用性感知

皮诺等（Pino et al.，2020）考察了触摸那些提供与其实用特性相关的触觉反馈的产品（触觉功能性产品）如何影响消费者对产品的预期易用性的评估。虽然前文已经提及有关触摸效应影响消费者的感知与认知在不同产品类型上的区别（Marlow & Jansson-Boyd，2011），但皮诺等（Pino et al.，2020）的研究的创新之处在于所关注的是触觉功能性产品，这类产品的一个关键特征是在被触摸时能够向消费者提供有关其实用功能的信息。在该研究中，皮诺等（Pino et al.，2020）选取电子产品（如数码相机、计算器）作为实验材料，结果发现，仅仅触摸产品，消费者就能够获得诊断性和实用性的触觉反馈（触觉功能），从而提高对产品的预期易用性的感知。

5. 产品触摸体验的有无影响消费者对产品的估价

先前的研究表明，一旦拥有了某个产品，人们对该产品的估值就会增加（Thaler，1980；Kahneman et al.，1990），但是并没有研究指出与实际对象的接触是否会影响消费者对产品所有权和价值的主观感知，而佩克和舒（Peck & Shu，2009）通过 4 个实验对此进行了相关研究，结果发现，仅仅触摸目标物就能增加消费者对目标物的感知所有权，以及提高对目标物的感知价值。他们还发现，如果目标物能够提供中性或积极的情感体验，触摸增加产品估值的现象会更明显；而当目标物提供负性情感体验时，触摸仅能增加感知所有权，不会增加对产品的估值。该研究结论说明，鼓励触摸和免费试用等营销措施是有效的。

6. 产品触摸体验的有无影响消费者的品牌记忆和再认

施特赖歇尔和埃斯蒂斯（Streicher & Estes，2015）探究了触摸产品（在实验中表现为抓取产品）对消费者感知与认知的影响。结果发现，与不触摸产品相比，触摸产品会增加消费者对产品所属品牌的视觉再认和选择，且这种影响是稳健的，即这一效应在消费者没有意识到产品所属的品牌时也成立。这一结果的主要贡献是考察了触觉对视觉认知的作用，营销人员可以借助这一结果，在推出新品牌或新产品时，考虑通过鼓励消费者触摸产品来增强消费者对产品所属品牌的记忆以及对新产品的采纳。

（二）产品触摸体验的有无对态度情感维度的影响

1. 触摸非食物类产品对消费者情感的影响

格罗曼等（Grohmann et al.，2007）通过操纵触摸（vs.不触摸）产品测量了被试的情感反应。结果发现，与不触摸产品相比，触摸产品会使被试产生更强烈的愉悦感，这种正效价情绪能够促进个体对产品的积极评估。佩克和舒（Peck & Shu，2009）的研究进一步发现，触摸具有积极情绪效价的产品和中性情绪效价的产品均会增加消费者的愉悦感，但触摸具有消极情绪效价的产品不能产生上述结果。佩克和舒（Peck & Shu，2009）的研究参照了已有研究（Peck & Wiggins，2006）中的 7 点量表来测量被试的情感反应，其中 1 代表“根本没有”，7 代表“非常多”。该量表的具体题项是：“你在多大程度上感到有趣的（interested）/感动的（moved）/着迷的（captivated）/高兴的（delighted）/热情的（enthusiastic）/吸引人的（appealed）/搞笑的（amused）。”除此之外，佩克和威金斯（Peck & Wiggins，2011）、董伶俐和晁钢令（2012）以及维埃拉（Vieira，2013）等也发现了相似的结果，这表明触摸产品诱发消费者积极情感的结论是稳健的。需要说明的是，这里介绍的这几项研究使用的触摸材料全是非食物类产品，触摸食物类产品对消费者的情感是否也会产生影响呢？接下来将对这类研究进行阐述。

2. 触摸食物类产品对消费者情感的影响

马扎罗夫（Madzharov，2019）以甜甜圈和芝士块为实验材料，探究了触摸食物类产品是否也会影响消费者的情感反应。虽然先前的研究已经证实，个体可以通过多种感官对食物进行评估和体验，如视觉（外观）、嗅觉（气味）和口腔触觉（口感）均会影响个体对食物的感知和消费（Biswas et al.，2014；Krishna & Schwarz，2014），但是很少有研究探讨吃食物时直接触摸食物对消费者的影响，而马扎罗夫的这项研究正好可以弥补这一研究空缺。马扎罗夫（Madzharov，2019）的研究发现，相比不直接触摸食物（如使用餐具），触摸食物（如用手抓食物）会增加消费者（尤其是个人控制感高的消费者）对食物的喜爱和好感，进而增加随后的食物消耗量。这一研究结果对店内取样、食品品尝、餐饮活动和体重管理计划等有着重要的实践启示。例如，针对定期控制饮食的消费者，零售商（如健康食品或有机食品店）在向这些消费者提供食品样品时可能会禁止其直接触摸。

（三）产品触摸体验的有无对态度行为倾向维度的影响

上文介绍了产品触摸体验的有无对消费者认知和情感维度的影响，本部分介绍产品触摸体验的有无对消费者行为倾向的影响。已有研究关注的消费者行为倾向主要涉及购买意愿、支付意愿以及购买可能性。其中一些研究发现，触摸产品会提高消费者的产品购买意愿、价格支付意愿和购买可能性；而另一些研究发现，触摸产品会降低消费者的产品购买意愿和购买可能性；还有一些研究发现，触摸产品并不会影响消费者的购买或价格支付意愿。接下来，将逐一进行具体阐述。

1. 触摸产品会提高消费者的产品购买意愿、价格支付意愿和购买可能性

最早开展这一主题研究的是麦凯布和诺里斯（McCabe & Nowlis，2003）。先前大多数关于触摸的研究只关注感知（如上文介绍的触摸与产品感知间的关系），少有研究关注触摸产品（实体店购物）和不触摸产品（线上店铺购物）对消费者购买决策的影响。麦凯布和诺里斯（McCabe & Nowlis，2003）的研究发现，对于触觉属性丰富的产品（如服装或家居用品），触摸要比不触摸更能增加消费者对其的购买可能性，但是对于触觉属性不丰富的产品（或视觉属性较为丰富的产品），是否触摸并不影响消费者的购买。此后，其他学者也进行了相应的研究。例如，巴拉吉等（Balaji et al.，2011）、维埃拉（Vieira，2013）、埃特等（Ert et al.，2016）、董伶俐和晁钢令（2012）以及皮诺等（Pino et al.，2019）分别在各自的研究中提及了触觉体验对消费者行为倾向的影响。

2. 触摸产品会降低消费者的产品购买意愿和购买可能性

前文介绍了触摸产品会提高或不影响消费者的产品购买意愿和购买可能性的相关研究，这是否意味着触摸产品会对消费者一直产生正向结果或零结果呢？埃特等（Ert et al.，2016）的研究回答了这一问题，并发现了触摸产品所带来的负向效应——减少消费者的产品选择和购买可能性。他们认为，对于正偏态值分布的产品（即产品价值低于期待价值的产品），短暂的产品接触由于不能帮助消费者全面了解产品，最终会降低消费者对产品的吸引力感知和产品选择；而对于负偏态值分布的产品（即产品价值高于期待价值的产品），短暂的产品接触能够提升消费者对产品的吸引力感知和产品选择。该研究首次表明，在某些情况下，免费试用产品会对消费者或营销人员产生反作用。

3. 触摸产品不影响消费者的产品购买意愿和价格支付意愿

已有对于触摸效应的研究得出了互相矛盾的结论，即有些研究发现存在触摸效应并且其影响是积极的（Peck & Shu，2009；Peck & Childers，2006；Peck et al.，2013），而有些研究发现触摸效应在某些条件下并不存在（McCabe & Nowlis，2003；Marlow & Jansson-Boyd，2011）。因此，柳武妹等（Liu et al.，2017）开展研究检验了有无产品触摸体验对消费者产品购买意愿和价格支付意愿的影响，旨在协调这些矛盾的结论。解释水平理论认为，相比高解释水平者，低解释水平者需要依赖和事物的近心理距离来具体表征事物并做出相关决策（Trope & Liberman，2003）。而触摸产品意味着和产品零（空间）距离接触（Peck & Childers，2003a），这符合低解释水平者的特点。基于该理论，柳武妹等（Liu et al.，2017）认为，触摸提高产品购买意愿等现象在低解释水平者身上将较为明显，而在高解释水平者身上消失。

4. 如何协调上述不一致结论？

埃特等（Ert et al.，2016）通过对产品进行分类，进一步协调了产品触摸与产品吸引力感知以及产品选择间关系的不一致结论，是否可以从其他视角或用其他方法来协调已有研究间的不一致结论呢？笔者及其硕士生武峰正在做的一项元分析就回答了这一问题。结果表明，触摸（vs.不触摸）对消费者的产品态度会产生积极的正向影响，但这一影响受到消费者层面、情境层面和产品层面因素的调节。

二、产品触摸体验的有无对消费者行为的影响

前文介绍了产品触摸体验的有无对消费者态度的影响。由于态度和行为密切关联，一些研究者还检验了产品触摸体验的有无对消费者行为的影响。接下来进行详细阐述。

（一）影响口碑传播

最早是维埃拉（Vieira，2013）进行了有关触摸产品增加消费者趋近型行为的研究。在验证佩克和奇尔德斯（Peck & Childers，2003b）开发的NFT量表的跨文化信效度的基础上，维埃拉进一步分析了触摸体验的有无对消费者的影响。该研究让触摸组被试直接体验瓶装洗手液，让不触摸组被试仅看图片式广告。结果发现，触摸产品（vs.不触摸产品）可以促进消费者对目标产品的口碑传播。营销者可以借鉴这一做法。

（二）增加品牌选择

施特赖歇尔和埃斯蒂斯（Streicher & Estes，2015）认为，与不触摸相比，触摸产品能够促进消费者对产品所属品牌的视觉识别及对该品牌的选择，并通过 4 个实验检验了该观点。图 6-2 是实验使用的实验材料，可以看出这些实验材料既有被试熟悉的品牌（如 Red Bull 和 Coca Cola），也有被试相对不熟悉的品牌（Römerquelle）。该研究的实验三和实验四的结果都说明，触摸熟悉的品牌会显著增加被试对该品牌的考虑和选择。先前抓取过可口可乐瓶或红牛罐的被试更有可能将可口可乐或红牛列为最突出的饮料品牌之一，并且更有可能选择可口可乐或红牛作为参与实验的奖励。

（三）增加实际购买行为

佩克和奇尔德斯（Peck & Childers，2006）在美国中西部的一家大型超市中开展了田野实验。他们通过超市水果摊位前的海报来操纵产品触摸（触摸组看到“感受新鲜”海报，而不触摸组没有看到该海报），之后观察被试对桃子的实际购买行为。结果发现，张贴鼓励消费者去触摸目标产品的海报能够显著增加消费者的购买行为，并且这一现象在高享乐型触摸需求者和低享乐型触摸需求者身上都成立。

图 6-2　施特赖歇尔和埃斯蒂斯（Streicher & Estes，2015）使用的实验材料

第二节　他人作为触摸主体的后效

上一节介绍了消费者本人有无触摸产品实物的体验对其态度和行为的影响，

本节将阐述他人有无触摸产品实物的体验对消费者行为的影响。根据对相关文献的整理和思考，笔者发现将他人作为触摸主体的产品触觉领域的研究主要围绕传染这一核心主题展开。此处的传染被定义为对看不见特性的传递（Frazer，1955；Huang et al.，2017）。罗津等（Rozin et al.，1986）认为，不同文化背景下的个体都持有相似的信念，即人们可以通过实际接触某个事物而获取该事物的特征。遵循这一逻辑，他人对产品的触摸会让人们感到该产品沾染了他人的特性，如果他人的特性是负面的，人们会觉得该产品具有负性特质；相反，如果他人的特性是正面的，人们会觉得该产品具有正性特质。因此，学术界关于他人触摸所导致的结果主要围绕负性结果（即负性传染效应）和正性结果（即正性传染效应）展开。本节将分别对有关他人的产品触摸行为引发的这两种效应的研究进行详细阐释。

一、他人的产品触摸行为引发的负性传染效应

负性传染效应的理论渊源可以追溯到罗津和法伦（Rozin & Fallon，1987）的研究。他们认为，令人产生厌恶和恶心的事物（尤其是食物）在本质上都具有动物来源，因而具有传染特征。可见，恶心是负性传染效应发挥作用的内在驱动机制。关于负性传染效应，目前形成的共识是，其他产品或他人对目标产品的触碰都会引发消费者的恶心感知，进而降低他们对产品的评价、购买或使用意愿。具体而言，在营销学领域，产品和产品之间的触碰诱发的负性传染效应最早被美国学者莫拉莱斯和菲茨西蒙斯（Morales & Fitzsimons，2007）发现。他们发现，如果诱发恶心感知的源产品（如使用过的餐巾纸）和目标产品接触（二者叠放在一起），消费者会认为源产品会将其厌恶的特征传递给目标产品，进而降低对目标产品的使用意愿。而他人对产品的触碰诱发的负性传染效应最早被美国学者阿尔戈教授及其合作者报告。当消费者知道或看到其他消费者触摸过目标产品时，消费者会感到恶心并且降低对产品的评价（Argo et al.，2006）。后续研究进一步发现，当其他消费者不在场时，商店货架上产品的凌乱摆放和有限数量也会促使消费者联想到该产品被他人触摸过，进而降低购买该产品的可能性（Castro et al.，2013）。

2014 年至今，学者还关注了其他引发产品被他人触摸过的线索是否也会引发负性传染效应，得出的结论是，产品表面包装的破损、产品表面落有头发、二手产品等也会引发消费者的恶心和对安全的关注，最终降低对产品的评价和购买意愿（White et al.，2016；Gérard & Helme-Guizon，2018；Huang et al.，2017）。不仅产品自身被他人触摸过会诱发负性传染效应，而且如果用来购买产品的货币（如纸币）过脏、过旧，也会引发消费者产生该货币被他人触摸过的感知，从而导致消费者想赶快把钱花掉（Galoni & Noseworthy，2015）。需要说明的是，此处的被他人触摸过不仅包含实际触摸过，还包含消费者认为或想象到他人触摸过。因此，

负性传染效应在看到他人实际触摸和想象他人触摸这两种情形下都成立。

触摸有时会引发人们的恶心感觉，究竟恶心通过什么机理引发负性传染效应呢？目前存在两种解释：一种解释是恶心唤起人们对干净的关注（Galoni & Noseworthy，2015；Vogt et al.，2011）；另一种解释是恶心促使人们在头脑中对传染对象（如产品）的情绪效价和质量产生负性心理意象，进而降低对产品的评估和购买（Gérard & Helme-Guizon，2018）。可以看出，第一种解释机制偏重认知，第二种解释机制偏重情绪体验。感兴趣的读者可以进一步思考这两种解释机制各自发挥作用的适用情境。

二、他人的产品触摸行为引发的正性传染效应

他人对产品的触碰何时会提高消费者对产品的评价、估价、购买可能性和使用呢？换言之，何时他人对产品的触碰会导致正性传染效应的出现呢？基于阿尔戈等（Argo et al.，2006）的开创性研究，后续研究指出，当产品触摸者在容貌上具有吸引力且与消费者性别相反或产品触摸者具有高知名度时，他们对产品的触摸能够提高消费者对产品的评价和购买可能性（Argo et al.，2008；Newman et al.，2011；Newman & Bloom，2014）。这一现象背后的内在机制是，看到或想象到产品被漂亮他人或名人触摸会让消费者感知到产品沾染了他们的积极品质（Argo et al.，2008；Newman et al.，2011），进而减少对产品进行灭菌和消毒的联想（Newman & Bloom，2014）。实质上，具有积极品质的他人对产品的触摸除了会增加人们对产品的估价和购买可能性外，还会提高人们的自信心和认知表现（Kramer & Block，2014）。

如果说上述研究中的他人指的是其他消费者，那么产品生产者在生产过程中对产品的触摸又会怎样影响消费者对产品的评价、估价和购买呢？部分学者对此进行了探究，并得出了趋同的结论：如果产品是被生产者手工生产（vs.机器生产）出来的，消费者不仅对产品吸引力的感知和购买意愿都更高（Fuchs et al.，2015；Hsu & Ngoc，2016；范晓明等，2019；董泽瑞，杜建刚，2020），而且对产品正宗性的感知（Moulard et al.，2014）以及纯天然性的感知（Abouab & Gomez，2015）也会更高。这一现象背后的机理是，手工生产涉及亲手触摸、缝制、绘制等，这会让消费者感知到产品身上倾注了生产者的爱、激情和承诺（Fuchs et al.，2015；Moulard et al.，2014）。近期研究发现，只要产品被人工设计出来，消费者就认为该产品继承了设计者的“基因”和“良好品质”，即使设计者并没有实际接触过产品（Stavrova et al.，2016）。因此，产品的版本越老，消费者会认为产品离设计者越近，继承的“良好品质”越多（Smith et al.，2015）。可见，实际接触和感知接触都可以导致正性传染效应的出现。

第三节　消费者本人和他人都作为触摸主体的后效

前面两节分别从消费者本人和他人作为触摸主体的视角论述了产品触摸体验的有无对消费者的影响。如果消费者正在触摸的物体被其他人触摸过或使用过（也即消费者和他人都作为触摸主体），消费者接下来的任务表现会是怎样的呢？对于这一问题，只有少数学者进行了关注。本节将对克雷默和布洛克（Kramer & Block，2014）发表在《组织行为和人类决策过程》（*Organizational Behavior and Human Decision Processes*）杂志上的文章进行详细介绍，以帮助读者清楚地了解这一主题的研究。需要说明的是，尽管这一文章被发表在组织行为领域的期刊上，但是文章作者都是营销学领域学者，而且文章研究的结论也在营销情境下适用。

一、作者为何开展这一研究？

传染领域的已有研究形成的普遍共识是，大部分个体特质和特性都具有传递的可能性（Rozin & Nemeroff，2002）。但对于能力这一个体特质是否可以被传递，目前仍然没有被学术界检验。探究这一研究空缺有着重要的价值：可以对已有魔力传染（magical contagion）研究提供新的前因变量和结果变量，并对组织者和营销者如何让消费者感到自己也具有和榜样一样的能力提供实践启示。

二、作者基于什么推理提出了什么观点？

基于触摸产品（vs.不触摸产品）可以导致传染效应（Argo et al，2008），克雷默和布洛克（Kramer & Block，2014）提出，当触摸他人使用过的物体后，他人在创造性方面的能力更有可能传染给高体验式加工的消费者，从而促使这类消费者在随后的任务表现中更有创造力；当没有触摸他人使用过的物体时，这一现象消失。克雷默和布洛克进一步认为，对于低体验式加工的消费者，他们在创造力任务中的表现与他人在创造力方面的能力和自己先前是否触摸过他人使用过的物体并无联系。

三、作者如何检验这一观点？

作者开展了 3 个实验重复检验了上述观点。这里仅介绍其中的实验一。该实验采用 3（传染情形：先前应答者的创造力高 vs.先前应答者的创造力低 vs.对照组）×2（被试是否触摸材料：触摸 vs.不触摸）的被试间设计。被试是来自美国某大学的 194 名学生，该实验的因变量是个体在创造力任务上的得分。实验开始前，实验者告诉被试该实验旨在检验如何提升人们的创造力。实验开始时，实验者先给被试提供一本创造力指南和一套测量因变量、调节变量（体验式加工）以及控制变量的纸质版问卷。所有被试都被告知他们是使用这本创造力指南的第二个人，而使用这本创造力指南的第一个人都是同一名被虚构出来的学生。实验者告诉被试在他们之前还有一名学生已经完成了这项创造力任务，创造力指南第一行上的数字是实验人员结合该学生的任务表现给出的分数（满分为 20 分）：先前应答者创造力高组（vs.先前应答者创造力低组）看到的分数是 19 分（vs.3 分）。之后，触摸组被试被要求在纸质版的创造力指南上的第二行上写下自己的名字，而不触摸组被试被要求在电子版的创造力指南上的第二行写下自己的名字。随后，所有被试完成了创造力练习任务，并填写了与该实验相关的其他变量的测量题项。

该实验发现，当触摸了先前应答者作答的任务材料后，高体验式加工被试在先前应答者创造力高时的创造力得分明显高于先前应答者创造力低时和先前应答者的创造力表现未提供时。而不触摸先前应答者作答的任务材料，高体验式加工被试的创造力得分在先前应答者创造力高时和低时差异不大。

四、这一观点有什么价值和启示?

克雷默和布洛克（Kramer & Block，2014）的研究首次证明了创造力可以通过触摸高创造力他人使用过的材料传染给其他个体。尽管该研究并不是在具体的营销环境中进行的，但仍然对营销具有重要启示。例如，二手市场（如跳蚤市场）及只提供租赁服务的场所（如图书馆）的商品会在消费者之间发生转移，营销者可以利用产品先前使用者的积极特质来促使积极传染效应的出现，从而提高消费者对二手产品的购买和估价。当然，消费者自身也需要确认二手产品的先前使用者是否真的拥有积极特质。

第四节　待解决的研究议题

本章前三节分别介绍了消费者和他人独自作为触摸主体或共同作为触摸主体时，产品触摸体验的有无对消费者对产品的态度、行为和任务表现的影响。本节将基于前三节的相关研究提出几个有待未来探究的研究议题。

一、消费者本人作为触摸主体的未来研究议题

（一）协调触摸体验的有无与消费者对产品的态度之间的不一致关系

根据本章第一节的介绍，消费者产品触摸体验的有无既会对其产品态度产生

正向影响和负向影响，还会产生零影响。究竟该如何协调这些不一致的研究结论？除了第一节笔者提到可以尝试通过元分析的方法来解决外，对这一问题感兴趣的研究者还可以研究理论层面还有哪些调节变量可以协调这些不一致的研究结论。笔者在此提出两种思路：一是关注作为因变量的产品态度的细分维度；二是对作为自变量的触摸进行细分。对于因变量，可以从认知、情感和行为倾向这三个角度分类探讨，很有可能触摸会促进消费者对产品的正向认知，但不一定会促进积极情感。对于自变量，学者可以把触摸进一步分类为主动触摸和被动触摸、优势手触摸和非优势手触摸、触摸时有无闭眼等，很有可能主动触摸、优势手触摸和闭眼触摸会比被动触摸、非优势手触摸以及睁眼触摸对产品产生更为积极的态度。

（二）探究产品触摸体验的有无导致的其他正性影响

本章介绍的研究都围绕购前和购时这两个阶段进行。究竟购买产品后的产品触摸行为对消费者、产品和企业会产生哪些影响呢？这是未来研究可考虑的方向。笔者认为，在旧产品处置、食物丢弃、回收再利用等情境中，触摸产品这一动作也很重要。其一，当消费者想丢弃某个已经使用过一段时间的产品时，相比丢弃前不触摸该产品，触摸该产品可能会降低产品被丢弃的可能性，因为触摸会增加消费者对产品的依恋感。其二，在食物丢弃的情境中，相比做出推餐盘的动作，做出拉回餐盘的动作会增加消费者对餐盘中食物的关注，进而减少食物浪费。其三，在对产品进行回收再利用时，消费者常常会亲自动手制作，而在动手制作的过程中消费者势必会触摸产品，而触摸会增强消费者对产品的依恋感，因此，消费者可能不愿意将自己亲手制作的产品（vs.机器制作的产品）当作礼物送给他人。此外，当生产者和销售人员都触摸过同一个产品时，消费者会对何者的触摸感知到更多的恶心呢？这也是值得研究的话题。

（三）探究产品触摸体验的有无导致的其他负性影响

通过前文的文献介绍可以看出，目前学术界的关注点聚焦在有触摸比无触摸的积极后效上，而关于触摸产品的消极后效，学术界关注的并不多。笔者认为，关注触摸产品带来的负性影响结果将是一个有潜力的研究主题。感兴趣的学者可以思考：是否在所有情境下，触摸都比不触摸更能增加消费者对产品的好评和渴望？笔者认为，对这一问题的回答需要从产品类型和产品评估两方面着手。

二、他人作为触摸主体的未来研究议题

（一）探究正性传染效应的传染内容和边界

尽管罗津和内梅罗夫（Rozin & Nemeroff，2002）指出，大部分个体特质和特

性都具有传递的可能性，而且消费者触觉领域的研究已经发现，消费者会觉得漂亮他人、名人、高创造力者触摸过的产品可以将漂亮的特质、名气以及创造力等传递给自己（Argo et al.，2008；Kramer & Block，2014；Newman et al.，2011）。然而，这些研究对象均是消费者认为可以通过触摸传递的、外显的和容易识别的内容。目前还未见有学者探讨内隐的、不凸显的内容（如藏在内心的秘密、神秘感、情绪体验等）是否也可以通过触摸来传递。

（二）探究正性传染效应和负性传染效应各自存在的其他情形

通过前文的文献介绍可以看出，当触摸产品的他人长得漂亮（vs.不漂亮）、具有名气（vs.缺乏名气）、有创造力（vs.缺乏创造力）等时，会产生正性传染效应（vs.负性传染效应）。除了上述变量外，还有哪些变量会调节正性传染效应和负性传染效应？这是一个值得探究的议题。笔者认为，对于稀缺的产品，他人的触摸会增加消费者对产品的稀缺联想及产品估值；而对于常见产品，他人的触摸会让消费者联想到细菌传递，进而降低对产品的估值。此外，对于高卷入产品，他人的触摸也会增加消费者对产品的受欢迎联想，进而增加对产品的好评和拥有渴望；而对于低卷入产品，应会导致负性传染效应。

（三）探究消费者本人和他人都作为触摸主体时消费者的反应

基于克雷默和布洛克（Kramer & Block，2014）的研究，笔者好奇的是，由触摸引发的积极特质（如漂亮、名气、创造力等）的传染是否会给消费者带来负性影响？比如，是否会让消费者由于相信魔力传染而减少工作和学业努力？或者会让消费者增加对情境、运气的依赖，从而降低自控力？抑或会让消费者（尤其是低自尊消费者）感到自己和产品的先前使用者相比更差，进而感到自卑？如果这三个问题的答案是肯定的，那么商家对二手产品的先前使用者的美好、积极特质的宣扬，必然会给消费者带来负性影响。

（四）探究他人手的出现如何影响消费者对产品的偏好

人们需要用手来接触产品、抓取产品、试用产品以及购买产品。在直播带货及线上购物时，消费者常常会看到主播用自己的手操作或试用产品。在纸质版的广告中，消费者常看到图片或屏幕中产品的旁边有一只手。究竟手的出现对消费者的产品偏好和随后行为会产生怎样的影响？这是一个非常有研究价值的话题。笔者认为，对于食物类产品，视频或图片中他人手的出现会引发消费者对食物的恶心和传染感知，进而降低对食物的购买意愿。相反，对于非食物类产品尤其是电子产品，视频或图片中他人手的出现会引发消费者手抓产品的心理模拟过程，进而提高对产品的购买意愿。感兴趣的读者可以检验这一猜想。

第七章

产品触摸体验的有无的后效：跨情境视角

上一章关注同情境视角下产品触摸体验的有无的后效，这方面的已有研究较多。然而，究竟触摸的威力有多大？是否存在跨情境效应？这方面的研究较少。已有研究聚焦两点：消费者先前有无触摸产品的体验导致的跨情境影响，以及消费者先前是否有被允许触摸产品的体验导致的跨情境影响。因此，本章第一节和第二节将分别介绍涉及这两点的研究。目前学术界还未有学者探究他人对产品触摸体验的有无是否会对消费者产生跨情境影响，但这一探究非常重要和必要，有利于拓宽产品触觉领域的研究地图。因此，本章第三节将提出笔者在这一主题上的研究构想。第四节将提出一些待解决的研究议题。

图 7-1 是本章内容导图。

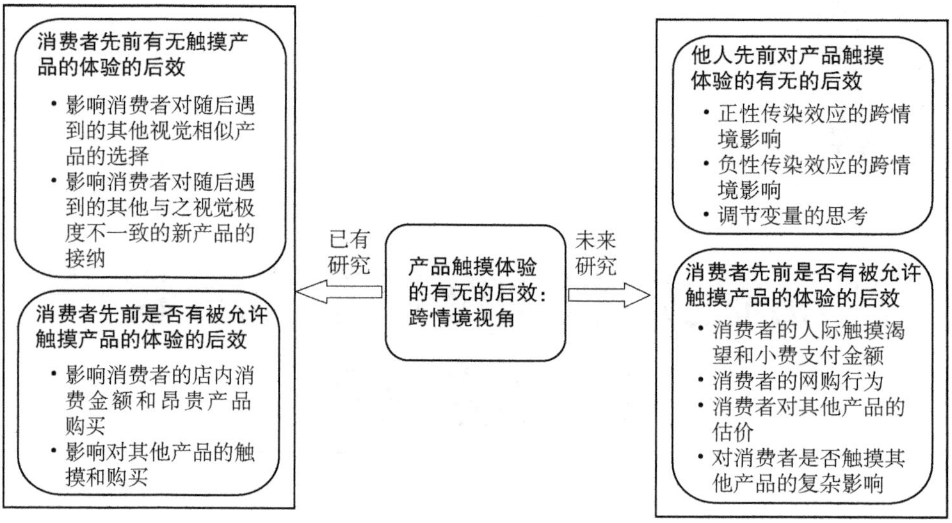

图 7-1　第七章内容导图

第一节　消费者先前有无触摸产品的体验的后效

产品触摸体验的有无不仅会影响消费者对所触摸产品的态度和行为，还会影响他们在随后其他情境中对其他事物的态度和行为。我们将这类现象称为跨情境影响，本节将介绍有关这一主题的研究，这些研究对上一章的研究是很好的补充和延展。由于跨情境视角下的研究数量有限且因变量之间很难归类，笔者很难从态度和行为这两大类对研究结果进行归类和述评，只能单独介绍这些文章关注的因变量。整体来看，跨情境视角下的研究发现，先前有触摸产品的体验（vs.先前无触摸产品的体验）会增加消费者对随后遇到的其他与之视觉相似产品的选择（Streicher & Estes，2016），以及对与之视觉极度不一致的新产品的接纳（柳武妹等，2018）。

一、影响消费者对随后遇到的其他与之视觉相似产品的选择

施特赖歇尔和埃斯蒂斯（Streicher & Estes，2016）的文章首次探究了消费者先前有无触摸产品的体验所导致的跨情境效应。接下来，笔者将通过回答下述四个核心问题来介绍这篇文章。

（一）作者为何开展这一研究？

施特赖歇尔和埃斯蒂斯（Streicher & Estes，2015）探究了手抓产品如何影响消费者对产品所属品牌的视觉识别和选择，但没有检验内在机制，也没有探究手抓源产品是否会影响消费者对随后碰到的其他产品的选择这一问题。此外，大量的感官交互研究指出，触觉加工和视觉加工无法分离（Amedi et al.，2002）。视觉感受器和触觉感受器在感知物体形状方面共享重叠的神经中枢路径（Snow et al.，2014）。但是，当视觉和触觉信号的来源不同时（比如，触摸的是一个物体，而看到的是另一个物体），二者在物体形状感知方面会怎样发挥作用是目前的研究空缺，而施特赖歇尔和埃斯蒂斯（Streicher & Estes，2016）开展的研究正好可以弥补这一空缺。

（二）作者基于什么推理得出了什么观点？

元认知体验中的加工流畅性是施特赖歇尔和埃斯蒂斯（Streicher & Estes，2016）研究中的核心概念。加工流畅性是个体在感知层面和概念层面对自己加工一个给定物体有多么容易的一种元认知体验（Reber et al.，2004）。施特赖歇尔和埃斯蒂斯（Streicher & Estes，2016）关注的是感知流畅性中的视觉流畅性。有研究指出，对物体形状的触觉感知能够促进个体对该物体形状感知的视觉流畅性（Pesquita et al.，2013）。还有研究指出，对一个物体的视觉流畅性感知会增加个体对另一个形状上和该物体匹配的目标产品的偏好（Winkielman & Cacioppo，2001）。基于上述推理，施特赖歇尔和埃斯蒂斯提出了他们研究的核心观点：触摸一个源产品会增加消费者对随后遇到的另一个目标产品的选择，该目标产品与源产品在尺寸和形状上是相似的，其中视觉流畅性感知是中介。

施特赖歇尔和埃斯蒂斯（Streicher & Estes，2016）认为，当目标产品在视觉上排列拥挤（vs.排列稀疏）时，这一现象更加明显。这是因为，拥挤的排列让人们觉得依赖视觉做决策不可靠，这时他们会采用补偿措施，依赖触觉输入做决策。此外，这一现象在高工具型触摸需求者（vs.低工具型触摸需求者）身上体现得更明显，因为这类消费者对触觉输入的依赖更大。关于工具型触摸需求的调节作用，第五篇将有详细介绍。

（三）作者如何检验这一观点？

施特赖歇尔和埃斯蒂斯（Streicher & Estes，2016）开展了两个实验检验了上述观点。这里仅简要介绍实验二，该实验采取 2（目标刺激物视觉感受：拥挤 vs.稀疏）×2（目标刺激物与先前触摸的刺激物在触觉上是否匹配：匹配 vs.不匹配）×2（工具型触摸需求：高 vs.低）三因素被试间设计。因变量是对目标刺激物的实际选择。该实验要求所有被试都闭上眼睛，用手来感受产品，当实验人员提示睁开眼睛时再睁眼。实验人员把三种形状的巧克力（条形、方形和鸡蛋形状）中的任何一个放在被试手中让其感受，随后让被试睁开眼睛花 8 秒钟时间来看自己刚才触摸的产品。拥挤组看到的是 18 块条形巧克力和 18 块方形巧克力，稀疏组看到的是 1 块条形巧克力和 1 块方形巧克力。不匹配组被试先前触摸的是鸡蛋形状的巧克力，而匹配组有一半被试先前触摸的是条形巧克力，另一半被试先前触摸的是方形巧克力。结果发现，先前触摸鸡蛋形状的巧克力不会增加消费者随后对方形或条形形状巧克力的选择，因为被试对鸡蛋形状的巧克力的视觉流畅性较低。

（四）这一观点有什么价值和启示?

施特赖歇尔和埃斯蒂斯（Streicher & Estes，2016）的研究首次通过分离视觉和触觉的作用，探究了先前的产品触摸是否会增加消费者对随后与之视觉相似产品和视觉不相似产品的选择。这一发现具有重要实践启示作用。零售商可以通过操纵产品包装的视觉特征，以及鼓励消费者触摸产品包装来促进消费者对产品的选择。另外，拥挤的展示环境对先前有产品触觉体验的消费者来说更加有效，即零售商可以通过提升商品展示的视觉密度来增加消费者对产品的选择。

尽管如此，在施特赖歇尔和埃斯蒂斯（Streicher & Estes，2016）的研究中，消费者先前触摸和随后选择的依旧是同一类产品，二者的差别仅仅是视觉上的微小差异。当先前触摸的产品和随后评估的产品不属于同一品类，且在视觉上差别很大时，先前触摸是否还会产生跨情境影响？施特赖歇尔和埃斯蒂斯的研究无法回答这一问题。基于这一研究空缺，柳武妹等（2018）开展了另一项研究。接下来介绍这项研究。

二、影响消费者对随后遇到的其他与之视觉极度不一致新产品的选择

柳武妹等（2018）发表在《心理学报》上的文章弥补了施特赖歇尔和埃斯蒂斯（Streicher & Estes，2016）的研究空缺。这篇文章探究了先前触摸一个产品是否会影响消费者对随后遇到的另一个与之视觉极度不一致的新产品的评价和选择。此处的产品不一致是指产品与它所属品类中其他产品间的不匹配程度（Jhang et al.，2012）。产品的不一致分为视觉不一致和概念不一致（Noseworthy & Trudel，2011）。这篇文章关注的是视觉不一致。基于心理学中的学习迁移（即使用过去的经验来理解新事物），柳武妹等（2018）提出，先前触摸（vs.不触摸）一个产

品，会提高消费者对随后遇到的另一个与之视觉极度不一致的新产品的评价和选择；近学习迁移和不一致解决是内在中介。柳武妹等开展了 4 个实验来验证这一观点，同时发现触摸传递效应由触觉而非视觉引发。

在理论层面，柳武妹等（2018）发现，当先前触摸的产品和随后评估的产品在视觉上不具有相似性时，触摸传递效应依然存在，这一发现推进了施特赖歇尔和埃斯蒂斯（Streicher & Estes，2016）的研究。在实践层面，柳武妹等（2018）的研究可以启示管理者：在新产品进入市场之前及刚进入市场时，可以使用鼓励触摸和产品试用策略，来提升消费者对新产品的接受度。

关于先前有无触摸产品实物的体验所导致的跨情境影响，目前笔者只发现以上两篇文章。因此，这一主题还有很大的探索空间。笔者将在本章第四节中提出关于这一主题的一些思考。接下来，介绍消费者先前是否有被允许触摸产品的体验的后效。

第二节　消费者先前是否有被允许触摸产品的体验的后效

上一节介绍了消费者先前手抓视觉上相似的产品和视觉上极度不一致的新产品，对其随后目标产品选择的影响。然而，很多时候消费者的产品触摸行为会受到人为阻碍或禁止（如线下销售人员不让消费者触摸产品、产品旁摆放着“请勿触摸”的标识、产品被放在展柜中不让消费者触碰等），这种人为触摸阻碍或禁止究竟会对消费者产生怎样的跨情境影响？有两篇文章关注了这一主题，下面对这两篇文章进行简要介绍。

一、先前禁止消费者触摸增加其店内消费金额和昂贵产品购买

奥特布林（Otterbring，2016）探究了展示产品时，零售人员禁止消费者触摸产品对消费者随后的产品购买行为和支付金额的影响。消费者在购物过程中触摸行为受限制的情况非常常见，比如，商家会将珠宝首饰等放在展示柜中，或会在儿童玩具、白色服饰等前放置“禁止触摸”或“请勿触摸”的标识，以明确地告诉消费者不要触摸这些产品。然而，究竟限制消费者触摸产品会对消费者的行为产生何种影响？这一问题在奥特布林（Otterbring，2016）的文章发表前并没有学者进行研究。

基于心理抗拒理论和态度行为一致性理论（Festinger，1957），奥特布林

（Otterbring，2016）提出了两个完全相反的假设：H1a：消费者在店铺内浏览产品时被限制（而不是鼓励）触摸产品，会减少其购买产品的数量和支付金额；H1b：消费者在店铺内浏览产品时被限制（而不是鼓励）触摸产品，会增加其购买产品的数量、支付金额以及对更昂贵产品的购买。为了验证假设，奥特布林相继开展了两项研究，并验证了 H1b。研究 1 使用情境想象的方式操纵禁止产品触摸或鼓励产品触摸，之后询问被试在多大程度上愿意在商店里花更多的钱和购买更多的产品。研究 2 采取田野实验，检验了真实的触摸限制策略对消费者在店铺中实际购买的产品类型、支付金额和购买数量的影响。两个研究都验证了 H1b。研究 2 的结果表明，限制触摸条件下的顾客购买的产品数量明显多于鼓励触摸条件下的顾客，同时，他们支付的金额也比鼓励触摸条件下的顾客平均多 87%。

尽管奥特布林（Otterbring，2016）探究了橱窗展示这类禁止触摸策略对消费者产品购买意愿、购买数量和支付金额的影响，但没有清晰地回答究竟消费者有没有购买先前被禁止触摸或被允许触摸的产品这一问题。作为对奥特布林研究的推进，林格勒等（Ringler et al.，2019）更为清楚地回答了先前被禁止触摸某产品对消费者随后的其他产品购买行为的影响。接下来，笔者简要介绍林格勒等的研究。

二、先前禁止消费者触摸增加其随后对其他产品的触摸和购买

同样以心理抗拒理论为核心理论，林格勒等（Ringler et al.，2019）检验了柜台服务人员禁止消费者触摸正在展示的产品，对消费者随后对其他产品购买行为的影响。林格勒等提出，先前禁止触摸（vs.先前允许触摸）某产品会增加消费者的心理抗拒，进而增加他们对随后遇到的其他产品的触摸渴望和相应的购买冲动，而且这一现象在低社会经济地位者和高触摸需求者身上更加明显。此外，林格勒等还提出，先前禁止触摸（vs.鼓励触摸）会增加消费者对柜台服务人员和店铺零售商的敌意。

林格勒等（Ringler et al.，2019）开展了 4 个实验检验上述观点。其中实验二使用橡胶玩具球作为实验刺激材料。该实验发现，相比于直接将橡胶玩具球放在桌子上以及口头鼓励消费者去自由触摸橡胶玩具球，将橡胶玩具球放在橱窗中以及口头禁止消费者触摸橡胶玩具球会诱发消费者更多的心理抗拒和相应的触摸渴望，最终会增加消费者对随后遇到的搅拌机产品的购买可能性。

综上，结合奥特布林（Otterbring，2016）和林格勒等（Ringler et al.，2019）的这两篇文章，营销者可以适当采用禁止触摸策略来激发消费者的心理抗拒，从而增加他们对店内其他产品的购买。使用这一策略时要注意两点：一是用来诱发

禁止触摸的产品应该触觉特征较明显（如球）且价格较昂贵；二是瞄准低社会经济地位者和高触摸需求者这两类人群。此外，零售商可以培训员工在展示商品时采用人际触觉阻断方式。例如，将一些消费者不太可能购买的产品放在顾客够不到的地方，而其他产品可以自由触摸。

第三节　他人先前对产品触摸体验的有无的后效

本章前两节介绍了产品触觉领域的学者围绕先前有无产品触觉体验、先前是否有被允许触摸产品这两个主题开展的跨情境研究。这些研究的共同特征是，消费者本人是触摸主体。然而，当他人是触摸主体时，他人先前有无触摸产品是否也会对消费者产生跨情境影响？目前这一问题还有待研究，笔者将基于这一主题提出自己的一些思考和观点，这些思考和观点还未经实证研究检验，因此仅供读者参考。

一、正性传染效应的跨情境影响

有研究表明，人们愿意为拥有名人使用过的物品而支付惊人的价格（Newman et al.，2011）。传染效应对此给出的解释是，传染通常被认为是一种神奇的思维形式，在这种思维形式中，人们相信一个人的非物质品质或本质可以通过身体接触转移到另一个物体上（Rozin & Nemeroff，2002）。阿尔戈等（Argo et al.，2008）发现，当消费者认为某产品被一个极具吸引力的人（如漂亮的人）触碰过时，其对该产品的评价会更高。因此笔者猜测，如果消费者看到他人（尤其是名人和有吸引力的他人）先前触摸过某产品，他们就会对与该产品在空间上相邻的其他产品也产生美好感知，并增加对这些产品的购买可能性。

类似地，除了空间相邻外，如果被名人或有吸引力的他人触摸过的产品和另一个目标产品在时间距离上相邻（如二者同时发布、同时被设计等），消费者也会偏好和购买这类目标产品。感兴趣的读者也可以从社交距离和心理距离层面来思考。如果四类距离在跨情境的正性传染效应中是调节变量，那么结合解释水平理论，与四类距离相对应的解释水平的作用也是一个值得探究的问题。

二、负性传染效应的跨情境影响

有研究已经指出，消费者对他人先前触摸过的产品会产生厌恶感，进而降低对产品的评价。比如，卡斯特罗等（Castro et al.，2013）发现，当货架上的可获取产品看起来杂乱无章且数量有限时，消费者购买该产品的可能性比该产品有序摆放且数量充足时要小。虽然产品摆放得杂乱无章及数量少意味着该产品更受欢迎，但同时也意味着有更多的人触摸过该产品，消费者感觉到该产品被污染的程度更高，所以会降低对该产品的购买意愿。杰拉尔德和赫尔姆-吉宗（Gérard & Helme-Guizon，2018）发现，有形污染线索（有无他人的头发）比无形污染线索（是否与他人有身体接触）更能降低消费者对产品的评价和购买意愿。然而，对于与该产品在空间或时间上邻近的其他产品，消费者是否会产生负性传染联想以及相应的低产品评价和低购买可能性？这一问题目前还有待研究。笔者猜测，当被他人触摸过的产品和消费者正在评估的其他产品在空间上（如放在同一货架上）和时间上（如同时推向市场）邻近时，先前被触摸过的产品的负性特质也会传染给消费者随后评估的其他产品，进而降低消费者对后者的评价、购买可能性和支付金额。

三、对正性传染的跨情境影响和负性传染的跨情境影响进行协调

究竟如何协调先前有无触摸产品的体验、先前是否有被允许触摸产品的正性传染的跨情境影响和负性传染的跨情境影响呢？笔者认为，除了他人是否是名人、是否有吸引力外，消费者自身对美的信念也是一个值得关注的调节变量。当消费者持有强烈的美即好的信念时，正性传染效应的跨情境影响就会出现；相反，当消费者持有强烈的美即不好的信念时，负性传染效应的跨情境影响就会出现。

第四节　待解决的研究议题

除了本章前三节介绍的研究结果和研究猜想外，产品触摸体验的有无以及阻碍产品触摸体验还会产生哪些跨情境影响呢？本节将提出笔者的一些思考和猜测，供感兴趣的学者参考。

一、先前不被允许触摸产品与消费者的人际触摸渴望和小费支付

有研究（Ringler et al.，2019）表明，不被允许触摸产品的消费者（vs.被允许触摸产品的消费者）对店员的态度更为消极，因为店员对消费者触摸自由的限制会使其产生心理抗拒，从而增加消费者对店员和零售商的抵触。笔者认为，店员对消费者触摸自由的限制除了会使消费者对店员产生抵触等负性态度外，还会诱发消费者心理变冷的感受以及对温暖人际触碰的渴望。有研究指出，他人对消费者偶发的、轻微的胳膊肘触碰会增加消费者的人际安全感（Levav & Argo，2010）。结合上述推理证据，笔者猜测：当消费者先前被禁止（vs.被允许）触摸某产品后，

消费者会产生强烈的人际触摸渴望，进而会促使他们对触碰自己的服务人员产生好感，并愿意向这些服务人员支付更多的小费。

二、先前不被允许触摸产品与消费者的网上购物行为

在线下购物时，消费者会自发地将产品拿起来检查和端详，从而获取触觉体验。看到物体就想抓是人们的一种本能和自由。如果消费者在线下购物时无法触摸店内展示的产品实物，会感到个人自由受到威胁（Otterbring，2016；Ringler et al.，2019）。为了补偿这种自由的缺失感，消费者通常会在随后购物时增加对店内其他产品的触摸（Ringler et al.，2019）。

上述补偿属于直接补偿，那么是否存在间接补偿？笔者认为，当消费者不能触摸某产品时会更加依赖其他感官输入，尤其是视觉输入。这是因为，人们对产品的审美评价可以通过触觉和视觉的双重影响来实现（Jansson-Boyd & Marlow，2007；Marlow & Jansson-Boyd，2011）。当无法触摸产品实物时，对于高触摸需求的消费者来说，对产品的书面描述和视觉描绘可以在一定程度上增强他们评估产品的信心并减轻挫折感（Peck & Childers，2003b）。由于图片或屏幕中的产品往往比产品实物更加漂亮和吸引人，所以笔者猜测，消费者在线下购物遭遇触摸限制会促使其通过线上购物来间接补偿。

三、先前不被允许触摸产品与消费者对其他产品的估价

有研究表明，先前禁止触摸会增加消费者随后对其他产品的主动触摸（Ringler et al.，2019）。另有研究表明，相比于不触摸产品，一旦人们触摸了产品，就会提高对该产品的估价（Peck & Shu，2009）。因此，笔者推测，先前不被允许触摸（vs. 被允许触摸）产品，会提高消费者对其他产品的估价，内在机制是不被允许触摸产品会增加消费者对该产品的稀缺感知。

四、先前不被允许触摸产品与消费者对其他产品的触摸

尽管林格勒等（Ringler et al.，2019）的研究表明，先前不允许消费者触摸产品会增加其对随后遇到的其他产品的触摸渴望和实际触摸行为。但笔者认为，可能存在另一种相反现象，即相比于先前被允许触摸产品，先前不被允许触摸产品也可能会减少消费者对随后遇到的其他产品的触摸。这是因为当消费者的心理抗拒特质弱或当消费者相对顺从时，他们并不认为不被允许触摸店内展示的产品会威胁个人自由，反而会将其看作商家对自己的保护（如触摸易碎品会伤害到自己）。因此，这些心理抗拒特质弱的消费者和顺从特质高的消费者不仅会减少触摸行为，还会感激商家。感兴趣的读者可以检验上述猜测。

第八章

产品具体触感体验的后效

本章将介绍对产品的具体触感体验是如何影响消费者的心理和行为的。产品有四大类触觉属性——柔软度（软-硬）、光滑度（光-粗），温度（冷-热）和重量（轻-重），相应地，产品的触感体验也有这四类。学者围绕这四类触感体验对个体心理和行为的影响开展了相关研究，魏华等（2018）对这四类触感体验对消费者心理和行为的影响进行了综述。本章第一节将介绍前人围绕这四类触感体验对消费者心理和行为的影响所开展的研究，侧重于魏华等（2018）没有关注的研究。关于他人对产品的具体触感体验会如何影响消费者的心理和行为这一议题，目前尚未见相关研究，笔者将在第二节提出自己的思考。第三节将提出其他有待解决的研究议题。对产品的具体触感体验影响消费者行为的背后机制感兴趣的读者可以翻看本书第一篇对具身认知说和概念激活的理论介绍，本章绝大多数研究是基于这两个理论开展的。

图 8-1 是本章内容导图。

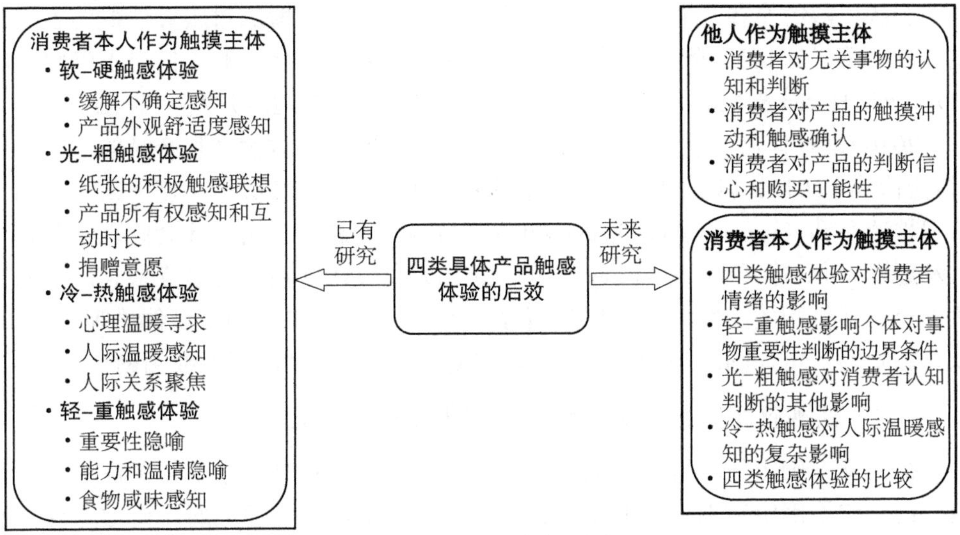

图 8-1 第八章内容导图

第一节 消费者本人作为触摸主体的后效

魏华等（2018）介绍了关于四类触感体验对消费者行为的影响，在介绍软-硬触感体验对消费者心理和行为的影响时，侧重介绍了柔软和坚硬引发的三类概念联想：温暖和冷酷、软弱和坚定、变化和固定；在介绍光-粗触感体验对消费者心理和行为的影响时，侧重介绍了光-粗触感体验导致的人际捐赠行为的差异；在介绍冷-热触感体验对消费者心理和行为的影响时，侧重介绍了寒冷与温热触感体验导致的人际温暖感知、归属需求、人际友好感知、人际诚实感知和自我控制等方面的差异；在介绍轻-重触感体验对消费者心理和行为的影响时，侧重介绍了轻-重触感体验导致的重要性感知、价值感知的差异。本节将简要提及魏华等（2018）已经梳理的研究，并重点介绍他们的研究还未涉及的几篇文章。

一、消费者本人对产品的软-硬触感体验对其心理和行为的影响

软-硬触感体验被学者关注最多也最早。哈洛（Harlow）开展的著名的幼儿猕猴实验发现，没有母亲的幼儿猕猴喜欢触摸柔软的毛绒而非坚硬的钢丝来代替妈妈（Krishna，2012）。后续的研究陆续发现，柔软要比坚硬更容易引发积极、愉快、抚慰和温暖的联想（Kierkels & van den Hoven，2008），以及人际温暖和情绪性特质的联想（Ackerman et al.，2010）。因此，遭遇社会排斥的个体在触摸柔软

（vs.坚硬）的产品后会减少社会排斥导致的负性情绪感知（丁瑛，宫秀双，2016）；遭遇服务失败的个体在触摸柔软（vs.坚硬）的产品后会增加对服务失败的容忍程度（钟科等，2014）。除此之外，软-硬这对触感体验还会影响人们对不确定性的感知（van Horen & Mussweiler，2014）、对产品外观的舒适度判断（Meyers-Levy et al.，2010）、对食物的能量估计（Biswas et al.，2014）、对物体和产品的性别联想（易仲怡等，2018）以及对零售商的个性感知（Jha et al.，2020）。接下来将介绍霍伦和穆斯韦勒（van Horen & Mussweiler，2014）发表在《实验社会心理学杂志》，以及迈耶-利维等（Meyers-Levy et al.，2010）发表在《消费者研究杂志》上的文章。至于其他相关文章，如比斯瓦斯等（Biswas et al.，2014）、易仲怡等（2018）以及杰哈等（Jha et al.，2020）的文章，感兴趣的读者可自行下载阅读。

（一）软触感比硬触感更能缓解个体的不确定感知

在充满不确定的环境中生活的人该如何应对不确定是一个值得关注的学术话题。已有的不确定应对研究侧重于探究人们从认知层面如何应对不确定，这些研究发现，通过寻求更多的信息来提升决策信心是应对不确定的一种可行策略（Berning & Jacoby，1974；van Horen & Pieters，2012）。然而，从身体感受层面如何应对不确定，仍是一个未被探讨的研究话题。基于前人关于不确定性和安全寻求之间的研究结论（Tai et al.，2011），范奥伦和穆斯魏勒（van Horen & Mussweiler，2014）提出，当面临不确定情境时，人们会寻求柔软触感体验，而且这种柔软寻求具有工具和功能性质而非纯粹享乐性质。

范奥伦和穆斯魏勒（van Horen & Mussweiler，2014）开展了 4 个实验室实验检验了上述观点。结果发现，启动不确定概念的个体如果手握把柄柔软的笔（vs.把柄坚硬的笔）回答一个答案模棱两可的问题时，他们不仅对自己所填答案的确信程度更高，而且对生活中的不确定性的容忍程度更高。对于没有启动不确定概念的个体，这一现象并没有出现。范奥伦和穆斯魏勒的研究为应对心理威胁提供了身体感受层面的路径。

（二）软-硬触感和观看产品的距离会共同影响对产品外观舒适度的感知

前人关于情绪和情感的研究发现，情绪和情感会影响人们的决策判断（Schwarz & Clore，1983；Bless & Schwarz，2010），这一影响包括同化效应（assimilation effect）和对比效应（contrast effect）（Bless & Schwarz，2010）。此处的同化和对比是针对情境对评估决策的影响方向而言的。同化效应指的是，情境信息的正负效价和决策评估的正负效价之间呈正相关，也即正性（vs.负性）情境信息引发更加正向（vs.更加负向）的评估结果；对比效应指的是，情境信息的正负效价和决策评估的正负效价之间呈负相关，也即正性（vs.负性）情境信息引发更加负向（vs.更加正向）的评估结果（Bless & Schwarz，2010）。但是，关于人们的身体感受是否也会引发上述同化效应和对比效应，以及人们评估产品的距离在两类效应中如何发挥作用等问题，还有待研究。为了解答这些问题，迈耶-利维等（Meyers-Levy et al.，2010）开展了探讨人们的身体感受（柔软地面引发的舒适感vs.坚硬地面引发的不舒适感）和人们评估产品的距离（近 vs.中度远 vs.极度远）是如何共同影响人们对所评估产品外观的舒适度/坚硬度感知的研究。

迈耶-利维等（Meyers-Levy et al.，2010）使用花瓶、椅子、衣服篮子和礼物篮子作为刺激材料开展了 4 个实验，结果发现，当人们从中度远的距离看一个产品时，脚部的柔软触感体验（由站在软地毯上引发）要比坚硬触感体验（由站在硬地板上引发）促使人们感到正在看的产品在外观上更舒服，即出现同化效应；而当人们从近距离看一个产品时，脚部的柔软触感体验（由站在软地毯上引发）要比坚硬触感体验（由站在硬地板上引发）促使人们感到正在看的产品在外观上更不舒服，即出现对比效应（实验一）。这一现象之所以出现，是因为人们把身体触感体验这类非信息源错误地当作信息来做判断。因此，当人们意识到身体感受对自己决策的影响时（实验二）、当人们能够自我监控身体感受对自己决策的影响时（实验三），以及当人们依赖认知（vs.感受）做决策时（实验四），身体软-硬触感和评估距离对产品外观舒适度的判断的影响便消失。

迈耶-利维等（Meyers-Levy et al.，2010）的研究为已有的同化效应和对比效应研究提供了新的预测因素。该研究启示营销者，让消费者站在地毯上近距离看产品，以及站在地板上远距离看产品都能引发消费者对产品的积极评价。

二、消费者本人对产品的光-粗触感体验对其心理和行为的影响

围绕光-粗触感体验对消费者心理和行为的影响，学者开展的研究并不多。据笔者有限的文献积累，发现对光-粗触感体验的后效关注最早的是阿克曼等（Ackerman et al.，2010）以及克里希纳等（Krishna et al.，2010）。其中，阿克曼等（Ackerman et al.，2010）的研究探究了在光滑的纸上和在粗糙的磨砂纸上做拼图任务如何影响人们对人际互动的质量判断和人际熟悉度判断。结果发现，相比在光滑的纸上做拼图任务，在粗糙的磨砂纸上做拼图任务会增加人们对人际互动的困难感知，但不影响人际熟悉度感知。

克里希纳等（Krishna et al.，2010）的研究探究了纸张的触感（光 vs.粗）和纸张上的气味（男性气味 vs.女性气味）如何交互影响消费者对纸张的触感联想。结果发现，对于光滑的纸张，纸张上喷有女性气味的香水要比喷有男性气味的香水更能引发消费者对纸张的积极触感联想；相反，对于粗糙的纸张，纸张上喷有男性气味的香水要比喷有女性气味的香水更能引发消费者对纸张的积极触感联

想。综上，克里希纳等（Krishna et al.，2010）的研究表明，女性和光滑在概念上相联系，而男性和粗糙在概念上相联系。

有研究发现，粗糙触感（vs.光滑触感）能增强消费者对产品的心理所有权感知，并促使消费者和产品互动更长的时间（Ruan et al.，2016）。另有研究发现，触摸粗糙的物体（vs.光滑的物体）更能增加人们对需要帮助者的共情和同情，进而提高捐赠意愿（Wang et al.，2016）。

此外，感兴趣的读者可以挖掘光-粗触感体验所引发的其他认知后效和行为后效。比如，探究光-粗触感体验是否会影响消费者对零售商价格透明度的推断。笔者猜测，很有可能产品的光滑触感会让消费者觉得零售商在价格制定上更加透明公开，产品的成本价和售价差距更小；而产品的粗糙触感会让消费者产生相反联想，即零售商在价格制定上更不透明，产品的成本价和售价差距更大。此外，还可以探究光-粗触感体验在帮助消费者应对心理威胁方面的作用。笔者猜测，相比触摸质地粗糙的产品，触摸质地光滑的产品会让遭遇不确定威胁的个体感受到更多的正性情绪体验，进而缓解不确定感知。笔者之所以这样猜测，是因为光滑和确定之间可能存在概念隐喻。

三、消费者本人对产品的冷-热触感体验对其心理和行为的影响

关于冷-热触感体验对消费者的后效，学者侧重于从两种视角进行探究，即产品触感冷热的视角和环境温度冷热的视角。具体而言，产品触感冷热视角的研究关注产品的温度属性（冷 vs.热）和产品的气味（男性气味 vs.女性气味）如何共同影响消费者对产品的触感感知（Krishna et al.，2010）。阿克曼等（Ackerman et al.，2010）关注了软-硬、光-粗、轻-重这三类触觉体验对人际判断和人际感知的影响，但唯独没有关注冷-热这对触感体验是否也会影响人际感知。笔者认为可能的原因在于，威廉斯和巴奇（Williams & Bargh，2008）的研究已经发现，身体的温暖体验（vs.寒冷体验）会增加人们对人际温暖（vs.人际寒冷）的感知，所以阿克曼等（Ackerman et al.，2010）没有必要再关注了。

环境温度冷热视角的研究相对较多，而且得出了相对一致的结论：身体的寒冷（vs.温暖）促使人们寻求心理上的温暖。具体而言，身体的寒冷（vs.温暖）激活了人们寻求人际温暖的需求，进而促使人们喜欢浪漫电影（Hong & Sun，2012）。这一结论通过二手数据也能被复制——季节温度和浪漫电影偏好存在显著负相关（Hong & Sun，2012）。

除关注身体冷热和寻求心理温暖之间的关系外，还有一些研究关注了人们心理的冷热体验和环境温度的冷热如何影响人们的人际温暖感知（Williams & Bargh，2008）和人际亲密度感知（Ijzerman & Semin，2010；Vess，2012）。还有

少量研究关注了物体的冷热触感体验如何影响人们的抽象语言使用和关系聚焦。根据艾泽曼和谢明（Ijzerman & Semin，2010）的实验结果，手拿热饮料（vs.冷饮料）会促使人们使用更加具体的语言进行表达，进而促使个体聚焦于人际关系。究竟冷-热触感体验何时不会影响人们的人际感知呢？麦克雷等（Macrae et al.，2013）的研究表明，当启动第一人称视角时，冷-热触感体验会影响人们的人际温暖感知；而当启动第三人称视角时，这一现象会消失。

细心的读者会发现，上述研究之间在结论上存在争议之处。比如，如果身体的冷触感促使人们渴望人际温暖和心理温暖，那么身体的热触感就不会促使人们渴望人际温暖。但是，上述研究却发现身体的热触感也会增加对人际温暖和人际亲密度的渴望。究竟该如何协调上述不一致的结论，笔者将在第三节提出自己的一些思考。

四、消费者本人对产品的轻-重触感体验对其心理和行为的影响

轻-重触感体验如何影响个体的心理和行为？学者针对这一问题围绕下述三种视角展开了研究：探究轻-重触感体验与重要性之间的概念隐喻、探究轻-重触感体验与能力和温情之间的概念隐喻以及探究轻-重触感体验与咸味感知之间的概念隐喻。接下来，笔者简要介绍这些研究。

轻-重触感体验与重要性之间的概念隐喻被多位学者关注。具体而言，约斯特曼等（Jostmann et al.，2009）提出身体感受到的重量能够引发对重要性的具身认知，因为他们的研究发现，相比手拿轻物体，手拿重物体时，人们会增加对金钱的判断价值、增强对公平决策程序的重要性感知、更加精细加工以及更同意强论点（vs.弱论点）。作为对约斯特曼等（Jostmann et al.，2009）的研究的推进，阿克曼等（Ackerman et al.，2010）探究了身体感受到的重量如何引发人们对一系列社会问题重要性的判断。结果发现，相比手拿轻写字板，手拿重写字板时，男性不仅会觉得诸如空气质量标准等相对重要的社会问题非常重要，而且诸如公共浴室管理等相对不重要的社会问题也非常重要，因此认为政府需要投入更多的资金来解决这些社会问题，而这一现象在女性身上消失。

轻-重触感体验所引发的重要性判断为何会出现，以及何时会消失？张萌和李绣平（Zhang & Li，2012）回答了这一问题。她们发现，轻-重触感体验所引发的重要性判断出现的原因在于概念激活而非具身认知，依据是：①重触感体验和重要性间的逻辑链条不能逆转，因为启动重要性没有影响被试的重量感知；②重触感体验除了激活了被试头脑中的重要性这一概念联结外，还激活了压力这一概念

联结。

重触感体验除了会引发重要性联想外，还会引发消费者对零售商胜任力的判断。杰哈等（Jha et al.，2020）检验了这一猜想。和以往重量研究不同，杰哈等没有对比轻-重触感体验引发消费者对零售商特质的判断的差异，而是将重量和柔软度作为对照。他们的田野研究和实验室实验都发现，相比触摸软触感的零售商促销材料，触摸重触感的零售商促销材料会让消费者感到零售商的胜任力更高，而温情更少。和营销实践更相关的是，他们发现，触摸重（vs. 软）的商家宣传材料会让消费者更愿意和他人提及商家的胜任力形象而非温情形象。

最后，哈拉和斯彭斯（Harrar & Spence，2013）关注了餐具自身的轻-重触感以及其他感官属性（如色彩、尺寸等）如何影响消费者对食物的咸味感知。他们发现，用重餐具（如刀）吃食物要比用轻餐具（如勺子、叉子和牙签）吃食物更能增加消费者对食物的咸味感知。这就启示营销者，为了消费者的健康，应尽量向消费者提供轻餐具。这一举措在倡导低盐饮食的当下非常必要。

五、小结

上文占用较大篇幅介绍了消费者本人对产品的四类触感体验如何影响他们对产品以及对产品之外的无关事物的感知、判断和行为倾向。这些研究表明，相反的触感体验会激发人们对与所触摸产品无关事物的相反联想。比如，软和柔弱、可变关联在一起，而硬则和刚强、不变关联在一起。这些研究还表明，研究者可以将几对触感体验放在一起研究，因为它们会影响同一个因变量。比如，克里希纳等（Krishna et al.，2010）发现，光-粗和冷-热都会引发性别联想。这些研究还启示研究者可以不局限于对比相反的触感，而是在四类触感中选择合适的触感分别作为研究组和对照组进行研究。比如，杰哈等（Jha et al.，2020）就将软和重这两个在触感上不相反的概念作为关注点。

本节所介绍的研究得到了很多有价值的结论，这些研究均关注消费者本人的触感体验所产生的后效。那么，他人的触感体验是否也会对消费者的认知、情感和行为倾向产生影响呢？据笔者有限的文献积累，这一主题的研究较少。笔者将在接下来的第二节提出自己在这一议题上的一些猜想，供读者参考。

第二节　他人作为触摸主体的后效

消费者本人的四类触感体验会影响其对所触摸产品和与所触摸产品无关的事

物的认知判断，这是第一节介绍的研究所形成的共识。笔者猜测，他人对产品的四类触感体验也会对消费者产生后效。

一、他人对产品的具体触感体验会影响消费者对与产品无关事物的推断

笔者认为，他人对产品的具体触感体验也会激活消费者头脑中与触感体验相对应的概念隐喻，进而影响消费者对与产品无关事物的认知判断。具体而言，关于轻-重这对触感体验，笔者猜测，他人对产品的重触感（vs.轻触感），会让消费者觉得自己将要做的事情更重要，带给自己的压力感知也更大。关于冷-热这对触感体验，笔者猜测，他人对产品（如水杯、食物等）的热（vs.冷）体验，会让消费者觉得自己将要喝的水更热，将要吃的食物的热量更高。关于光-粗这对触感体验，笔者猜测他人对产品的粗糙（vs.光滑）体验会让消费者觉得自己将要进展的工作更艰难，更费力，更不易成功。关于软-硬这对触感体验，笔者猜测他人对产品的柔软（vs.坚硬）触感体验会让消费者觉得和自己交流的他人在性格上更软弱，更容易破坏规则，更不值得信赖。

二、他人对产品的具体触感体验会引发消费者的触摸冲动和触感确认

林格勒等（Ringler et al.，2019）发现，当消费者先前不被允许触摸产品后，他们会增加对随后遇到的其他产品的触摸冲动和实际触摸行为。笔者认为，他人对产品的触感体验也会增加消费者对产品的触摸冲动。比如，当他人说某产品触摸起来有多么柔软、多么光滑、多么轻、多么温热时，原本对产品不感兴趣的消费者也会增加对该产品的触摸冲动，内在机制可能是好奇心的激活。除了增加触摸冲动外，他人对产品冲突性（或矛盾性）触感体验的描述也会增加消费者对产品的触感确认行为（也即触摸产品以确认产品触感的行为）。矛盾和冲突会引发个体的不适感，因此，对冲突和矛盾容忍程度低的个体（如低辩证型思维者）会倾向于触感确认行为，以解决冲突；但对于对冲突和矛盾容忍程度高的个体（如高辩证型思维者），这一现象可能会消失。

三、他人对产品的具体触感体验会影响消费者对产品的判断信心和购买信心

不管是线上购物还是线下购物，消费者之间都会对彼此产生影响。具体而言，在线上购物时，消费者会看到他人有关产品具体触感体验的评论信息，也会看到

他人的手正在触摸产品。在线下购物时，消费者会听到他人对产品具体触感体验的描述，也可能会想象自己的亲密他人对产品的具体触感体验。他人对产品的具体触感体验是否会影响消费者对产品的判断信心和购买信心呢？黄静等（2015）的研究发现，线上评论中他人对产品触觉信息的描述能够提高消费者对产品的购买意愿。作为对黄静等（2015）的研究的推进，笔者认为他人对产品的四类触感体验还会增加消费者对产品质量的信心和购买信心。这一现象在依赖情感决策的消费者、依存型自我建构者以及低解释水平者等身上表现明显，而在依赖认知决策的消费者、独立型自我建构者以及高解释水平者等身上消失，因为前者群体要比后者群体更依赖体验做决策。

此外，笔者认为，他人对产品的具体触感体验会增加消费者对产品的判断信心和购买信心的现象也受产品因素的调节。比如，对于高科技类产品，他人对产品的硬（vs.软）触感体验、轻（vs.重）触感体验、冷（vs.热）触感体验会更加增强消费者对产品的质量联想，进而提高购买意愿；而对于非科技类产品，这一现象可能会消失。再比如，笔者猜测，对于享乐型产品，他人对产品的具体触感体验对消费者的产品判断和购买决策的影响小；而对于功能型产品，他人对产品的具体触感体验对消费者的产品判断和购买决策的影响大。这主要是因为人们对于体验的感受更加具有个性化和不可比较性。

第三节　待解决的研究议题

在上一节中，笔者围绕他人对产品的四类触感体验如何影响消费者的认知判断提出了自己的一些猜想。本节将从消费者本人视角出发，提出涉及消费者本人对产品的四类触感体验的后效的未来研究议题。

一、消费者对产品的四类触感体验与消费者情绪

在本章第一节介绍的研究中，仅有少数研究关注触感体验如何影响消费者的愉悦情绪。比如，有研究发现，软触感体验要比硬触感体验更易引发愉悦的情绪（Kierkels & van den Hoven，2008）；而另一项研究发现，触摸粗糙物体比触摸光滑物体更易引发人们对受助者的同情心（Wang et al.，2016）。但是，触感体验是否还会影响消费者的其他情绪呢？这一议题值得探究。笔者猜测，触感体验除了会引发积极与消极情绪外，还会影响消费者的特定情绪，如悲伤、羞愧和内疚。具体而言，相比轻触感体验，重触感体验会增强消费者的悲伤情绪，因为悲伤对于消费者而言就像一件心理包袱，触摸轻的产品会让消费者觉得这件心理包袱变轻了，而触摸重的产品则会让消费者觉得这件心理包袱更重了。此外，笔者还猜

测，相比触摸质地光滑的产品，触摸质地粗糙的产品会增强消费者的羞愧感和内疚感，因为粗糙触感体验可能会让消费者进行更深刻的自我反省，进而强化羞愧感和内疚感。

二、轻-重触感体验与消费者对事物重要性的判断

从第一节对轻-重触感体验与重要性判断的介绍中可以看出，学者已经围绕二者间的关系进行了探究。但是，究竟重量和重要性间的关系还存在哪些边界条件，这也值得探讨。对这些边界条件的思考视角可以多元化。比如，感兴趣的学者可以探讨他人在场是否是边界条件。已有研究指出，第一人称视角会增加冷触感体验引发的具身认知，而第三人称视角则会削弱这一认知（Macrae et al.，2012）。笔者由此猜测，他人在场会增加个体决策的客观性，进而减少决策对身体感受的依赖。再比如，感兴趣的学者还可以探讨当同一个产品的其他三类触感体验掺杂在轻-重触感体验之中时，轻-重触感体验是否还会影响个体对无关事物重要性的判断。这一探讨很有价值，因为现实生活中消费者触摸重物体时也会感受到物体的光滑程度、柔软程度和温度。笔者猜测，当这四类触感体验同时存在于同一个产品上时，轻-重触感体验的独特性影响可能会消失。

三、冷-热触感体验与消费者的人际温暖感知

细心的读者会发现，上文在介绍冷-热触感体验对人际温暖寻求和人际温暖感知的影响时，身体冷热感受和心理冷热寻求之间并不是一一对应的，即既有研究发现，身体的寒冷（vs.温暖）激活了人们寻求人际温暖的需求（Hong & Sun，2012），也有研究发现，热触感也会增强人际温暖感知（Williams & Bargh，2008）。这说明冷-热触感体验对人际温暖感知的影响是复杂的。感兴趣的读者可以从自己的角度来思考这一复杂影响，这里仅提供笔者的一种思考视角。

笔者认为，很有可能身处热带地区和严寒地区的消费者对冷-热触感体验和人际温暖的重视程度不尽相同。具体而言，热带地区的消费者会减少和他人的近距离接触以散热，而严寒地区的消费者会增加和他人的近距离接触以增热。这就意味着，在热带地区，手拿热饮的消费者不会觉得人际温暖那么重要，因此会减少对人际温暖的寻求；而在严寒地区，手拿热饮的消费者会觉得人际温暖非常重要，因此会增加对人际温暖的寻求。

四、四类产品触感体验的比较

从本章介绍的研究可以看出，学者在研究四类触感体验时，都将其分开研究，有没有一种可能将这四类触感体验放在一起探究呢？笔者认为，这是一种可行的

思路。具体而言，已有研究指出，个体的五种感官体验的心理意象在抽象和具体这一维度上存在差异（Elder et al，2017）。其中，触觉和味觉是两种低解释水平的、具体表征的感官体验，而视觉、听觉和嗅觉则是三种高解释水平的、抽象表征的感官体验（Elder et al.，2017）。由于轻-重和冷-热这两对触感体验可以通过重量和温度来量化，所以笔者认为这两对触感体验是低解释水平的、具体表征的感官体验，而光-粗、软-硬这两对触感体验很难量化，所以笔者认为这两对触感体验是高解释水平的、抽象表征的感官体验。笔者进一步猜测，正是这四类触感体验在解释水平上的差异，才导致消费者对产品属性（如可行性 vs.渴望性）的评估产生不同的影响。笔者猜测，拥有光-粗和软-硬这两对触感体验后，消费者会关注产品的渴望性，愿意等到遥远的未来订购性能完善的产品。相反，启动轻-重和冷-热这两对触感体验后，消费者会关注产品的可行性，愿意当下即订购性能一般的产品。笔者也正在开展相关研究来检验这一命题。

第四篇　线上购物时消费者产品触觉体验的后效

第三篇基于线下购物的视角论述了消费者两类触觉体验的后效的已有研究，以及有待未来解决的研究议题。本篇则从线上购物的视角来论述消费者产品触觉体验的后效的已有研究，以及有待未来解决的研究议题。具体来讲，第九章介绍了关注产品触摸体验的有无和产品具体触感体验的补偿及后效的已有研究，并提出了未来研究方向。第十章和第十一章介绍了与线上购物紧密相关的产品触摸容易体验对消费者心理和行为的影响。其中，第十章从界面视角展开论述，而第十一章从非界面视角展开论述。

此处特别提及设备界面，是因为消费者的线上购物需要借助设备来实现。设备界面可以分为直接触摸界面（如平板电脑、智能手机等）和间接触摸界面（如需要通过键盘、鼠标、遥控器等点击屏幕的台式电脑、笔记本电脑等）（Brasel & Gips，2014）。作为消费者产品触觉领域的最新研究趋势之一，线上购物时设备界面对消费者心理和行为的影响这一议题得到了学者关注。

第九章

产品触摸体验的有无和产品具体触感体验的补偿及后效

线上购物和线下购物的一个本质区别是，消费者能否在购物前和购物时实地触摸产品。虽然线上购物具有便捷性、节省支出等优点，但消费者无法实地触摸产品，因此也就无法获取产品触摸体验和具体触感体验。这一劣势会让线上销售渠道失去依赖产品触摸体验和具体触感体验做出产品评估和购买决策的消费者群体，如高触觉信息输入需求者和女性（Citrin et al.，2003）。对此，学者围绕线上购物情境下商家如何补偿消费者对产品的触摸体验展开了研究，并识别出了一系列策略，可以概括为两种：一种是间接满足消费者对产品的触摸体验和具体触感体验；另一种是将消费者触摸产品的想法转移到其他方面。本章将对这些补偿及后效进行介绍。

图 9-1 是本章内容导图。

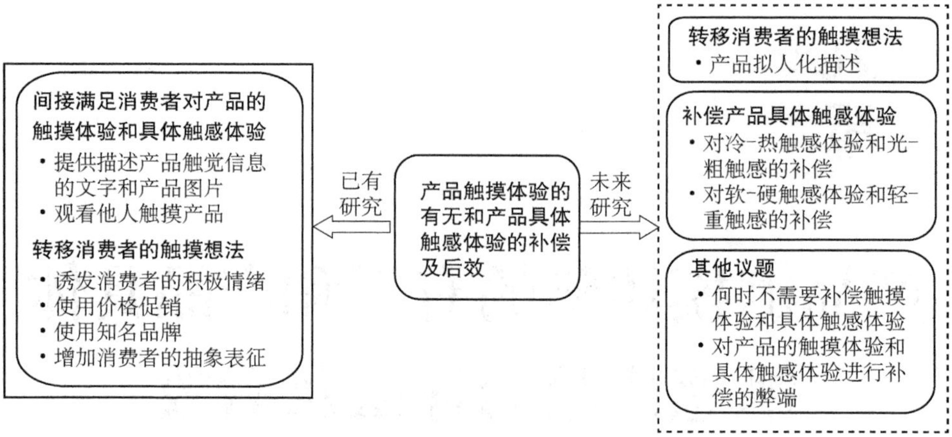

图 9-1　第九章内容导图

第一节　间接满足消费者对产品的触摸体验和具体触感体验

线上购物导致消费者失去了对产品的触摸体验和具体触感体验。那么，如何补偿消费者的这一缺憾呢？这一议题得到了较多学者的关注。产品触觉领域的学者提出了一系列策略，包含但不局限于：提供描述产品触觉信息的文字和产品图片（McCabe & Nowlis，2003；Peck & Childers，2003a；黄静等，2015）、鼓励消费者生成触觉意象（Peck et al.，2013）和拥有者身份意象（Peck & Shu，2009）、诱发消费者的积极情绪以及使用价格促销等（Yazdanparast & Spears，2013）、提供具有触觉反馈功能的触摸屏（Jin & Phua，2015）、选择知名品牌（González-Benito et al.，2015），以及促使消费者对产品进行抽象表征而非具体表征（Liu et al.，2017）。

本节将重点介绍间接满足消费者对产品的触摸体验和具体触感体验的两篇文章：佩克和奇尔德斯（Peck & Childers，2003a）的文章、刘一等（Liu et al.，2018）的文章。其中，之所以介绍佩克和奇尔德斯（Peck & Childers，2003a）的文章，是因为该文章是产品触觉体验补偿领域的最基础和经典的文章。读者理解了这篇文章，就能理解其他学者关于产品触摸体验补偿的研究。之所以介绍刘一等（Liu et al.，2018）的文章，出于三方面的考虑：第一，该文章从他人的视角研究触摸，可以对佩克和奇尔德斯（Peck & Childers，2003a）以及上文提到的很多文章的结论进行理论推进；第二，该文章使用神经科学的方法，这在产品触觉研究中并不多见；第三，该文章关注的观看他人触摸产品的现象在诸如直播带货、线上评论中的视频评论等情境中非常普遍，值得介绍。接下来将详细介绍这两篇文章。

一、提供描述产品触觉信息的文字和产品图片

（一）作者为何开展这一研究？

消费者在线上购物时对产品的触摸体验处于被剥夺的状态，而触摸产品是消费者获取产品信息的一种重要来源。那么，触摸产品在消费者的产品判断和决策制定中发挥什么作用？对于这一问题，佩克和奇尔德斯（Peck & Childers，2003a）进行了开创性研究。佩克和奇尔德斯（Peck & Childers，2003a）探究了消费者触摸产品的影响结果以及消费者无法触摸产品时如何对其进行补偿。在该文章发表的同一年，也有两篇关注产品触摸的重要性以及产品触觉体验补偿的文章发表，分别是麦凯布和诺里斯（McCabe & Nowlis，2003）发表在《消费者心理学杂志》（*Journal of Consumer Psychology*）上的文章，希特林等（Citrin et al.，2003）发表在《商业研究杂志》（*Journal of Consumer Research*）上的文章。但这两篇文章的关注点都比较单一，也没有提出关于消费者产品触觉的研究框架。

（二）作者基于什么推理提出了什么观点？

由于产品、情境和消费者均在工具性和享乐性上存在差异，因此佩克和奇尔德斯（Peck & Childers，2003a）认为，对于依赖触摸产品做出购买决策的消费者，触摸产品会增强其评估产品的信心，减弱评估产品时的受挫情绪；对于不依赖触摸产品做出购买决策的消费者，这一现象不存在。关于触摸体验的补偿，佩克和奇尔德斯（Peck & Childers，2003a）认为，当消费者无法实地触摸产品时，为依赖触摸产品做出购买决策的消费者提供描述产品的工具性触觉属性的文字（vs.描述产品的享乐性触觉属性的文字），能够增强他们对产品的评估信心，并降低他们评估产品时的受挫情绪。此外，佩克和奇尔德斯（Peck & Childers，2003a）认为，依赖触摸产品做出购买决策的消费者在无法触摸产品时，商家向他们提供描述产品触觉属性的文字和产品图片也会有效增强他们对产品的评估信心。

（三）作者如何检验这一观点？

佩克和奇尔德斯（Peck & Childers，2003a）开展了 2 个实验室实验检验上述观点。实验一发现，当消费者无法触摸产品时，其评估产品的信心受其触摸需求（高 vs.低）、产品的触觉信息（工具性 vs.享乐性）和产品的文字描述类型（触觉描述 vs.非触觉描述）这三个因素的共同影响。具体而言，对于高触摸需求者，当

他们无法触摸产品时，提供产品的工具性触觉信息和描述产品触觉的文字能够提升他们评估产品的信心。实验二进一步发现，同时提供描述产品触觉信息的文字和产品图片更能提升消费者评估产品的信心。这就表明，当消费者无法触摸产品时，同时提供描述产品工具性触觉信息的文字和产品图片比只提供描述工具性触觉信息的文字，更能产生积极的营销结果。

（四）这一观点有什么价值和启示？

作为产品触觉体验领域的早期研究，佩克和奇尔德斯（Peck & Childers，2003a）的研究在理论层面提出了如何补偿消费者在线上购物时缺失的产品触摸体验和具体触感体验这一新的研究议题。而且在理论层面，他们提出了一个研究消费者产品触觉的涉及产品因素、消费者因素和情境因素的研究框架；在实践层面，他们的研究结论可供营销实践者，尤其是线上零售商直接使用，能为线上零售商针对何种人群、何种产品提供产品触摸体验的补偿以及如何进行补偿提供启示。

二、观看他人触摸产品

（一）作者为何开展这一研究？

线上购物的盛行促使线上零售商不断创新虚拟触觉输入的形式，以改善消费者的线上购物体验，提高其购买意愿。有研究试图通过传递产品的感官信息来增加触觉输入，即要求被试想象自己使用产品来获得感觉以此增加触觉输入。例如，埃斯卡拉（Escalas，2004）鼓励被试想象自己穿着广告中描述的鞋子，发现想象穿鞋子体验的被试比没有想象穿鞋子体验的被试对广告表现出更有利的态度。然而，上述研究并未涉及购买意愿，也未涉及神经反应证据。而涉及神经反应证据的研究（Jackson et al.，2006；Schaefe et al.，2009）得出了不一致的研究结论。为此，刘一等（Liu et al.，2018）开展了一项探究观看他人触摸产品是否会提高消费者对该产品的购买意愿的研究。

（二）作者基于什么推理提出了什么观点？

已有研究发现，基于第一人称和第三人称模拟引发的个体神经反应有所差别：第一人称模拟比第三人称模拟引发更强的神经反应（Jackson et al.，2006；Vandenbroucke et al.，2015）。因此，刘一等（Liu et al.，2018）认为，当图片中的他人触摸产品时，以第一人称视角（vs.第三人称视角）观看图片会引发更强的神经反应，进而对产品的购买意愿更高；而当图片中的他人没有触摸产品时，以第一人称视角和第三人称视角观看图片引发的神经反应的强度相似，对产品的购买意愿也相似。上述现象的内在机制可能是观看他人触摸产品会增强消费者的替代性触觉体验，最终提高消费者的卷入度。

（三）作者如何检验这一观点？

刘一等（Liu et al.，2018）开展了 1 个实验检验上述观点。实验采用 2（观看视角：第一人称 vs.第三人称）× 2（他人是否正在触摸产品：是 vs.否）双因素被试间设计。实验者要求 25 名被试对 56 种产品（28 种食品和 28 种物品）进行购买意向的评级。他人是否正在触摸产品通过他人的手是否正在接触产品来操纵，观看视角通过显示第一人称视角或第三人称视角中的动作来操纵。每种产品都以时间长度为 3 秒的视频（有手的动作）展示给被试。为帮助被试识别产品，每个视频上方都标有产品名称。视频呈现在屏幕中央，而屏幕中还有 4 个数字（1、2、3、4）分别对应两个响应框中的 4 个按钮（每个响应框中有两个按钮），这 4 个按钮由被试用每只手的两个手指（左手中指、左手食指或右手中指、右手食指）握住，被试按下按钮后，屏幕中对应的数字会变为绿色。被试必须按下其中一个按钮来表示他们对所展示产品的购买意愿（1 代表"完全不愿意"，4 代表"非常愿意"）。随后，实验者对每种产品进行功能磁共振成像扫描（功能磁共振成像实验是在两次功能扫描中以慢事件相关方式设计的），扫描出的产品图片（没有手的动作）依旧呈现在屏幕中央展示给被试。被试依次在 8 点量表上（1 代表"完全没有"，8 代表"非常多"）评价他们对每种产品的偏好、需求和熟悉度。

结果发现，观看他人正在触摸产品会引发消费者更高的产品偏好、产品需求和购买意愿，这一现象以第一人称视角观看时更明显；观看他人触摸产品和观看视角对消费者对产品的熟悉度不存在交互作用。

（四）这一观点有什么价值和启示？

在理论层面，研究者（Liu et al.，2018）检验了图片中他人触摸产品可作为替代性触摸，并能提高消费者对产品的购买意愿，同时也提供了神经反应证据，这为产品触觉领域的研究提供了一种新的研究视角。在实践层面，研究发现，以第一人称视角（vs.第三人称视角）观看他人正在触摸产品更能引发消费者对产品的偏好、需求和购买意愿（Liu et al.，2018）。这启示营销者在线上直播和线上销售时，要为消费者打造以第三人称视角观看主播与产品互动的机会。

第二节　转移消费者的触摸想法

目前，学者识别出的诱发消费者的积极情绪、使用价格促销（Yazdanparast & Spears，2013）、使用知名品牌（González-Benito et al.，2015），以及促使消费者对事物进行抽象而非具体表征（Liu et al.，2017）等策略，旨在将消费者触摸产品的想法转移到其他方面。其中，亚兹丹帕拉斯特和斯皮尔斯（Yazdanparast & Spears，2013）的文章关注了消费者积极情绪和价格促销对高触摸需求者的作用，本书第五篇有详细介绍，本节不再赘述。柳武妹等（2017）的文章在前文已有介绍，本节也不再赘述。本节重点介绍冈萨雷斯-贝尼托等（González-Benito et al.，2015）的文章。该文章发现，在线上购买情境下，知名品牌能够降低消费者对产品的触摸需求，并提升消费者对产品的积极态度。之所以介绍这篇文章，是因为这篇文章的观点新颖且具有营销实践价值。

一、作者为何开展这一研究？

触摸产品是消费者获取产品信息的一种重要来源。然而，在线上购物的情境下，消费者失去了购前触摸产品的机会，这促使消费者将关注的焦点转移到能够传达产品质量和性能等信息的其他指标。由此，产品品牌的作用更加凸显。需注意的是，由于线上购买的不确定性在不同产品间存在差异，所以产品品牌在线上购买情境下发挥的作用也有所不同。基于此，冈萨雷斯-贝尼托等（González-Benito et al.，2015）开展了探究品牌声誉在线上购买和线下购买中的作用的研究。

二、作者基于什么推理提出了什么观点？

冈萨雷斯-贝尼托等（González-Benito et al.，2015）认为，当消费者缺少购买某一产品的经验或无法完整地评估该产品时，他们会依据产品的品牌推断该产品的质量和其他信息。声誉高的品牌能够减少消费者对该品牌产品的风险感知和对产品信息的搜索。由于线上购买时消费者无法触摸产品，所以产品信息对线上购物的消费者变得更加不对称和不完善。作为一种信息信号，产品品牌能够填补消费者对产品的信息空缺，进而能让消费者对产品进行评估。换言之，作为一种信息信号，产品品牌能够弥补消费者线上购物时触摸需求得不到满足的不足。基于此，冈萨雷斯-贝尼托等（González-Benito et al.，2015）提出，相比于线下购买情境，线上购买情境下产品品牌对消费者的产品评价的影响更大。

消费者对产品的触摸需求取决于产品的触摸属性的凸显程度。当消费者可以通过产品的触摸属性评估产品时，产品的触觉信息对消费者的购买决策具有重要作用；当消费者无法通过产品的触摸属性评估产品时，产品的触觉信息对消费者的购买决策不具有重要作用（McCabe & Nowlis，2003）。由于触摸产品发挥的作用在不同产品类别间存在差异，所以线上购物无法让消费者触摸产品这一劣势对不同产品类别的影响不同。那么，在线上购物情境下，产品品牌对消费者的触摸需求的替代程度也因产品类别的不同而有所不同。基于此，冈萨雷斯-贝尼托等

（González-Benito et al.，2015）提出，在线上购物情境下，对于有形属性凸显的产品类别，产品品牌对消费者有关产品评价的影响更大。

三、作者如何检验这一观点?

冈萨雷斯-贝尼托等（González-Benito et al.，2015）采用 2（品牌类型：领导者品牌 vs.非领导者品牌）×2（渠道类型：线上渠道 vs.线下渠道）×2（产品类别：触摸属性明显的产品类别 vs.触摸属性不明显的产品类别）三因素被试间设计。分别使用知名品牌和普通品牌的背包和防晒霜作为实验刺激物。结果发现，对于触摸属性明显的产品，品牌类型和渠道类型的交互作用显著。具体而言，对于这类产品，领导者品牌比非领导者品牌更能补偿高触摸需求的消费者对该类产品的触摸渴望。

四、这一观点有什么价值和启示?

在理论层面，冈萨雷斯-贝尼托等（González-Benito et al.，2015）发现知名品牌能够补偿消费者对线上出售的触摸属性明显的产品的触摸渴望。这是一种较为新颖的观点，丰富了产品触觉领域的研究。在实践层面，冈萨雷斯-贝尼托等（González-Benito et al.，2015）的研究启示线上零售商和制造商通过打造知名品牌形成关键竞争优势，进而赢得客户的青睐和信任。

第三节　待解决的研究议题

结合前文介绍的已有研究成果，笔者提出下述四个有待未来探究的研究议题。

一、线上产品的拟人化形象与消费者对产品的触摸渴望

麦凯布和诺里斯（McCabe & Nowlis，2003）的研究发现，消费者因无法触摸产品而缺乏对产品的触摸体验时，可以通过网购评论（主要是他人触摸产品的感受）补偿缺失的产品触摸体验，进而提高对产品的购买意愿。笔者好奇的是，当不提供产品的触觉信息而是提供产品的拟人化形象时，消费者对产品的触摸体验能否得到补偿。拟人化是指为植物、机器、自然现象和虚拟形象等非人类客体赋予想象中或实际的人类行为，使它们拥有像人类一样的特征、动机、情感和行为（Epley et al.，2007；Aggarwal et al.，2012）。现在，我们可以想象这样一个场景：消费者正在线上购买背包（已有研究认为背包属于触觉属性较强的产品）。当这个背包以一个拟人化形象出现时，如这个拟人化的背包形象正在爬山（显示出这个

背包很耐摩擦）或在风雨中行走（显示出这个背包能防水）等，消费者对该背包的触摸渴望是会增加还是减少呢？笔者认为，物体比人更容易触摸，也更适合触碰，人们对人的触摸渴望往往低于对物体的触摸渴望。线上购物时，消费者由于无法触摸产品会缺失对产品的触摸体验，进而导致对产品的购买意愿较低。而产品的拟人化形象会降低消费者对产品的触摸渴望，进而减弱消费者对产品触摸体验的缺失感，最终提高对产品的购买意愿。

二、补偿线上购物时消费者对产品的具体触感体验

消费者的产品触摸体验与具体触感体验相伴而生——只要消费者拥有产品触摸体验，就能感受到产品的冷-热、光-粗、轻-重、软-硬等具体触感体验。因此，学者并未分开探究这两类产品触觉体验的补偿措施。然而，笔者认为，将产品触摸体验的有无和具体触感体验混淆在一起可能会带来噪声。为此，针对补偿消费者对产品的具体触感体验，笔者提出了自己的一些思考。

（一）补偿冷-热触感体验和光-粗触感体验

消费者对产品的具体触感体验有软-硬、光-粗、轻-重和冷-热这四类。在第一节介绍的佩克和奇尔德斯（Peck & Childers，2003a）的研究中，软-硬这对触感体验被认为具有享乐型性质，因此难以通过提供文字描述和产品图片来提升消费者评估产品的信心并降低其受挫情绪；轻-重触感体验被认为具有工具型性质，因此可以通过提供文字描述和产品图片来进行补偿。关于光-粗和冷-热这两对触感体验是具有工具型性质还是享乐型性质以及是否可以进行补偿，是一个值得探究的问题。笔者认为，光-粗这对触感体验非常抽象，很难通过文字描述进行量化，消费者只能通过实地触摸来体验产品的光滑度。冷-热这对触感体验相对比较具体，可以通过数字进行量化。因此笔者认为，对于冷-热这对触感体验，文字描述补偿策略可以有效补偿消费者对产品的具体触感体验，进而提高消费者对产品的购买意愿；对于光-粗这对触感体验，文字描述补偿策略的效果不明显，无法有效提高消费者对产品的购买意愿。

（二）补偿软-硬触感体验和轻-重触感体验

佩克和奇尔德斯（Peck & Childers，2003a）提出，在线上购物情境下，使用文字描述和产品图片可以补偿消费者对产品的软-硬和轻-重的触感体验缺失。那么，这两对触感体验是否还有其他的补偿策略？这是一个有待探讨的研究议题。笔者猜测，提供不同震动频率的触摸反馈屏可以补偿消费者对产品的软-硬触感体验。其中，震动明显的触摸反馈屏会让消费者觉得产品更软，而震动不明显的触摸反馈屏会让消费者觉得产品更硬。

有研究指出，浅色的产品包装会让消费者觉得产品很健康但并不美味（Mai et al.，2016）。健康的产品（尤其是健康的食物和饮料）会让消费者觉得产品热量少，而不健康的产品会让消费者觉得产品热量多。由此笔者猜测，产品色彩可以补偿消费者线上购物时对产品的轻-重触感体验。比如，浅色调的产品会让消费者觉得产品更轻，而深色调的产品会让消费者觉得产品更重。此外，现实生活中，轻的物体往往是柔软的，重的物体往往是坚硬的。因此笔者猜测，对于柔软的产品，冷色调的包装比暖色调的包装会让消费者对产品柔软触感的联想更强，进而提高对产品的购买意愿；对于坚硬的产品，深色调的包装比浅色调的包装会让消费者对产品坚硬触感的联想更强，进而对产品的购买意愿也会更高。感兴趣的学者可以检验上述猜想。

三、补偿消费者对产品的触摸体验和具体触感体验的边界条件

尽管本章介绍的研究主题都建立在消费者对产品的四类触感体验需要补偿的前提下，但这并不意味着在线上购物情境下，营销者和零售商在任何时候都需要对消费者的具体触感体验给予补偿。笔者认为，营销者和零售商需要意识到补偿消费者具体触感体验的利弊得失，研究者也需要对这一问题加以思考。因为具体触感体验非常细微，补偿不得当会引发适得其反的结果。就产品层面而言，当消费者购买的产品是低价必需品时，他们不会花很多时间关注产品细节信息，这就意味着对低价必需品提供丰富的描述具体触感的文字不会引起消费者的注意。相反，对于高价非必需品，详细描述具体触感的文字会增加消费者的信息搜寻行为并提升消费者对产品的评价。除产品层面的因素外，笔者认为，学者也需要考虑消费者层面的因素。具体而言，笔者猜测，具体触感体验属于身体体验，补偿具体触感体验对依赖身体体验进行决策的体验式思考者非常有效，而对依赖理性和思维进行决策的理性思考者的效果可能微弱。

四、补偿消费者对产品的触摸体验和具体触感体验的弊端

佩克和奇尔德斯（Peck & Childers，2003a）发现，提供描述产品具体触感的文字能够提升高触摸需求者评估产品的信心。这说明补偿消费者的具体触感体验是有好处的。那么，补偿消费者的具体触感体验在哪些情况下会给消费者和商家都带来弊端呢？笔者认为，向消费者提供描述过于具体和具象的触感体验的文字会让消费者觉得产品太容易摸到和抓到，进而让消费者觉得产品非常大众化，并不值得拥有。这种大众化联想对于消费者而言，会让消费者觉得自己是一个比较大众、缺乏独特性的个体；对于商家而言，会让消费者觉得商家生产的产品比较低端。从这个角度来看，补偿消费者的具体触感体验反而会诱发消费者对自我和对商家的负性联想。

第十章

产品触摸容易体验的后效：界面视角

消费者产品触摸容易体验是线上购物情境下一类非常重要的产品触觉体验，同时消费者在线上购买产品时必须依赖特定的设备才能实现，因此本章基于消费者浏览产品的设备界面的视角介绍这类产品触觉体验的后效。如前文所述，消费者线上购买产品的界面主要分为两类：直接触摸界面和间接触摸界面。本章第一节简要介绍两类界面在触摸互动这一元认知体验以及消费者的心理模拟能力上的差异，以帮助读者理解直接触摸界面为何比间接触摸界面更能让消费者产生触摸容易体验；第二节梳理和总结两类界面的后效的已有研究；第三节提出几个有待未来探究的研究议题。

图 10-1 是本章内容导图。

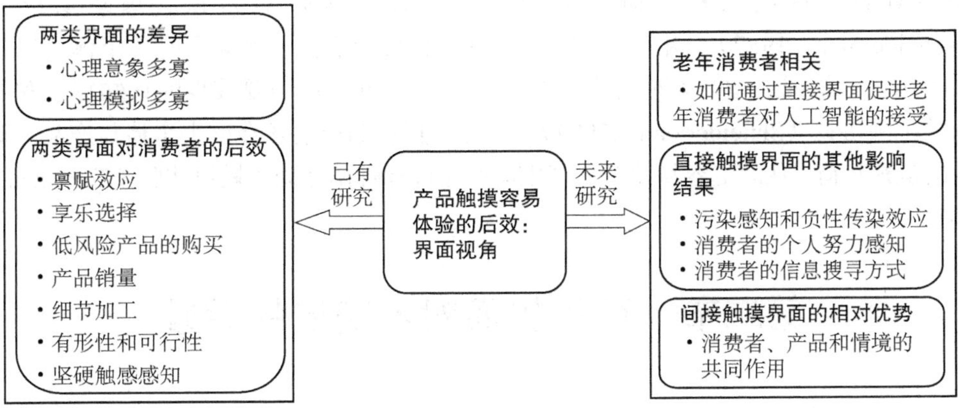

图 10-1　第十章内容导图

第一节　两类界面的差异

随着平板电脑、智能手机等新型移动设备的普及，线上购物正在发生根本性的变化。消费者线上购物所使用的电脑这类需要利用键盘、鼠标等设备完成输入的属于间接输入设备，而触摸屏这类不需要借助其他设备就可以完成输入的属于直接触摸设备。

有研究指出，消费者使用触摸屏比使用鼠标、键盘等耗费更少的认知资源，因为在不使用人工输入设备的情况下，触摸屏允许个体与目标物进行更流畅的互动（Shen et al.，2016）。在本书中，这种互动性是指消费者通过手指点击放大、缩小屏幕上的产品图片。相比于台式电脑和笔记本电脑这类间接触摸设备，使用平板电脑和智能手机这类直接触摸设备浏览产品，消费者可以与屏幕中的产品进行更多的触觉互动，从而获得更多的触摸容易体验（Shen et al.，2016）。换言之，线上购物时，消费者使用直接触摸设备可以很容易地触摸到图片或屏幕中的产品；而使用间接触摸设备需要操作鼠标、键盘等导致消费者很难触摸到图片或屏幕中的产品，从而很难与产品进行触觉互动。

为何直接触摸设备比间接触摸设备更能让消费者与产品进行更多的触觉互动？学者认为其中的内在机制是消费者的心理意象和心理模拟。具体而言，有研究指出，消费者必须向前移动鼠标才能让屏幕上的光标向上移动，且小幅度移动鼠标会导致光标在屏幕上的大幅度移动，因此用户需要对这一过程进行心理模拟（Shen et al.，2016；Shneiderman，1987）。与此同时，使用键盘时，个体必须一边用手敲击键盘上的字母键，一边用眼睛盯着屏幕中敲击出的文字。这一过程导致个体具有更高的认知负荷，继而降低个体的认知能力和心理意象能力（Shneiderman，1987）。相反，使用平板电脑和智能手机的触摸屏时，个体可以直接使用电子笔或手指在触摸屏上进行操作；这一过程只需要较少的认知加工和较少的手眼协调（Shneiderman，1987）。因此，直接触摸设备会减少个体与产品互动时的认知负荷，从而更容易使个体产生与产品进行触摸互动的模拟体验（Shen et al.，2016）。

第二节　两类界面对消费者的后效

本节介绍关于直接触摸界面和间接触摸界面对消费者心理和行为的后效的已有研究。通过对已有研究的思考和梳理，笔者将相关研究结论总结为七种后效，即相比间接触摸界面，直接触摸界面能够增强禀赋效应，增加消费者对享乐品的选择，增加消费者对低风险产品的购买，增加产品销量，增加消费者的精细加工，增加消费者对产品的可行性和有形属性的关注，增加消费者对产品的坚硬触感感知。接下来，笔者将逐一介绍这七种后效。

一、影响禀赋效应

关于消费者触觉的研究大多关注触摸意象、人际触摸或产品触摸，而触摸在设备界面中的作用却很少被探究。作为消费者产品触觉领域有关设备界面的首篇文章，布拉塞尔和吉普斯（Brasel & Gips，2014）发表在《消费者心理学杂志》上的文章表明，设备界面的可触程度（高 vs.低）会影响消费者对产品的心理所有权感知，进而影响禀赋效应。此处的禀赋效应是指卖家对商品的价格接受意愿高于买家对商品的价格支付意愿（Kahneman et al.，1990）。

布拉塞尔和吉普斯（Brasel & Gips，2014）开展了 2 个实验室实验验证了上述观点。实验一发现，对于可触程度高的产品，用可触程度高或可直接触摸的设备界面浏览产品会增加消费者对产品的心理所有权感知和禀赋效应；对于可触程度低的产品，这一现象不存在。实验二发现，当消费者用自己的平板电脑而非学校的平板电脑完成实验测量时，直接触摸界面增强禀赋效应的现象更为明显。布拉塞尔和吉普斯（Brasel & Gips，2014）开创了产品触觉领域有关设备界面的研究，对佩克和舒（Peck & Shu，2009）发现的触摸产品导致禀赋效应这一结果做出了有力延伸，也为零售商针对使用台式电脑和平板电脑的消费者进行产品定价提供了启示。

二、影响消费者对享乐品的选择

随着科技的快速发展，越来越多的消费者购买食物时会采用线上购买方式（如登录餐厅网站或使用定制化的移动应用程序进行订餐）。沈浩等（Shen et al.，2016）探究了不同的设备界面是否会导致消费者对食物的差异化选择这一问题。对此，他们开展了 5 个实验室实验。结果发现，对享乐属性明显的不健康食物（如巧克力蛋糕），使用直接触摸界面（如触摸屏）更能增加消费者对这类食物的选择；对认知属性明显的健康食物（如水果沙拉），这一现象消失。这一现象被沈浩等（Shen et al.，2016）称为直接触摸—享乐品选择效应，其内在机制是触摸屏界面引发消费者对产品的触摸容易体验，进而促使其采取触摸行动（即伸手并抓取物品）。

其他学者对沈浩等（Shen et al.，2016）发现的直接触摸—享乐品选择效应进行了推进，主要表现在内在机制上。具体而言，有研究者提出积极情感的诱发是直接触摸—享乐品选择效应出现的原因，且这一效应在消费者对产品的卷入度低时更加明显（Chung et al.，2018）。另有研究者提出思维模式的差异是驱动直接触摸—享乐品选择效应的内在机制。例如，朱和迈耶（Zhu & Meyer，2017）通过实验发现，平板电脑和智能手机的触摸屏更容易唤起消费者的体验性思维方式，而台式电脑则更容易唤起消费者的理性思维方式。也就是说，思维方式的差异在设备界面影响消费者对产品的购买意愿这一过程中发挥中介作用。黄敏学和王薇（2019）发现，智能手机的直接触摸界面会触发消费者的经验性思维，进而增强其对高价产品的延迟选择；而台式电脑的间接触摸界面会触发消费者的理性思维，进而增强其对低价产品的延迟选择。

沈浩等（Shen et al.，2019）的新近研究发现，直接触摸—享乐品选择效应之所以出现，是因为直接触摸界面比间接触摸界面更能启动消费者的娱乐心智，最终促使消费者偏好享乐品。沈浩等开展了 3 个实验检验上述观点。具体而言，实验一通过内隐联想测验表明，当智能手机与娱乐相关的单词配对时，人们的反应更快。实验二通过强调液体肥皂是用于娱乐（如吹泡泡）或工作（如洗勺子）的方式操纵了液体肥皂的产品定位（享乐 vs.功能）。结果表明，使用智能手机的被试对以享乐为导向的产品的评价高于以功能为导向的产品。实验三发现，当手机用于娱乐的思维被抑制时，消费者的享乐偏好就会减弱。此外，有研究者发现，直接触摸界面更适合出售享乐品而间接触摸界面更适合出售功能品和实用品（Zhu & Meyer，2017）。

综上，直接触摸—享乐品选择效应非常稳健，可以被不同研究复制。这一效应对营销者、消费者和公共政策的制定者都具有重要意义。对于营销者，针对同一产品，营销者可以在直接触摸界面上主打产品的享乐诉求，而在不可直接触摸界面上主打产品的功能或实用诉求。对于消费者，关注自身健康及正节食减肥的消费者可以通过减少使用智能手机和平板电脑等促进自身对健康食品的选择。对于公共政策的制定者，可以在公益广告中鼓励消费者减少使用智能手机和平板电脑并追求轻食的健康生活。

三、影响消费者对低风险产品的购买

消费者会在哪种设备界面上购买低价格、低风险的产品？学者从不同视角对这一问题进行了解答。智能手机和平板电脑的直接触摸界面能让消费者进行频繁的线上会话，并且允许消费者从不同地方进行访问，所以具有这类界面的设备是消费者进行信息搜索的理想选择，但这类设备在消费者购买产品时作用不大。有研究者认为，用移动设备购物时，消费者会花更多时间查看产品细节以降低自身的购买风险感知（Chin et al.，2012）。基于这一观点，德哈恩等（De Haan et al.，2018）探讨了消费者在三种不同输入设备（智能手机 vs.平板电脑 vs.固定台式机）上的购买路径与过程。具体而言，德哈恩等（De Haan et al.，2018）使用了欧洲一家大型线上零售商的点击量数据，通过跟踪客户连续的购物流程以收集客户在购买过程中的设备切换信息。结果发现，消费者感知到的购买风险越高，对产品类别及线上零售商的了解越少，就越倾向于从手机端转向电脑端购买。这就表明，对于低风险产品，消费者会通过直接触摸界面进行购买；对于高风险产品，消费者会从直接触摸界面切换到间接触摸界面以降低对产品的购买风险感知。

其他学者也报告了与德哈恩等（De Haan et al.，2018）的研究结果类似的现象，并且得到了直接触摸界面促进消费者对低风险产品购买这一相对稳健的研究结论。比如，一项研究发现，消费者经常通过手机购买低价必需品（Wang et al.，2015）。另一项研究发现，当消费者在购买产品的过程中感知到较高的财务风险时，他们会降低对手机端购物 App 的有用性感知，进而降低对手机端购物 App 的使用意愿（Hubert et al.，2017）。黄敏学和王薇（2019）通过二手数据法和实验法也发现了类似结果。

这些研究具有重要的营销管理启示。营销者可引导消费者使用智能手机和平板电脑等具有可直接触摸界面的设备购买低价、低风险产品；同时引导消费者使用台式电脑等可触程度低的设备购买高价、高风险产品。此外，营销者和管理者还需关注消费者的界面转换行为。

四、影响产品销量

智能手机和平板电脑的迅速普及以及移动应用程序的广泛使用，推动了电子商务的发展。消费者比以往更加频繁地使用多种电子设备进行线上购物。这种多设备使用如何影响产品销量？学者对这一问题展开研究，并发现直接触摸界面可以增加产品销量。接下来，笔者对相关研究进行简要介绍。

有研究者使用阿里巴巴的网站档案数据，利用自然实验识别消费者使用平板电脑对其线上购买行为的影响（Xu et al.，2017）。具体而言，研究者收集了淘宝上 2009 年 1 月 1 日至 2012 年 12 月 31 日的 10 000 名用户的相关数据。研究者共统计出 812 万笔交易，其中 791 万笔交易通过个人电脑完成，17 万笔交易通过智能手机完成，30 万笔交易通过平板电脑完成。研究者使用双重差分模型对数据进行分析，结果发现，消费者会使用平板电脑替代台式电脑完成线上购买，同时也会使用平板电脑来接替智能手机完成没有完成的线上购买，这种跨设备浏览行为增加了产品销量。此外，该研究还发现，使用平板电脑能够刺激消费者进行休闲浏览，从而导致消费者产生更多的冲动购买行为以及更广泛的产品多样性购买行为。总之，这项研究证明了消费者在线上购买时使用平板电脑能够增加产品销量这一结论。

其他学者从不同角度探讨了个人电脑、智能手机和平板电脑三种设备对产品销量的影响，也发现智能手机等直接触摸界面要比电脑这类间接触摸界面更能增加产品销量（Wang et al.，2015；Wang et al.，2019）。具体而言，有研究者使用美国一家大型连锁店 2011 年 7 月至 2013 年 6 月的订单数据进行研究，结果发现，使用直接触摸界面购买的订单数量更多、购买频率更高且订单中的产品类型多属于经常购买的必需品（Wang et al.，2015）。具体来讲，随着消费者对线上购物的熟悉和习惯，其对线上零售商的评价会提升；线上购物对消费者后续购买行为的积极影响在消费频率较低的消费者中更为显著。也就是说，平常消费频率低的消费者在线上购物时会更频繁地交易更大的订单。同时该研究还发现，当消费者使用智能手机进行线上购物时，他们倾向于购买自己已买过的物品或已购买过的商家的产品。另一项研究比较了消费者使用智能手机和电脑进行信息搜寻时输入的关键词，结果发现，消费者使用智能手机搜寻产品信息时会更容易购买产品，进而会增加产品销量（Wang et al.，2019）。

上述研究结论具有重要的实践启示。首先，电子商务公司的技术人员和决策者可以为消费者提供免费购物 App，并鼓励消费者在平板电脑上安装这些购物 App，以促进消费者购买更多的产品。其次，虽然平板电脑可以和智能手机搭配使用，但消费者在通勤时间和深夜时间会更多地使用智能手机。对此，线上零售商和线上设备制造商应意识到平板电脑和智能手机之间的互补关系。此外，鉴于高用户友好性的网站布局会增加消费者在平板电脑上的休闲浏览行为，线上零售商需要优化网站布局以方便消费者进行休闲浏览。

五、影响消费者的精细加工

有学者对直接触摸界面和间接触摸界面如何影响消费者的认知加工这一议题进行了探讨，发现直接触摸界面会增加消费者对事物的精细加工。比如，库尔特（Coulter，2016）发现，使用智能手机和平板电脑等直接触摸设备浏览产品时，消费者会认为自己的手离产品近，从而更注重对产品细节的加工；相反，当消费者使用台式电脑等间接触摸设备浏览产品时，消费者会更注重对产品整体特征的加工。因此，当消费者使用直接触摸界面（vs.间接触摸界面）进行线上购物时，强调产品细节的广告（vs.强调产品整体特征的广告）更能促进消费者对产品的购买。

上述研究结论具有重要的营销启示。线上零售商和网站设计者应根据消费者使用的设备来设计和优化购物网站。具体而言，线上零售商和网站设计者需要为使用智能手机购物的消费者提供有关产品细节信息的广告，而为使用台式电脑和笔记本电脑购物的消费者提供介绍产品整体特征的广告。

六、影响消费者对产品的有形属性和购买可行性的关注

前文介绍了直接触摸界面如何影响消费者对产品享乐属性和功能属性的偏好。除产品的享乐属性和功能属性外，消费者使用直接触摸界面进行线上购物时还关注产品的哪类属性呢？有学者对这一问题进行了探究。布拉塞尔和吉普斯（Brasel & Gips，2015）使用旅游推荐网站上消费者对酒店房间的选择作为实验数据。结果发现，直接触摸界面增加了消费者对产品选项数量的搜寻，提升了消费者对产品的有形属性（如家具、床单、房间装饰）的评价。这一现象被称为直接触摸—有形属性关注效应。

彭等（Peng et al.，2017）的研究发现，直接触摸界面除了增加消费者对产品有形属性和主观性的关注外，还会增加消费者对产品购买可行性的关注。具体而言，直接触摸界面可以缩短消费者与产品之间的感知空间距离，进而导致消费者的低解释水平和具体思维，而解释水平影响消费者的认知和行为，低解释水平促使消费者在做决策时更关注产品的购买可行性或使用可行性，而非自己对产品的渴望或产品的吸引力（Trope & Liberman，2010）。也就是说，低解释水平促使消费者关注产品的购买可行性（即关注达到最终状态的方法），而高解释水平促使消费者关注自己对产品的渴望性（即考虑行为最终状态的价值）。

彭等（Peng et al.，2017）通过 2 个实验室实验探讨了直接触摸界面如何影响消费者对产品可行性属性的关注。实验一中，实验者要求被试对露营旅行中使用的物品进行分类以测量被试的解释水平。实验二探索了设备界面如何影响消费者评估渴望性属性（如房子的大居住空间）的产品和可行性属性（如房子的灵活入

住日期）的产品。结果发现，使用直接触摸界面（vs.间接触摸界面）让消费者具有更具体（vs.抽象）的解释，以及对高可行性属性（vs.渴望性属性）产品持更加积极的态度。比如，在决定是否参加讲座时，高解释水平的人往往更关注讲座的价值，如讲座能否增加知识，而低解释水平的人则更关注可行性，如去听讲座是否方便。

上述研究结论具有实践价值。电子商务公司可以考虑为在台式电脑或笔记本电脑上购物的消费者展示更多关于产品的渴望性和无形属性的信息，而为在智能手机和平板电脑等上购物的消费者展示更多关于产品可行性和有形属性的信息。

七、影响消费者对产品的坚硬触感感知

有学者对直接触摸界面和间接触摸界面如何影响消费者对产品的具体触感感知这一议题进行了探究，发现了直接触摸—硬触感感知效应。接下来，笔者简要介绍相关研究。

钟等（Chung et al.，2016）采用 2（物体触感：软 vs.硬）×2（设备：平板电脑 vs.台式电脑）双因素被试间设计，对 80 名被试进行了研究。结果发现，对于同一件触摸起来柔软的产品，在直接触摸界面（vs.间接触摸界面）上浏览会让消费者觉得产品更坚硬。此外，刘杨和蒋镇辉（Liu & Jiang，2020）开展了一项研究，他们让被试在研究中使用笔记本电脑的触摸屏或连接到笔记本电脑的体感控制器（该体感控制器是一种通过手势便可实现用户与电脑交互的设备，它可以在空中创建一个虚拟的触控界面，当用户的手在设备上移动时便可识别用户的手势，以使用户浏览产品）。该实验选择躺椅作为刺激物，原因在于触觉属性（如椅子的柔软度和覆盖材料的纹理）是决定躺椅性能的重要因素，被试可以与躺椅互动，并从不同的角度观看躺椅（如被试可以将手指放在屏幕中的躺椅上，然后通过左右移动手指来旋转躺椅；使用体感控制器的被试可以通过挥手来旋转躺椅）。结果发现，通过触摸屏浏览躺椅会增加消费者对产品柔软度和粗糙度的感知，这一效应在触摸需求高（vs.触摸需求低）的被试中更为显著。

上述直接触摸—硬触感感知效应对营销者具有一定的启示。对于以柔软触感为核心卖点的产品，更适合在以笔记本电脑端的购物网站上出售，而对于以坚硬触感为核心卖点的产品，更适合在手机端或平板电脑端的网站上出售。

本节介绍了直接触摸界面和间接触摸界面对消费者心理和行为的后效。笔者总结出七个有趣的效应。从整体上看，这些效应表明直接触摸界面对消费者和企业均有利有弊。有利的地方体现在，直接触摸界面能够增加消费者对享乐品的购

买、对低风险产品的购买以及产品销量。弊端体现在，直接触摸界面弱化了消费者对产品的柔软触感感知，进而不利于触感柔软的产品的销售。对此，营销者需要洞悉直接触摸界面和间接触摸界面对消费者心理和行为的影响，继而有针对性地制定营销策略。

第三节　待解决的研究议题

结合前文介绍的已有研究成果，笔者提出下述五个有待未来探究的研究议题。

一、通过设备界面促进老年消费者对人工智能技术的接受

随着我国步入老龄化社会以及人工智能的广泛应用，人工智能产品正越来越多地被应用到老年人的日常生活、娱乐生活、疾病管理、身体康复中，这对提高老年人的生活质量和促进其身心健康具有重要作用。不同于熟悉科技设备且对科技抱有信心的年轻人，老年人明显对人工智能表现出更消极的情绪反应。范迪克和潘普（van Dijk & Paap，2006）指出，只有当老年人发现科技设备具有方便、有用的特点时，他们才会提高对科技设备的接受程度和使用频率。目前关于人工智能在老年人领域的研究大多关注人工智能对老年人的影响，而对人工智能产品的不同界面具体会对老年人产生何种影响还未进行充分探究。

尽管触摸屏很受欢迎，但人们很少知道相对于台式电脑，触摸屏能够给老年人带来怎样的好处，芬勒特等（Findlater et al.，2013）探究了这一话题。他们的实验招募了 20 名年龄在 19—51 岁的年轻人和 20 名年龄在 61—86 岁的老年人，让这些老年人使用苹果 iPad 和带有鼠标的苹果笔记本电脑完成实验任务。被试被随机分配到不同的设备并完成四项任务（指向、拖动、交叉、转向）。每项任务的指令都以文本和视频的形式出现在屏幕上。实验者对比了老年人和年轻人在四项任务中使用鼠标和触屏的表现。结果发现，老年人完成任务的速度总体上比年轻人要慢；但在苹果 iPad 上，老年人缩小了与年轻人的表现差距。具体而言，老年人使用触摸屏完成任务的时间比使用鼠标减少了 35%，相比之下年轻人只减少了 16%。

综上，芬勒特等（Findlater et al.，2013）的研究发现，使用触摸屏比使用带鼠标的电脑屏对老年人更有益。因此，未来研究可以探索带有触摸屏的人工智能是否会提高老年人对人工智能设备的接受度和购买意愿。笔者猜测，感知便利性和积极情感是可能的中介机制。

二、不同的设备界面引发的消费者对产品的污染感知有所不同

已有研究关注了他人触摸产品对消费者的影响。例如，阿尔戈等（Argo et al.，2006）提出了消费者污染理论，即消费者对之前被其他购物者触摸过的产品评价较差，厌恶是其中的内在机制。杰拉尔德和赫尔姆-吉宗（Gérard & Helme-Guizon，2018）通过3个针对不同产品类别（一本书、一件T恤和一个苹果）的实验表明，有形的污染线索（一根头发）比无形的污染线索（他人触摸）更能降低消费者的产品评价和购买意愿。其中，污染、厌恶和心理意象在污染线索影响消费者对产品的评价和购买意愿这一过程中发挥中介作用。

随着科技的发展，越来越多的餐厅让消费者使用餐位上提供的平板电脑进行点餐，但餐厅中的平板电脑会被其他消费者频繁触摸和使用，进而带有污染线索。笔者推测，使用平板电脑（vs.私人手机）点餐会引发消费者对污染线索的感知，进而促使消费者降低其对产品和服务的评价。笔者进一步推测，当餐厅提供了消毒工具并提醒消费者在使用平板电脑点餐前使用时，上述触摸导致的污染现象会发生逆转。感兴趣的读者可以检验这一猜想。

三、不同设备界面引发的消费者投入努力的感知有所不同

从前文内容可以得知，平板电脑和智能手机比台式机和笔记本电脑更能节省消费者的认知资源，从而避免消费者在手部运动和眼部运动之间进行频繁切换。这种认知资源和个人努力的节省会对消费者和产品产生何种影响？这是一个值得探讨的议题。有研究者发现，触摸屏更容易唤起消费者的体验式思维方式，而台式电脑等则更容易唤起消费者的理性思维方式（Zhu & Meyer，2017），因此笔者猜想，消费者使用台式电脑和笔记本电脑搜索产品信息时会投入更多努力。一个人投入的时间、体力、金钱等越多，他们对付出努力后的结果的评价就越积极，这一现象在消费者自己设计和制作产品时会更加明显（Norton et al.，2012）。因此，未来研究可以探讨相比于使用简单方便的触摸屏，使用台式电脑和笔记本电脑购物时是否会引发消费者对投入努力的感知，从而对产品具有更高的评价。

四、不同设备界面引发的消费者的信息搜寻方式有所不同

消费者行为学认为，消费者的信息搜寻分为内部搜寻和外部搜寻（迈克尔·所罗门，2014）。内部搜寻依赖消费者自己头脑中存储的知识，外部搜寻依赖外在媒介和渠道。以直接触摸界面为主的平板电脑和智能手机离消费者的手部距离近且可以被随身携带，这就意味着直接触摸界面可以扮演消费者的大脑，帮助消费者

存储信息。因此，笔者猜测，相比台式电脑和笔记本电脑，平板电脑和智能手机的触摸屏界面会让消费者进行更多的外部搜寻，进而提高消费者对推荐选项的喜欢程度和付款意愿。这些推荐选项不局限于屏幕上自动弹出的内容，还包括平台发布的“最受欢迎产品”以及“TOP 排名”等。

五、间接触摸界面的相对优势

前文重点介绍了直接触摸界面相比间接触摸界面的优势。那么，间接触摸界面能够给消费者和商家带来哪些积极的营销结果也是一个值得探究的话题。笔者认为，探究这一议题时同样需要考虑消费者、产品和情境等层面的共同作用。

第十一章

产品触摸容易体验的后效：非界面视角

第十章从界面视角介绍了线上购物时消费者的触摸容易体验后效的已有研究和未来展望。除了设备界面视角，学者还可以从其他视角来研究消费者的触摸容易体验后效。本章将介绍这些其他视角的已有研究。其中第一节介绍图片或屏幕中产品的视觉朝向导致的触摸容易体验及其后效的已有研究；第二节和第三节分别介绍涉及消费者身体姿势、图像动态感这两类视角的已有研究；第四节介绍触摸困难体验的补偿及后效；第五节对未来有待解决的研究议题进行了思考和展望。本章涉及的文章数量不多，从侧面说明本章介绍的研究议题在未来还有较大的探索空间，期望通过本章的介绍能够抛砖引玉，促进更多学者从非设备界面视角挖掘和推进线上购物时消费者的触摸容易体验的后效。

图 11-1 是本章内容导图。

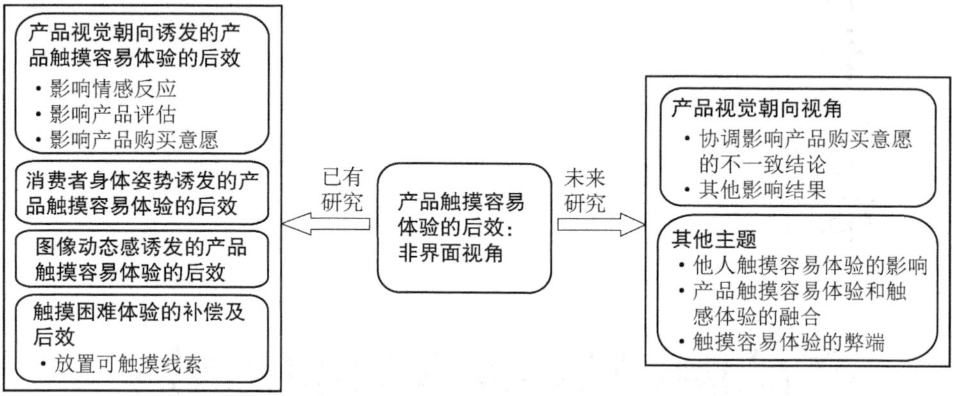

图 11-1　第十一章内容导图

第一节　产品视觉朝向

在线上购物情境下，消费者因在购前无法触摸产品可能会降低对产品的喜爱程度和购买意愿。为此，营销者有必要采取措施来弥补这一缺憾。麦凯布和诺里斯（McCabe & Nowlis，2003）的研究表明，对于触觉属性丰富的产品，提供产品图片能够弥补消费者线上购物时无法触摸产品的缺憾，从而促进消费者对产品的购买。这一过程中有许多问题需要进一步探究。例如，提供哪种类型的图片更能促进消费者购买？图片中产品的位置及朝向对消费者的影响是否存在差异？消费者层面的哪些因素会影响其对产品图片的识别和接受程度？本节将从产品视觉朝向视角介绍在无法触摸产品时，消费者的触摸容易体验如何影响其心理和行为。

西蒙效应（Simon effect）指出，当个体受到的刺激和个体对刺激的反应在空间上相容时，个体对刺激的反应会更快、更准确；当个体受到的刺激和个体对刺激的反应在空间上不相容时，个体对刺激的反应会更慢、更不准确（Hommel，1996）。这一效应在刺激物的空间位置与任务需求无关时仍然存在（Hommel，1996）。基于上述西蒙效应，有研究发现，被试通过按压左右键报告刺激颜色时，如果刺激物在右侧，被试用右手按键的响应速度会更快（Cannon et al.，2010）。此外，物体启示效应（object affordance effect）表明，当被试看到目标物体的朝向和自己手部特征的准备状态一致（如物体朝向被试右手，被试的右手也做好了按键或者旋转准备）时，被试在物体识别任务中的反应会更加迅速且准确（Tucker & Ellis，1998）。

在本节介绍的研究中，为全面操纵感知运动流畅性以及心理模拟难易程度等变量，学者通常综合考虑西蒙效应与物体启示效应。当然，在以产品视觉朝向为自变量时，学者也会考虑产品位置的影响。西蒙效应与物体启示效应均可以用产品图片特征和身体特征之间的相容性来解释。

本节分别阐述了图片或屏幕中产品的视觉朝向对消费者的情感反应、产品评估以及购买意愿的影响。需要说明的是，产品的视觉朝向是诱发触摸容易体验的因素，而消费者对产品的触摸容易体验是一种心理过程，学者在研究者将其作为中介变量而非自变量。也就是说，产品视觉朝向对消费者对产品的评估和购买的影响通过消费者对产品的触摸容易体验这一中介来实现。

一、产品视觉朝向诱发的产品触摸容易体验影响消费者的情感反应

根据温基尔曼和卡奇奥波（Winkielman & Cacioppo，2001）提出的流畅性享乐模型，视觉加工流畅性能够诱发个体产生特定的积极情绪，从而促使个体感到刺激物更容易加工。坎农等（Cannon et al.，2010）推进了温基尔曼和卡奇奥波的研究。他们关注视觉加工过程中运动系统的作用，发现感知动作流畅性能够诱发个体特定的积极情绪。

坎农等（Cannon et al.，2010）的研究虽然只做了 1 个实验，却是为数不多的测量消费者即时情绪反应的实验之一。他们综合考虑了西蒙效应与物体启示效应，以更稳健的方式操纵了感知运动流畅性。具体而言，在感知运动流畅的条件下，刺激产品被呈现在与反应键同一侧的屏幕上，且该刺激产品的把手/把柄朝向被试的响应手；在感知运动不流畅的条件下，刺激产品被呈现在与反应键不同侧的屏幕上，并且该刺激产品的把手/把柄未朝向被试的响应手。实验者通过肌电图（electromyogram，EMG）记录被试的面部肌肉活动来隐性测量被试的即时情绪反应。其中，面部颧颊肌活动代表被试产生积极情绪，面部皱眉肌活动代表被试产生消极情绪（Winkielman & Cacioppo，2001）。完成一系列操纵后，参考贝利斯等（Bayliss et al.，2006）的研究，坎农等（Cannon et al.，2010）让被试报告其对刺激产品的喜好程度。结果发现，相比于感知运动不流畅的被试，感知运动流畅的被试的脸颊肌活动更明显，皱眉肌的活动无显著差别。这表明，感知运动流畅性能够增加个体的积极情绪，对个体的消极情绪无明显影响。

虽然以上研究并未直接探究产品图片视觉特征对消费者情绪的影响，但从实验操作过程中可以看出，若产品与被试的响应手在空间上是相容（出现在同一侧）的，并且产品把手/把柄朝向被试响应手时，被试会觉得实施抓握动作更加流畅。也就是说，朝向自己的物体更容易抓取和触摸，并且这种触摸容易体验还会使个体对目标对象产生积极情绪。因此，该研究从侧面证实了产品图片视觉特征的重

要性。

二、产品视觉朝向诱发的触摸容易体验影响消费者对产品的评估

图片中产品的视觉特征与身体特征的一致性是否会促进人们对目标物体的偏爱呢？近年来学者围绕这个问题进行了探讨。心理学家平等（Ping et al.，2009）拓展了塔克和埃利斯（Tucker & Ellis，1998）的研究，发现人们会觉得视觉朝向自己的物体抓起来容易，视觉未朝向自己的物体抓起来困难，这种容易体验促使人们对朝向（vs.未朝向）自己的物体产生强烈偏好。结合上述研究结论，笔者推测，当图片中的物体视觉朝向和个体的手部特征一致（vs.不一致）时，个体会自发地产生互动容易体验，从而在潜意识里对物体产生好感和偏爱。

沈浩和艾伦（Eelen）等也验证了上述推测，并进一步探究了触摸容易体验促进消费者产品评估的中介、后效及边界条件。具体而言，沈浩和森古普塔（Shen & Sengupta，2012）开展了 4 个实验探究被试的优势手被占用是否影响以及如何影响消费者对另一件产品的评价及喜爱程度。虽然沈浩和森古普塔的研究不是改变产品视觉朝向，而是对被试的手部特征进行操纵，但也属于产品特征—手部姿势一致性效应这一研究范畴。如果说上述研究与产品视觉朝向存在一定出入，那么艾伦等（Eelen et al.，2013）发表在《消费者心理学杂志》上的文章直接探究了产品视觉朝向对消费者的产品选择及产品吸引力感知间的直接影响。此外，艾伦等（Eelen et al.，2013）的研究还检验了手部灵活性、认知负荷等调节变量的作用。接下来详细介绍艾伦等（Eelen et al.，2013）的研究。

艾伦等（Eelen et al.，2013）探究了消费者为何以及何时会偏好易于互动的产品，通过 3 个实验探寻感知运动流畅性效应的内在机制及边界条件。在实验一中，实验者首先要求被试填写使用手的偏好的问卷，来测量他们惯用手的灵活程度（1 代表“完全惯用左手”，3 代表“双手灵活”，5 代表“完全惯用右手”），然后实验者用电脑向被试展示了 24 件物品。其中 12 件物品是带把手的（随机挑选 6 件物品被正向旋转 135 度，即朝向被试的右手；其余 6 件物品被逆向旋转 135 度，即朝向被试的左手），另外 12 件物品不带把手。接下来，被试需要完成一项提示性回忆任务，即回忆每件目标物品的把手朝向以及他们对每个答案的信心。实验者对答案进行编码计算后得到一个“总体绩效分值”，该分值代表被试对环境中方向线索的关注程度。得分越高，表示被试越关注环境中的方向线索。结果发现，惯用手的灵活程度与总体绩效分值呈显著负相关。也就是说，相比于不灵活的右利手者，灵活的右利手者更关注环境中的方向线索。

实验二探究惯用手的灵活程度在产品视觉朝向影响消费者对产品的评估与选择的过程中的调节作用。其中，对惯用手灵活程度的测量同实验一。操纵产品视

觉朝向时，实验者将产品的把手朝向左右相反的方向（把手朝向右的产品一半呈现在屏幕右侧，另一半呈现在屏幕左侧）。实验者要求被试用右手或者左手按键选择产品。结果发现，被试用哪只手按键和按键方式之间的交互作用显著。也就是说，灵活的右利手者在用右手按键时更加偏好把手朝向右的产品，在用左手按键时会降低对把手朝向右的产品的偏好。此外，艾伦等（Eelen et al.，2013）还发现，不灵活的右利手者不受情境约束的影响，对放在屏幕右侧的产品（把手朝向右 vs. 左）的偏好无显著差异。这表明对情境约束的监控调节了产品视觉朝向对被试对产品评价的影响，当消费者监控情境约束的能力受损时，灵活的右利手者很难关注方向线索，从而减弱对易于抓取产品的偏好。整体而言，艾伦等（Eelen et al.，2013）的研究表明，由产品的把手朝向引起的消费者对产品的触摸容易体验促进消费者正向评估产品的现象存在边界条件。

三、产品视觉朝向诱发的触摸容易体验影响消费者对产品的购买意愿

在营销环境中，产品的视觉朝向是营销者容易操纵的因素。已有研究在产品视觉朝向是否影响消费者对产品的购买意愿这一议题上存在争议。有研究发现，产品视觉朝向会影响消费者对产品的购买意愿，也有研究发现这一影响并不存在。

（一）影响消费者对产品的购买意愿

埃尔德和克里希纳（Elder & Krishna，2012）发表在《消费者研究杂志》上的研究发现，当勺子朝向和被试未被占用的手的方向一致时，被试会更多地进行手抓勺子的心理模拟，进而提高对食物的购买意愿。他们开展了 4 个实验，分别验证了主效应、心理模拟数量（主要是触摸模拟数量）的中介效应，以及是否占用感知资源和刺激物效价的调节效应。其中 1 个实验发现，当勺子朝向右利手者的优势手时，被试会更多地进行用勺子食用酸奶的心理模拟，进而提高对酸奶的购买意愿。此外，埃尔德和克里希纳（Elder & Krishna，2012）还拓展了容易触摸—高购买意愿这一效应的边界条件。结果发现，高认知负荷、惯用手是否被占用等是边界条件。本书第五章已经介绍过埃尔德和克里希纳（Elder & Krishna，2012）的这篇文章，此处不再赘述。

（二）不会影响消费者对产品的购买意愿

佩赫尔和范丹泽（Pecher & van Dantzig，2016）发现产品视觉朝向和手部特征匹配并不影响消费者对产品的购买意愿。他们进行的 8 个实验均没有复制前人

发现的产品视觉朝向与优势手匹配提高消费者对产品的购买意愿的结论，所以他们认为，产品视觉朝向与优势手匹配诱发的触摸容易体验和消费者对产品的购买意愿并不存在显著的因果关系，并由此对埃尔德和克里希纳（Elder & Krishna，2012）的研究结论的复制性提出了质疑。具体而言，佩赫尔和范丹泽（Pecher & van Dantzig，2016）认为，埃尔德和克里希纳（Elder & Krishna，2012）对消费者产品购买意愿的测量不够准确，原因是被试在填写利克特量表时是通过点击鼠标完成的，当产品视觉朝向惯用手时，刺激—反应匹配效应发挥作用，这直接影响被试点击鼠标时光标在电脑屏幕上的水平位置。由于大部分被试是右利手者，而利克特量表左边选项是较低的评分，右边选项是较高的评分，因此埃尔德和克里希纳的测量得到的被试对产品的购买意愿评分偏高。

基于上述分析，佩赫尔和范丹泽（Pecher & van Dantzig，2016）在实验中对评分方式（鼠标点击 vs.数字键按压）、量表方向（水平 vs.垂直）以及刻度方向（数值从小到大 vs.从大到小）等变量进行了控制。他们采取与埃尔德和克里希纳（Elder & Krishna，2012）相同的方式操纵了产品视觉朝向，然后测量被试对产品的购买意愿，最终没有复制埃尔德和克里希纳（Elder & Krishna，2012）的研究结论。

（三）争议解决

关于产品视觉朝向是否影响消费者对产品的购买意愿这一议题的争议，帕皮斯等（Papies et al.，2017）提出是否带着评估任务观看产品图片是导致争议存在的重要因素。帕皮斯等（Papies et al.，2017）认为，只有在产品具有吸引力且消费者有强烈的与产品互动的动机时，容易触摸产品的心理模拟过程才会更加明显。在帕皮斯等（Papies et al.，2017）看来，佩赫尔和范丹泽（Pecher & van Dantzig，2016）的研究中被试缺少具体任务，而埃尔德和克里希纳（Elder & Krishna，2012）的研究要求被试完成产品评估任务。这就导致佩赫尔和范丹泽（Pecher & van Dantzig，2016）没有复制埃尔德和克里希纳（Elder & Krishna，2012）的研究结果。关于产品视觉朝向是否影响消费者对产品的购买意愿这一议题的争议，感兴趣的读者可以从其他视角进行思考。

本节介绍了图片或屏幕中产品的视觉朝向诱发的消费者对产品的触摸容易体验的后效的研究。这些研究表明，产品视觉朝向和消费者的手部特征常常交互在一起，共同影响消费者对图片或屏幕中产品的触摸模拟数量和难易程度，并最终影响消费者对产品的偏好、评估和购买意愿及实际购买行为。接下来，第二节将介绍已有研究对消费者身体姿势诱发的触摸容易体验的后效的探究。

第二节　消费者身体姿势

消费者对产品做出接近或回避的身体姿势是否会影响其态度和对产品的评估？拉布罗和尼尔森（Labroo & Nielsen，2010）的研究回答了这一问题。接下来详细介绍拉布罗和尼尔森的这一研究。

一、作者为何开展这一研究？

自我感知理论（self-perception theory）强调人们可以通过自身动作推断自己的态度（Bem，1972；Koriat et al.，2006）。而有关具身认知的研究提出，即使个体不实际参与一项活动，仅仅模拟与该活动相关的感觉就能影响个体的思维。例如，有研究表明，个体的屈臂动作对应接近而非回避，所以个体在实施该动作后，其态度会更加积极（Cacioppo et al.，1993）。拉布罗和尼尔森（Labroo & Nielsen，2010）从营销的角度对上述现象进行了探究与拓展。

二、作者基于什么推理提出了什么观点？

基于自我感知理论和具身认知观点，拉布罗和尼尔森（Labroo & Nielsen，2010）发现，消费者模拟接近目标产品时产生的身体感受能够提高其对该产品及其品牌的评价。也就是说，当消费者无法触摸产品时，模拟不同身体姿势接近产品产生的身体感觉也能够影响消费者对产品及其品牌的评估。

三、作者如何检验这一观点？

拉布罗和尼尔森（Labroo & Nielsen，2010）开展了 3 个实验。在实验一中，实验者设置了 5 组条件对自变量进行操纵。具体而言，实验者要求身体接近产品组被试模拟将产品拉向自己时的身体感受，要求身体回避产品组的被试模拟将产品推离自己时的身体感受，其他三个对照组分别被要求如往常一样观察产品。被告知身体感受的模拟会影响其对产品的评估，允许其进行修正；列举出 5 个接纳该负性产品的原因。具体实验流程如下：首先，实验者将被试随机分配到上述任意一个组中，并向他们提供特色咖喱蚱蜢罐头的图片。然后，按照各组条件的操纵要求给予被试提示，并且让被试评价该产品并报告他们为购买该产品愿意支付的金额。最后，要求被试报告他们感觉到接近或回避该产品的程度。结果发现，接近组（vs.回避组 vs.控制组）的被试对负性产品的评价更高并愿意花费更多的金钱购买该产品；当被试被告知身体感觉的模拟会影响其对产品的评估时，被试会在内心纠正这一影响，进而对产品的评估比纯接近条件下的被试对产品的评估要差。综上，让消费者做出接近产品的身体姿势能够提高消费者对产品的评价。

在实验二中，实验者首先要求所有被试阅读《苏菲的选择》这一悲伤影片的剧情描述，并让他们评价该影片的情节是否清晰、有趣以及悲伤。接着，实验者告知一半的被试他们将观看这个影片。之后，实验者向所有被试展示一个 PPT 文稿，文稿上依次呈现品牌图片与情绪脸谱图（高兴、悲伤、中性情绪）。最后，实验者测量所有被试的品牌情绪诊断能力并根据品牌情绪联系将被试分为两组。结果发现，在高品牌情绪联系组，先前接近悲伤状态的被试在经历悲伤情绪刺激后，对与该刺激相关联的品牌的评价更高，这说明接近的感觉具有时间转移性。

四、这一观点有何价值和启示?

拉布罗和尼尔森（Labroo & Nielsen，2010）的研究表明，消费者在和图片或屏幕中产品互动时的身体姿势会影响他们对产品的触摸容易体验，进而影响他们对产品的评估。这启示营销者，在消费者无法触摸图片或屏幕中的产品时，营销者需要引导消费者做出接近产品图片的身体姿势，以诱发消费者对图片或屏幕中产品的触摸容易体验。

第三节　图像动态感

奇安等（Cian et al.，2015）发现，充满动态感的图像会让消费者感觉图片或屏幕中的事物容易被抓到，进而让消费者产生更高的危险感知，而高危险感知会让个体表现出负责任的行为（如遵守交通规则）。此外，奇安等（Cian et al.，2015）还发现，将动态元素融入图标设计会促使人们采取更负责任的行为。接下来详细介绍奇安等（Cian et al.，2015）的研究。

一、作者为何开展这一研究?

学术界对消费者如何消费公共品（如公园、公共轮椅、游泳池等）关注较多，但对如何减少消费者对公共品的不恰当消费关注不足。为此，奇安等（Cian et al.，2015）开展了这一研究。

二、作者基于什么推理提出了什么观点?

基于心理模拟和元认知体验的相关研究，奇安等（Cian et al.，2015）提出，充满动态感的警示标识会让消费者认为警示标识中的危险容易被触摸到，进而增加对应的心理模拟，从而产生更高水平的注意警惕和更早的行为停止，即行为停止发生在离标识更远的地方。

三、作者如何检验这一观点?

奇安等（Cian et al.，2015）开展了 5 个实验对上述观点进行验证。这里仅详细介绍涉及模拟驾驶的实验一。该实验以标识的动态感为自变量，以注视时间和注意力警惕为因变量。实验者创建了第一人称驾驶视图的 8 个场景（每个场景里都有一条道路、汽车的挡风玻璃和引擎盖），并将交通标识都放置在道路的右侧。实验过程中利用眼动仪收集数据。在被试到达实验场地后，实验者首先将他们随机分配到低动态性标识组和高动态性标识组，然后要求他们分别对 4 个标识（岩石、跷跷板、雪地摩托、马）进行评估。结果发现，诱发被试产生更多运动感和动态感的标识能够更快地吸引被试的注意力，促使被试更早地注意到标识。这说明动态图像会提高消费者对环境的警惕。

奇安等（Cian et al.，2015）的其他实验检验了服务区、加油站以及餐厅等场所的动态性标识是否也会诱发消费者更快的注意力以及更早的风险警觉和行为停止，结果这些实验都复制了实验一的结果。

四、这一观点有什么价值和启示?

奇安等（Cian et al.，2015）的研究表明，图标的动态感能够诱发消费者采取更负责任的行为。这一结论具有重要的理论价值和实践意义。在理论层面，探索图像的动态感对消费者行为的影响可以推进和扩展消费者视觉加工研究；在实践层面，政府在公共场所的警示标识中加入更多的动态元素，能够更好地诱发消费者采取更负责任的行为。

第四节 触摸困难体验的补偿及后效

前文介绍了图片或屏幕中的产品视觉朝向、消费者身体姿势和图像动态感诱发的触摸容易体验的后效。现实生活中，图片或屏幕中的很多产品既没有把手也无法诱发消费者的接近姿势，这会让消费者觉得产品难以被触摸到，进而产生对产品的触摸困难体验。如何补偿消费者对产品的触摸困难体验？学术界对这一研究议题关注不足，仅有极少数学者（如马耶等，2020）进行了相关研究。本节对马耶等（Maille et al.，2020）发表在《营销研究杂志》上的文章进行介绍。

一、作者为何开展这一研究？

埃尔德和克里希纳（Elder & Krishna，2012）以及艾伦等（Eelen et al.，2013）的研究发现消费者对产品的触摸容易体验能够提高他们对产品的购买意愿，但他们的研究未涉及如何提高消费者对难以被触摸的产品的购买意愿这一问题。对此，马耶等开展了如何补偿消费者对产品的触摸困难体验及其后效的研究。

二、作者基于什么推理提出了什么观点？

马耶等发现，在难以被触摸的产品旁放置触觉线索并保持该触觉线索和消费者的优势手或惯用手同侧，能够增加消费者对该产品的购买。其内在机制是，放置可触摸线索会让消费者产生拥有者身份感知的转移——从对可触摸线索的拥有者身份感知转移到该触摸线索旁的目标产品上，进而促进对目标产品的评估和购买。

三、作者如何检验这一观点？

马耶等通过 1 个田野实验和 7 个实验室实验检验了上述观点。这里详细介绍其中的田野实验。该实验在一家大型超市进行，采用触觉线索和被试优势手同侧（vs.不同侧）的单因素被试间设计。自变量的操纵通过超市入口处的宣传海报上水果刀的把手来实现。具体而言，触觉线索和被试优势手同侧组看到的海报上的水果刀的把手和自己的优势手同侧，触觉线索和被试优势手非同侧组看到的海报上的水果刀的把手和自己的优势手不在同一侧。实验者记录了周三到周六每天上午 11 点到下午 5 点路过海报的人数和最终下载并注册超市的忠诚会员应用程序（即本研究的因变量）的人数。该超市有两个入口，实验者在一个入口处操纵自变量，在另一个入口处记录因变量。为了防止可能噪声，实验者会一天在一个入口操纵自变量，另一个入口记录因变量；在另一天采取相反的做法。

结果发现，当水果刀的把手与被试优势手在同一侧时，60%的被试会下载并注册水果刀旁的忠诚会员应用程序；但当水果刀的把手与被试优势手不在同一侧时，仅有 20%的被试会下载并注册水果刀旁的忠诚会员应用程序。马耶等通过其他实验对这一现象的内在机制以及边界条件进行了检验（Maille et al.，2020），发现这一现象的内在机制是容易触摸体验增加了消费者对提供触觉线索的产品的拥有者身份感知，从而增加了对无法触摸的产品的拥有者身份感知。这一现象的边界条件是目标产品的触觉线索是否具有可抓性。马耶等（Maille et al.，2020）的实验五检验了该边界条件。实验五的目标产品是 Yoplait 品牌的酸奶。在操纵触觉线索的可抓性这一边界条件时，他们选用鲜花作为触觉线索，将放在品牌 logo 中的鲜花作为可抓性低的触觉线索，放在酸奶容器中的鲜花作为可抓性高的触觉线索。

四、这一观点有什么价值和启示?

在理论层面，马耶等（Maille et al.，2020）回答了如何补偿消费者对产品的触摸困难体验这一问题，拓展了产品触觉领域的研究视角。也可以说，马耶等的研究既是对本书介绍的产品触摸体验的有无和产品触摸容易体验的巧妙融合，又是对线下购物和线上购物的有力融合。学者可以参考马耶等的研究去探究消费者对产品的触摸困难体验的其他补偿策略及后效。此外，马耶等发现的身份感知转移这一中介机制对佩克和舒（Peck & Shu，2009）发现的触摸产品增加消费者对产品的拥有者身份感知这一结论做出了推进。在实践层面，马耶等的研究启示营销者在难以触摸的产品旁放置触觉线索并保持该触觉线索与消费者的优势手同侧的做法，可以增加消费者对该类产品的购买。

第五节　待解决的研究议题

一、产品的视觉朝向如何影响消费者对产品的购买意愿

前文提到，已有研究在产品视觉朝向是否会影响消费者对产品的购买意愿这一研究问题上存在结论争议。学者对此提出了各种有价值的调节变量。是否还有其他办法可以协调这些研究的争议？笔者认为，开展元分析是一个可行方案。学者可以通过元分析这种定量分析方法得到产品视觉朝向对消费者的产品购买意愿的效应值。此外，学者在进行元分析时可以从被试类型（如学生被试 vs.其他成人被试）、产品类型（如功能型产品 vs.享乐型产品）、文化背景（东方 vs.西方）等层面进行调节变量的思考。笔者猜测，产品视觉朝向会提高消费者对功能品而非享乐品的购买意愿。这一猜测的依据是，消费者对功能品质量的判断更依赖触摸。除产品类型外，笔者还猜测，相比在西方文化背景下，产品视觉朝向对消费者产品购买意愿的影响在东方文化背景下会更明显。这一猜测的依据是，东方文化背景下的消费者更倾向于依赖情境做决策，而西方文化背景下的消费者更倾向于依赖自身判断做决策。所以产品视觉朝向作为情境层面的因素，更容易被西方文化背景下的消费者忽视。

除了元分析方法外，学者还可以从理论层面提出新的、不依赖特定研究情境的调节变量。笔者猜测，消费者的依恋风格是一个可能的调节变量——对于回避

型依恋风格的消费者，产品视觉朝向自己（vs.远离自己）会降低其对产品的购买意愿。

二、产品视觉朝向的其他影响结果

前文介绍的已有研究都关注产品视觉朝向对消费者的产品评估和购买意愿的影响。除此之外，产品视觉朝向还会产生哪些影响结果？学者对此可做进一步思考。比如，学者可以思考产品视觉朝向是否会诱发消费者的实际触摸行为和购买行为？也可以思考消费者对朝向自己和远离自己的产品的具体属性的感知是否存在差异？还可以思考产品视觉朝向的跨情境效应。

三、他人对产品的触摸容易体验的影响

前文介绍的研究都在关注消费者本人对产品的触摸容易体验，那么他人对产品的触摸容易体验会如何影响消费者的心理和行为呢？这是一个兼具理论价值和实践价值的研究议题。在现实生活的一些情境中，他人对产品的使用或食用会让消费者感觉很轻松和很容易（如他人很轻易地拿到了产品，很容易地打开了瓶盖等），而在另一些情境中，他人对产品的使用或食用会让消费者感觉很费力（如他人花费周折才拿到产品，付出不少努力才打开瓶盖）。他人对产品的触摸容易体验会让消费者觉得产品值得拥有，还是不值得拥有？会让消费者对产品及其品牌产生怎样的联想？会让消费者对产品形成怎样的态度和行为呢？感兴趣的学者可以回答这些未被探究的问题。

四、产品触摸容易体验和产品具体触感体验的融合

已有研究将消费者对产品的触摸容易体验和其触摸动作放在一起研究，那么是否可以将消费者对产品的触摸容易体验及其对产品的具体触感体验放在一起研究呢？笔者认为可以从以下两方面对该议题展开思考：一方面，可以考虑消费者对产品的触摸容易体验是如何影响其对产品的具体触感体验的；另一方面，可以考虑消费者对产品的具体触感体验是如何影响其对产品的触摸容易体验的。结合本书有关产品具体触感体验的文献可以看出，坚硬触感比柔软触感引发消费者更多的困难感知。那么，消费者是否会觉得容易触摸到的产品在触感上更坚硬，而难以触摸到的产品在触感上更柔软呢？这都是值得思考和检验的研究命题。

五、挖掘触摸容易体验的弊端

麦克丹尼尔和贝克（McDaniel & Baker，1977）指出，产品容易被抓取不仅

能够导致消费者对该产品的正性评估，还会导致消费者对该产品的低质量感知（McDaniel & Baker，1977）以及低距离感联想（Linkenauger，2006）。具体而言，麦克丹尼尔和贝克提出，消费者觉得包装容易打开的食物更不新鲜也更不美味。麦克丹尼尔和贝克通过实验检验了这一观点，该实验采取单因素被试间设计。实验者向被试提供 2 包品质相似且日期新鲜的薯片，其中一包薯片用容易打开的蜡纸进行包装，另一包薯片则用难以打开的聚乙烯化合物材料进行包装。实验者要求被试在依次品尝不同包装的薯片后对薯片的质量与味道进行评价。结果发现，即使是相同的产品，被试也认为包装容易打开（vs.包装难以打开）的产品的质量和味道均更差。麦克丹尼尔和贝克认为这一现象出现的原因在于，消费者认为包装容易打开的产品的价值及安全程度均较低，所以他们宁肯忽视包装容易打开这一优势而追求包装难以打开的产品。由此看出，消费者并非一味地偏好容易被触摸到的产品。

此外，林肯奥格（Linkenauger，2006）用产品位置与产品视觉朝向来操纵被试抓取产品的难易程度。结果发现，抓取产品所需要的费力程度会影响被试对产品的距离感知。具体而言，林肯奥格发现，产品难以被抓取（vs.产品容易被抓取）会让消费者觉得自己与该产品的距离更远。这些研究说明，触摸容易体验并非有利无弊，而是在一定条件下，也会给产品及其品牌带来负向影响。

第五篇　三类产品触觉体验对不同触摸需求者的后效

第二篇至第四篇介绍了三类产品触觉体验的前因和后效，并对有待未来研究的议题进行了思考和展望，本篇将介绍探究三类产品触觉体验对不同触摸需求者的后效的已有研究，同样也对有待未来研究的议题进行了展望。消费者对产品的触摸需求（need for touch，NFT）分为工具型 NFT 和享乐型 NFT 两个维度（Peck & Childers，2003a；2003b）。学者既可以针对这两个维度单独开展研究，如研究高工具型 NFT 者和低工具型 NFT 者之间的差异，或者高享乐型 NFT 者和低享乐型 NFT 者之间的差异，也可以将这两个维度看作一个整体来研究，如研究高 NFT 者和低 NFT 者之间的差异。目前，产品触觉领域有关 NFT 的研究有侧重于比较三类触觉体验对高 NFT 者和低 NFT 在后效上的差异的，也有侧重于比较三类触觉体验对高工具型 NFT 者和低工具型 NFT 者在后效上的差异的，也有关注三类产品触觉体验对高享乐型 NFT 者和低享乐型 NFT 者在后效上的差异的，还有研究三类产品触觉体验对高工具型 NFT 者和高享乐型 NFT 者在后效上的差异的。本篇将分别用三章内容介绍已有研究对三类产品触觉体验对不同 NFT 者的后效的探究。

需要说明的是，在介绍三类触觉体验对不同类型 NFT 者的后效前，有一个关键问题需要回答，即如何识别不同类型的 NFT 者？也即不同类型的 NFT 者在性别、国籍、时尚态度等方面是否存在差异？如果存在差异，商家就能很容易地识别不同类型的 NFT 者，进而制定有针对性的个性化营销策略。

第十二章

不同类型触摸需求者的识别

本章以简短的篇幅介绍不同类型 NFT 者在人口学属性和其他特征上的差异，以便商家清晰地识别消费者的触摸需求水平。本章分为两节：第一节介绍学者围绕不同类型 NFT 者开展的研究；第二节提出未来有待解决的研究议题。

图 12-1 是本章内容导图。

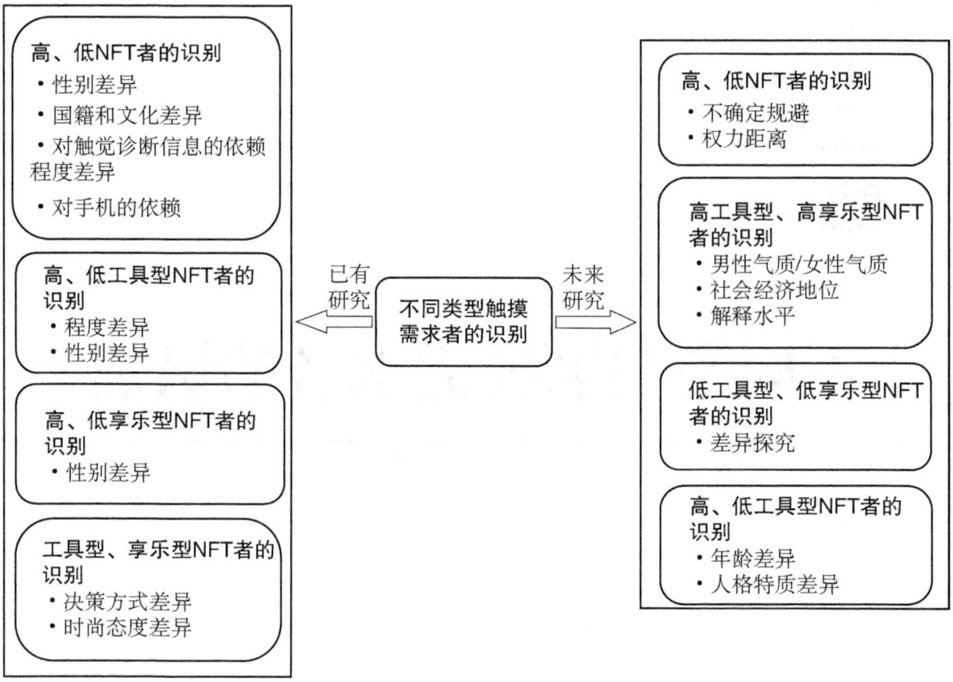

图 12-1　第十二章内容导图

第一节　已有研究对不同类型 NFT 者的识别

本节旨在介绍学者围绕高 NFT 者和低 NFT 者、工具型 NFT 者和享乐型 NFT 者开展的研究。这些研究都旨在回答同一个问题：不同类型的 NFT 者在人口学属性和其他特征上存在哪些差异？学者从性别、国籍和文化、对触觉诊断信息的依赖程度、对智能手机的依赖程度、决策方式、时尚态度等方面对这一问题进行了回答。接下来详细介绍相关研究。

一、高、低 NFT 者的识别

（一）性别差异

高 NFT 者和低 NFT 者存在性别差异。有研究发现，时尚变革者（vs.时尚追随者）和女性（vs.男性）有更高的 NFT 水平，因此女性更容易成为时尚变革者（Cho & Workman，2011）。另一项研究也得到类似的结论，即女性的 NFT 水平高于男性（Rathee & Rajain，2019）。需要说明的是，上述研究使用的产品是服装，女性比男性更倾向于选择时尚服饰的研究结论也是符合常理的。

上述研究对线上零售商和线下零售商具有重要启示。首先，因为女性更喜欢在购买前触摸产品，线下零售商应尽量满足女性消费者对产品的触摸需求；线上零售商也应该为女性消费者提供产品触觉信息的描述和相应评论。其次，低 NFT 消费者更适合购前无法触摸产品的线上购物，因此线上零售商在市场定位时需要重点瞄准低 NFT 人群。

（二）国籍和文化差异

高 NFT 者和低 NFT 者存在国籍和文化上的差异。杜瓦蒂和席尔瓦（Duarte & Silva，2020）发现，在不同的文化背景（中国 vs.葡萄牙）下，消费者的触摸需求存在显著差异。具体而言，中国消费者的 NFT 水平显著高于葡萄牙消费者；另外，中国消费者的工具型 NFT 水平和享乐型 NFT 水平相似，葡萄牙消费者的工具型 NFT 水平和享乐型 NFT 水平存在显著差异。霍夫施泰德等（Hofstede et al.，2010）发现，葡萄牙人在长期取向这一文化价值观维度上的得分低。结合杜瓦蒂和席尔瓦及霍夫施泰德等的研究结论，我们可以看出，长期取向低的消费者往往 NFT 水平也低，他们更倾向于触摸自己想要购买的产品，以获取有关产品特性的信息（Silva & Duarte，2020）。在了解线上购物的优势后，葡萄牙消费者更加信赖购买之前无法触摸或体验的线上产品，中国消费者则相反（Silva & Duarte，2020），这一发现凸显了文化差异的重要性（Hofstede，2001）。此外，葡萄牙消费者比中国消费者更加传统。因此，面向葡萄牙市场的中国公司应向线上购物的葡萄牙消费者提供额外激励，以打消葡萄牙消费者对线上出售产品的质量的顾虑，进而促使其进行线上购物。

（三）对触觉诊断信息的依赖程度差异

通过触摸产品，消费者通常可以获得温度、柔软度、光滑度和重量等具体触感体验，并以此来诊断和区分产品的触觉属性（Lederman & Klatzky，1992）。产品的触觉属性反映了产品的物理属性。有研究指出，物理属性信息可分为诊断性信息和非诊断性信息，诊断性信息是指那些与产品的物理性能相关的信息，而非诊断性信息是指那些与产品质量、功能无关的信息（Grohmannet al.，2007；Krishna & Morrin，2008）。例如，对于服饰、便携式电子产品等，消费者可以通过触摸获得质地、硬度、温度和重量等触感感知，此时产品触感提供了诊断性信息；对于书籍、音乐、视频等产品，消费者即使触摸产品也不能对此类产品产生判断，此时触感提供了非诊断性信息（Grohmannet al.，2007）。有研究指出，不同 NFT 者对这两种信息的敏感度不同——高 NFT 者在评估产品时更容易受到具有诊断价值的产品触觉信息的影响，而低 NFT 者受产品触觉信息的影响则较弱（Grohmann et al.，2007）。因此，产品触觉信息的补偿对低 NFT 消费者有效，而对高 NFT 消费者效果不明显（Peck & Childers，2003a）。

（四）对智能手机的依赖程度差异

消费者的触摸需求会影响其对具有触屏功能的智能手机的使用。最新的智能手机通常具有高分辨率的触摸屏，消费者可以通过手指触屏流畅地完成任务。触摸屏的即时满足特征可能会让高 NFT 水平的消费者更倾向于使用具有触屏功能的智能手机。沙伊比（Shahibi，2017）发现，触摸需求影响消费者使用智能手机的频率——高 NFT 水平的消费者使用智能手机的频率高于低 NFT 水平的消费者。也就是说，高 NFT 者比低 NFT 者对智能手机的依赖程度更大。至于高 NFT 者为何比低 NFT 者更加依赖具有触屏功能的智能手机这一问题，哈图拉等（Hattula et al.，2017）认为可能是触摸屏能够提升高 NFT 者对产品的评估信心。

二、高、低工具型 NFT 者的识别

性别对于理解和预测消费者行为至关重要。希特林等（Citrin et al.，2003）发现，女性比男性更需要触觉输入。另有研究发现，NFT 存在性别差异，即女性的总 NFT 水平、工具型 NFT 水平均高于男性，这说明男性比女性更加倾向于通过触摸产品来解决问题而非追求享乐（Lee et al.，2014）。因此，针对男性消费者，零售商应更强调触摸产品会增强他们对产品的评估信心而非感官享受。

三、高、低享乐型 NFT 者的识别

与工具型 NFT 类似，享乐型 NFT 同样存在性别差异。有研究者发现，女性的享乐型触摸需求水平高于男性，并且女性的工具型触摸需求水平与享乐型触摸需求水平相同，而男性的工具型触摸需求水平高于享乐型触摸需求水平（Lee et al.，2014）。这说明，女性消费者可能仅仅想通过触摸产品来获取情绪愉悦和感官享受，所以到店随便逛逛但不买产品的现象更易发生在女性消费者身上。

四、工具型、享乐型 NFT 者的识别

（一）决策方式差异

高享乐型 NFT 者经常进行探索性触摸并专注产品的触感，他们将触摸看作目的而非工具（Peck & Childers，2003b）。在触摸产品的过程中，高享乐型 NFT 者的头脑中会产生更多的“触摸—愉悦”的关联加工，因此会在触摸（vs.不触摸）产品后产生积极感觉（Klatzky & Peck，2012）。这就意味着高享乐型 NFT 者的决

策更加感性，而工具型NFT者的决策更加理性，因为其将触摸作为解决问题的工具。需要说明的是，此处的解决问题是指寻找购买决策的依据（Peck & Childers，2003a；2003b）。高工具型NFT者有很强的动机通过触摸来解决当前面临的购买决策层面的问题（Peck & Childers，2003b）。当触摸具有工具性目的时，消费者处于理性的状态并关注产品的利益价值，因此他们会在头脑中产生更多的“触摸—价值”的关联加工（Peck & Childers，2003b）。

（二）时尚态度差异

顾名思义，时尚追随者一般会跟随其他消费者的脚步，因此他们会推迟购买，直到时尚达到被接受的最高点。不同于具有享乐性动机的时尚创新者，时尚追随者具有识别时尚问题的功利主义和工具性动机。李等（Lee et al.，2014）发现，时尚追随者的工具型NFT水平高于享乐型NFT水平。这就意味着，享乐型NFT者更有可能成为时尚创新者，而工具型NFT者更有可能成为时尚追随者。此外，时尚通常代表着新颖、开放，从这一意义上来看，享乐型NFT者可能比工具型NFT者更容易也更快地接纳新事物。

第二节　待解决的研究议题

上一节简要介绍了学术界围绕不同类型NFT者在性别、国籍和文化、时尚态度等层面的差异的已有研究。笔者认为，关于不同类型NFT者的人口学属性和其他特征的区分还存在较大的研究空间。接下来，笔者提出自己的一些思考。

一、高、低NFT者在文化价值观层面上的差异

文化价值观存在个体主义/集体主义、不确定规避、男性气质/女性气质、权力距离、时间取向等多个维度（Hofstede et al.，2010）。高NFT者和低NFT者在文化价值观上是否存在差异？笔者认为，在不确定规避这一维度上，高NFT者比低NFT者更有可能表现出不确定规避倾向。在权力距离维度上，权力距离的森严会让个体趋于服从和顺从权威，进而让个体缺乏决策信心。遵循这一推理逻辑，笔者猜测，高权力距离文化下的个体的触摸需求会高于低权力距离文化下的个体。感兴趣的学者可以检验上述猜想。

二、高工具型、高享乐型NFT者在文化价值观层面上的差异

如前文所提，文化价值观有多个维度。在男性气质/女性气质这一维度上，

高工具型 NFT 者和高享乐型 NFT 费者是否存在差异？有研究指出，男性气质强的个体追求事业成功，而女性气质强的个体追求生活享受和生活质量（Hofstede et al.，2010）。研究还指出，高工具型 NFT 者的产品触摸行为是为了增强决策信心和减少受挫感，而高享乐型 NFT 者的产品触摸行为是为了体验情感愉悦和感官享受（Peck & Childers，2003b）。由此笔者认为，通过调节定向可以将男性气质/女性气质和两类 NFT 连接起来。具体而言，高工具型 NFT 者更有可能持有预防型调节定向，进而拥有较高的男性气质；而高享乐型 NFT 者更有可能持有促进型调节定向，进而拥有较高的女性气质。感兴趣的读者可以检验上述猜想。

三、高工具型、高享乐型 NFT 者在社会经济地位和解释水平上的差异

社会经济地位可能是高工具型 NFT 者和高享乐型 NFT 者的区分点。笔者推测，低社会经济地位者大多持有当前时间导向，从而更缺乏决策信心，进而具有更高的工具型 NFT 水平；而高社会经济地位者大多持有未来时间导向，从而更关注收益和积极情绪体验，进而具有更高的享乐型 NFT 水平。此外，感兴趣的学者还可以探究高工具型 NFT 者和高享乐型 NFT 者在解释水平层面的差异。笔者猜测，很有可能高工具型 NFT 者属于低解释水平者，因为他们想解决问题，而解决问题是一个比较具体的目标；高享乐型 NFT 消费者属于高解释水平者，因为他们想追求享乐，而享乐本身比较抽象。如果这一研究猜想成立，那么学者就可以围绕这一猜想开展很多有趣的研究。

四、低工具型、低享乐型 NFT 者的可能差异

工具型 NFT 和享乐型 NFT 被佩克和奇尔德斯（Peck & Childers，2003b）认为是 NFT 量表中相互关联又相互区别的两个维度。这就意味着低工具型 NFT 者不一定就是高享乐型 NFT 者。根据佩克和奇尔德斯的观点，低工具型 NFT 者不需要依赖触摸产品判断产品质量和制定购买决策；低享乐型 NFT 者也不需要依赖触摸产品来体验纯粹娱乐。那么二者的差异究竟体现在哪里呢？如何才能识别二者呢？笔者认为，学者可思考以下问题：低工具型 NFT 者在决策偏好上是完全不依赖具有决策诊断性的触觉信息，还是完全不依赖情感体验？类似地，低享乐型 NFT 者在体验到触觉愉悦线索时是依赖感性还是理性做决策？目前学术界对这些问题并没有清晰的回答，因此这些研究议题还有很大的探索空间。

五、高、低工具型NFT者在年龄和人格特质层面上的差异

除了性别和时尚态度外，高工具型NFT者和低工具型NFT者还在哪些外显的、可观可测的指标上存在差异？这也是目前NFT研究的一大空缺。

笔者认为，年龄是一个值得关注的变量。具体而言，年龄和NFT之间的关系可能是复杂的。一方面，年轻人比老年人在记忆力等方面表现更优，因此也更加自信。这就意味着年轻人比老年人在购物时较少依赖触摸产品来制定购物渠道的偏好和购买决定，所以年轻人的工具型NFT水平会比老年人的工具型NFT水平高。另一方面，老年人比年轻人在社交、专业专长等方面具有更多的经验，因此也更加自信。从这一意义上看，年轻人的工具型NFT水平会比老年人的工具型NFT水平低。感兴趣的读者可以检验上述哪一种推测成立，同时检验如何协调这两种方向相反的推测。

未来研究还可以探究高、低工具型NFT者在人格特质上的差异。笔者猜测，很有可能高工具型NFT者属于谨慎型、失败规避型人格特质，低工具型NFT者属于冒险型、追求成功型人格特质。感兴趣的读者可以检验这一推测。

第十三章

产品触摸体验的有无对不同触摸需求者的后效

消费者只要对产品进行了触摸或触碰，便拥有了产品触摸体验。究竟哪类人群更喜欢去触摸产品并且更容易受产品触摸体验有无的影响？这一问题对营销者进行市场细分和产品定位非常关键。有研究指出，消费者在产品触摸需求上存在个体差异，学者也开发了相应量表来测量这类个体差异（Citrin et al., 2003；Peck & Childers, 2003b）。在这些量表的基础上，有学者探究了产品触摸体验的有无对不同 NFT 者对产品的态度和行为的影响。本章将对这些研究进行介绍和展望。其中第一节主要介绍产品触摸体验的有无对高 NFT 者和低 NFT 者在后效上的差异；第二节和第三节分别介绍产品触摸体验的有无对工具型 NFT 者和享乐型 NFT 者在后效上的差异；第四节提出未来有待解决的研究议题。

图 13-1 是本章内容导图。

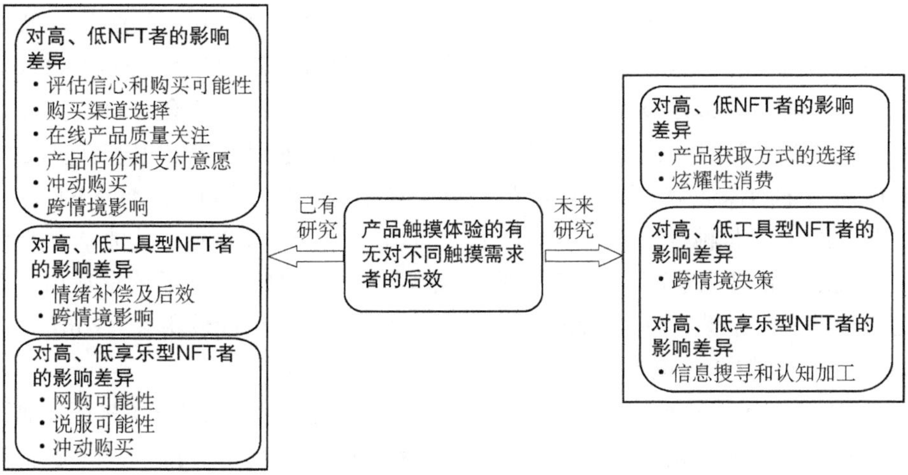

图 13-1 第十三章内容导图

第一节 对高、低 NFT 者的后效比较

触摸产品是指通过手或其他器官持有、抓握和移动产品（Peck & Childers，2003a）。触摸产品在消费者对各类产品的评估中起着重要作用。消费者需要通过触摸获得产品的信息并做出购买决策（Peck & Childers，2003a），这种触摸需求是指对利用触觉系统获得的信息的偏好（Peck & Childers，2003b）。高 NFT 者与低 NFT 者在信息加工处理方式上存在明显的区别。比如，高 NFT 者遵循分析型的信息加工策略，而低 NFT 者更多地依赖关系来加工信息（Yazdanparast & Spears，2013）。因此，在面对一件毛衣时，高 NFT 者可能会对毛衣的袖子、领口等进行仔细的触摸检查，而低 NFT 者可能仅仅停留在对毛衣的整体评估和关联联想上。

基于对已有研究的梳理，本节将阐述产品触摸体验的有无对高 NFT 者和低 NFT 者的产品态度和行为会产生何种差异化影响。此外，本节还将介绍线上购物情境下，产品触摸体验的缺乏对高 NFT 者和低 NFT 者的差异化影响。

一、有产品触摸体验能增加高 NFT 者对产品的评估信心和购买可能性

通过触摸（vs.不触摸）产品，消费者不仅可以用身体控制产品，还可以获得产品的具体材料信息，如质地、硬度、温度或重量等（Peck & Shu 2009；Peck et al.，2013；Peck & Childers，2003b）。产品触觉领域的研究发现，产品触摸体验的有

无对消费者的产品态度对高 NFT 者和低 NFT 者的影响不同。其中高 NFT 者倾向于使用产品的触觉信息来评估产品，而低 NFT 者评估产品时对产品触觉信息的依赖较少（Peck & Childers，2003a）。遵循这一逻辑，佩克和奇尔德斯（Peck & Childers，2003a；2003b）认为，高 NFT 者只有触摸了产品才会对产品质量更有信心。如果缺乏对产品的直接触摸体验，高 NFT 者会感到受挫和沮丧；但低 NFT 者对产品质量的评估信心不受产品触摸体验有无的影响。实际上，低 NFT 者往往通过视觉线索而非触觉线索来评估产品（Klatzky et al.，1993）。其他学者的研究进一步发现，正是由于高 NFT 者需要依赖产品触摸来增加对产品的评估信心，所以这类消费者在触摸（vs.不触摸）产品后对产品的购买可能性更高（Citrin et al.，2003），对产品的评估也更积极（Grohmann et al.，2007）。

有研究者（Yazdanparast & Spears，2013）对上述研究结论进行了推进。他们发现，在缺乏产品触摸体验时，高 NFT 者对产品的购买意愿会受到环境中非触觉因素的影响，而低 NFT 者对产品的购买意愿不受这些因素的影响。此外，他们发现，在启动积极情绪、有价格促销、低产品专业知识水平的情境下，缺乏产品触摸体验不影响高 NFT 者在线上购买产品的意愿；但在启动消极情绪、无价格促销、高产品专业知识水平的情境下，产品触摸体验的缺乏会降低高 NFT 者在线上购买产品的意愿。

二、无产品触摸体验时，高 NFT 者对线上产品的质量更关注

屈恩等（Kühn et al.，2020）探究了高 NFT 者和低 NFT 者在线上购物情境下的购买决策差异。结果发现，高 NFT 者更关注线上产品的质量，尤其当高 NFT 消费者使用间接触摸界面（vs.直接触摸界面）进行线上购物时，会更关注线上产品的质量，而且这类消费者对产品的情感反应更为消极。这些研究结论表明，线上零售商需要及时消除高 NFT 者对线上产品的质量的担忧，并采取品牌保证、质量认证等补偿措施来减少高 NFT 消费者对线上产品的负面看法。

三、高 NFT 者比低 NFT 者更倾向选择线下购物渠道

触摸产品可以提升高 NFT 者对产品的评估信心和购买可能性，这就意味着高 NFT 者偏好能够提供产品触摸体验的线下购物渠道，而非无法提供产品触摸体验的线上购物渠道。有学者对这一猜测进行了检验。具体而言，希特林等（Citrin et al.，2003）的研究发现，消费者对产品的触摸需求与线上购买渠道的选择可能性呈负相关。也就是说，对产品触摸需求越高的消费者越倾向于线下购物，这一现象尤其在服装产品上更为明显。另一项研究也发现，高 NFT 者（vs.低 NFT 者）更倾向于选择可以实地触摸产品的线下购物渠道（Cho & Workman，2011）。通常，当产品信息越不准确、不充分时，产品被消费者退回的概率就越大，这种现象在

线上购物情境下更为常见。

需要注意的是，高、低 NFT 者选择购物渠道时还会考虑产品特征。佩克和奇尔德斯（Peck & Childers，2003a）发现，消费者层面因素、产品层面因素和情境层面因素共同影响消费者对产品的态度。在多渠道零售中，消费者要购买的产品属于高触摸产品还是低触摸产品会影响他们的购物渠道偏好，其中，高触摸产品（高触觉信息诊断性产品）是指消费者在购买前通过触摸或体验来评估质量的产品。低触摸产品（低触觉信息诊断性产品）是指标准化的、不需要检验的产品。对于高触摸产品，消费者会更青睐于线下实体店，因为他们可以在购买前检查产品；对于低触摸产品，消费者可能出于节省时间的需要更倾向于选择线上购物渠道。例如，相比于电脑软件等低触摸产品，服装等高触摸产品更有可能在线下实体店被消费者购买。由此，笔者推测，高 NFT 者购买高触摸产品（vs.低触摸产品）时更倾向于选择线下实体店；低 NFT 者的购物渠道偏好不受产品特征的影响。感兴趣的读者可以检验这一推测。

四、产品触摸体验的有无不影响高、低 NFT 者对产品的估价和价格支付意愿

从前文介绍的内容可以得知，高 NFT 者需要依赖触摸产品来评估产品质量，减少受挫情绪，提高产品购买意愿，而低 NFT 者不存在上述触摸依赖心理。那么高 NFT 者是否会依赖触摸产品来判断产品的价值并确定自己的价格支付意愿呢？佩克和舒（Peck & Shu，2009）对此进行了检验。结果发现，NFT 的高低并没有调节产品触摸体验的有无对消费者的产品估价和价格支付意愿的影响，这就意味着产品触摸体验的有无对高、低 NFT 者的影响存在边界条件。也就是说，产品触摸体验的有无对高、低 NFT 者的影响差异停留在其对产品的评估和态度上，不能延展到对产品的估价上。

五、产品触摸体验的有无影响高 NFT 者的冲动购买

高 NFT 者（vs.低 NFT 者）更有可能是时尚变革者（Cho & Workman，2011），更有可能产生冲动购买行为，但他们不太可能冲动购买线上时尚产品（Phau & Lo，2004）。究其原因，主要是在线上购物情境下，高 NFT 者对产品的触摸受到限制，进而导致其无法对产品进行正确判断。

六、产品触摸体验的限制对高 NFT 者的跨情境影响

日常生活中，消费者通常会碰到两种形式的触摸限制：主动人际触摸阻断（如员工故意阻止消费者触摸产品）和被动人际触摸阻断（如产品的操作只能由员工

演示而消费者不能体验）。通常，如果员工故意阻止消费者触摸产品，消费者在离开商店前不会触摸或购买任何产品。然而，林格勒等（Ringler et al.，2019）和奥特布林（Otterbring，2016）的研究发现了与之相反的结果。具体而言，林格勒等（Ringler et al.，2019）发现，当一线员工故意阻止消费者去触摸某款正在展示的产品时，高 NFT 者（vs.低 NFT 者）会产生心理抗拒；为了应对这种心理抗拒，高 NFT 者会增加对随后遇到的其他产品的触摸和购买。此处的心理抗拒是指，个体重新建立因受到威胁或被消除自由的动机状态，表现为个体参与相关行为的欲望增加（Brehm，1966）。

本节介绍了高、低 NFT 者在有无产品触摸体验时对所评估的产品和其他产品的态度、行为以及购买渠道的选择。感兴趣的读者可以思考产品触摸体验的有无对高、低 NFT 者还会产生哪些影响？如果能够提出一些有新意的因变量，将是对这一研究议题的有力推进。接下来，第二节将介绍已有研究对产品触摸体验的有无对高、低工具型 NFT 者的后效差异的探究。

第二节　对高、低工具型 NFT 者的后效比较

在佩克和奇尔德斯（Peck & Childers，2003b）开发的触摸需求量表中，工具型触摸需求反映消费者为制定购买决策而进行的目标导向的触摸，这类触摸关注产品的质地、硬度、温度或重量等特性。在工具型触摸中，消费者扮演的是问题解决者的角色，会有意识地参与以目标为导向的触摸活动，即寻找产品信息并以此对产品进行判断（Peck & Childers，2003b）。例如，拿起一台笔记本电脑，通过对它的重量的评估，来推断它是否方便携带以决定是否购买的现象便属于工具型触摸。接下来介绍学术界围绕产品触摸体验的有无对高、低工具型 NFT 者的后效的差异这一议题开展的研究。

一、对高、低工具型 NFT 者的情绪补偿以及补偿后效比较

研究发现，积极情绪会增加高工具型 NFT 者对产品的质量判断信心和购买意愿（Zheng & Bensebaa，2021）。原因在于，高工具型 NFT 者在判断产品质量时更有可能使用产品的触觉信息，并且当可以触摸产品时，他们对产品的判断更有信心；当无法触摸产品时，他们可能会变得沮丧（Yazdanparast & Spears，2013），而积极情绪可以抵消高 NFT 者因无法触摸产品而产生的挫折感（Zheng & Bensebaa，2021）。这启示零售商可以通过温馨的网页设计、亲切的客服互动等方式增强工具型 NFT 者在线上购物时的积极情绪，进而提高这类消费者对线上产品质量的评估信心和购买意愿。

二、产品触摸体验的有无对高、低工具型 NFT 者的跨情境影响比较

根据笔者有限的文献积累，探究产品触摸体验的有无对高、低工具型 NFT 者的跨情境影响的文章非常稀少。其中，佩克和舒（Peck & Childers，2003b）认为，相对于享乐型 NFT 者，工具型 NFT 者更强调为获取产品信息而触摸，所以高工具型 NFT 者更加依赖产品触觉信息进行产品判断。对此，施特赖歇尔和埃斯蒂斯（Streicher & Estes，2016）提出了以下假设：先前触摸一款产品可以增加高工具型 NFT 者对随后遇到的与先前触摸的产品在尺寸和形状上相似的另一件产品的选择，视觉流畅性在这一跨情境效应中发挥中介作用，视觉密度和工具型触摸需求发挥调节作用。施特赖歇尔和埃斯蒂斯（Streicher & Estes，2016）的文章在前文已经介绍过，本节不再赘述。

本节介绍了产品触摸体验的有无对工具型 NFT 者的后效的相关研究。接下来介绍学术界围绕产品触摸体验的有无对享乐型 NFT 者的后效开展的研究。

第三节 对高、低享乐型 NFT 者的后效比较

享乐型触摸需求强调的是触摸产品带来的享乐价值（Peck & Childers，2003a），反映的是消费者寻求乐趣、高唤醒状态、感官刺激等的享乐导向（Peck & Childers，2003b）。接下来梳理学术界围绕产品触摸体验的有无对享乐型 NFT 者的后效开展的研究。

一、产品触摸体验的缺乏会降低高享乐型 NFT 者和高工具型 NFT 者线上购物的可能性

曼萨诺等（Manzano et al.，2016）的研究发现，高享乐型 NFT 者和高工具型 NFT 者在线上购买服装的可能性较低。这说明对于服装这类触觉属性明显的产品，高享乐型 NFT 者和高工具型 NFT 者对产品的触觉感知影响其对产品的评估。原因在于该类产品的主要属性是纹理，而纹理能够传达出产品的触感信息，如柔软、温度等。此外，曼萨诺等的研究还发现，高享乐型 NFT 者和高工具型 NFT 者在线上渠道的信息搜寻数量上不存在差异，这说明产品触摸体验的有无对这两类消费者的影响差异存在边界条件。笔者猜测，很有可能对于与态度相关的因变量，这一差异存在；而对于认知加工之类的因变量，这一差异消失。感兴趣的学者可以围绕这一点深入挖掘。

二、高、低享乐型 NFT 者谁更易受触觉线索的说服存在争议

关于高、低享乐型 NFT 者谁更易受产品触觉线索的说服这一问题，学者之间没有达成一致的意见。佩克和威金斯（Peck & Wiggins，2006）的研究发现，附在宣传手册上的触觉元素能提高手册宣传内容的说服力，这一效应在高享乐型 NFT 者身上更为明显。此外，佩克和威金斯的后续研究发现了产品卷入度在上述效应中的调节作用（Peck & Wiggins，2011）。具体而言，对于高享乐型 NFT 者，无论他们对说服性诉求信息的卷入程度高还是低，触觉元素的出现都会增强他们对宣传内容的说服力感知；对于低享乐型 NFT 者，只有他们对宣传内容卷入程度高时，触觉元素才会增强他们对宣传内容的说服力感知。与佩克和威金斯（Peck & Wiggins，2006；2011）的研究结论相反，克里希纳和莫林（Krishna & Morrin，2008）提出，高享乐型 NFT 者较少受到非诊断性触觉线索的影响，因为高享乐型 NFT 者对非诊断性触觉线索的潜在影响有较高的意识和自我纠正能力。对于不一致的结论，克里希纳和莫林（Krishna & Morrin，2008）认为，这些研究结论存在争议的原因在于触觉线索在决策诊断性上的差异。具体而言，具有决策诊断性的触觉线索能够向消费者提供产品的属性和结构信息，而非诊断性触觉线索不能提供产品的属性或结构信息（Krishna & Morrin，2008）。作为对克里希纳和莫林（Krishna & Morrin，2008）观点的推进，金和潘（Jin & Phua，2015）的研究发现，低享乐型 NFT 者（vs.高享乐型 NFT 者）在品牌信任和感知品牌兴奋度方面更容易受到触觉刺激反馈的影响。

三、有产品触摸体验能增加高享乐型 NFT 者对产品的冲动购买

有产品触摸体验是否会激发高享乐型 NFT 者对产品的冲动购买行为？佩克和奇尔德斯（Peck & Childers，2006）发表在《商业研究杂志》上的文章探究了这一问题。接下来，笔者详细介绍这篇文章。

（一）作者为何开展这一研究？

佩克和奇尔德斯（Peck & Childers，2006）进行这项研究主要基于两个目的：①验证鲁克和费希尔（Rook & Fisher，1995）发现的冲动购买的规范性评价对冲动购买特质和冲动购买行为间的关系起到调节作用；②通过探究触觉元素如何影响消费者的冲动购买来推进有关冲动购买的研究。

（二）作者基于什么推理提出了什么观点？

消费者因缺少明确的购买目标而进行的冲动购买往往包含着享乐成分（Ramanathan & Menon，2002；Rook，1987），这为消费者的享乐性购物动机和冲

动购买行为之间的联系提供了理论上的支持。此外，享乐型 NFT 者习惯从记忆中获取快乐信息，而且表现出的享乐型触摸需求与其冲动购买特质相关（Peck & Childers，2003a）。基于此，佩克和奇尔德斯（Peck & Childers，2006）提出了文章的第一个观点：高享乐型 NFT 者比低享乐型 NFT 者更容易冲动购买。由于前人的研究指出，个体的冲动购买特质影响其冲动购买，环境特征也会通过增加触觉的显著性对其冲动购买产生影响（Underhill，1999）。基于此，佩克和奇尔德斯（Peck & Childers，2006）提出了文章的第二个观点：鼓励消费者触摸产品的环境线索会增加高享乐型 NFT 者和低享乐型 NFT 者的冲动性购买。

（三）作者如何检验这一观点？

佩克和奇尔德斯（Peck & Childers，2006）的实验采用 2（享乐型 NFT：高 vs.低）×2（购买点标识："感觉新鲜" vs.没有标识）双因素被试间设计，共有 170 个有效样本量。因变量为消费者实际的冲动购买行为。实验分两个阶段进行。第一个阶段是在美国中西部城市的一家超市进行。实验者在超市内观察消费者购买桃子的过程，随后让购买了至少一个桃子的消费者填写调查问卷。问卷包含对消费者的冲动购买水平的测量题项，还包括操纵核查题项（以确定消费者是否注意到实验者展示的购买点标识）。此外，实验者收集了消费者的姓名和地址信息，以便进行后续的跟踪调查。

为鼓励消费者参加第二个阶段的跟踪调查，实验者向消费者提供了抽奖机会，中奖者可获得价值 100 美元的超市购物礼券。该阶段的实验在 3 周内完成，实验者通过邮寄调查问卷的方式让被试填写包括享乐型触摸需求量表、购买冲动性量表、桃子冲动购买的规范性评估，以及人口统计学信息的调查问卷。实验结果复制了鲁克和费希尔（Rook & Fisher，1995）的研究结论，即他们也发现，高享乐型 NFT 者比低享乐型 NFT 者更容易冲动购买。此外，在有"感受新鲜"购买点标识的条件下，高、低享乐型 NFT 者的冲动购买行为均有所增加。这说明高、低享乐型 NFT 者都受到环境中触摸信息显著性标识的影响。

（四）这一观点有什么价值和启示？

在理论层面，佩克和奇尔德斯（Peck & Childers，2006）的研究发现，虽然所有消费者都受到环境中触觉刺激的影响，但高享乐型 NFT 者比低享乐型 NFT 者更容易冲动购买，这拓展了冲动购买的既有研究。在实践层面，佩克和奇尔德斯（Peck & Childers，2006）的研究结论为零售商提供了有益启示，即通过增加产品触摸的购买点标识、展示和包装，就可以促进享乐型 NFT 者的冲动购买。

第四节　待解决的研究议题

本章前三节梳理了产品触摸体验的有无对高、低 NFT 者，高、低工具型 NFT 者和高、低享乐型 NFT 者的影响。基于已有研究，笔者在本节提出三个有待未来解决的研究议题。关于前两个研究议题，笔者提出具体的研究假设（这些假设仅是笔者的猜想，还未开展实证研究加以检验）；关于第三个研究议题，笔者进行了相对广泛的思考。

一、产品触摸体验的有无对消费者产品获取方式的影响

消费者通过触摸产品可以获取产品在纹理、硬度、温度和重量等方面的信息。已有研究表明，产品触摸体验会正向影响消费者对产品的购买意愿。例如，佩克和奇尔德斯（Peck & Childers，2006）的研究发现，触摸产品会激发高享乐型 NFT 者的冲动购买行为。原因在于，产品触摸体验增加了这类消费者对产品质量的判断信心，进而提高了产品购买意愿（Zheng & Ebaa，2021）。当高享乐型 NFT 者无法触摸产品时，他们可能会变得沮丧（Yazdanparast & Spears，2013）。

消费者对产品的获取方式分为购买和租赁。与购买相比，租赁允许消费者以更低的成本去试错。因此，笔者提出假设 1。

假设 1：有产品触摸体验促使消费者选择购买而非租赁的产品获取方式。

佩克和舒（Peck & Shu，2009）的研究表明，在消费者对物品没有合法所有权的情况下，仅仅通过触摸物品就能增加消费者对该物品的估价和心理所有权/拥有者身份感知。根据心理所有权理论，个体对自己的拥有物有很强的心理所有权感知（Pierce et al.，2001）。因此，笔者推测，心理所有权高的个体比心理所有权低的个体更有可能想占有产品，进而会增加对产品的购买而非租赁。笔者由此提出假设 2。

假设 2：心理所有权在产品触摸体验的有无和产品获取方式的选择之间起到中介作用。

佩克和奇尔德斯（Peck & Childers，2003a）指出，高 NFT 者会积极寻求对产品的触摸，并在判断产品质量时更加依赖通过触觉获得的产品信息。因此，笔者推测，高 NFT 者会在触摸产品后选择购买而非租赁产品，而低 NFT 者的产品获取方式不受产品触摸体验有无的影响。笔者由此提出假设 3。

假设 3：消费者的 NFT 水平会调节产品触觉体验与产品获取方式间的关系。对于高 NFT 者来说，触摸（vs.不触摸）产品会增加他们对产品的购买而

非租赁；对于低 NFT 者来说，是否触摸产品不影响他们对产品的获取方式的选择。

二、主动限制和被动限制消费者的产品触摸体验对其炫耀性消费的影响

消费者在日常生活中常会遭遇主动人际触觉阻断和被动人际触觉阻断。林格勒等（Ringler et al.，2019）的研究表明，零售店的员工故意阻止消费者触摸店内展示的产品会使消费者产生心理抗拒感，进而会增加他们随后对其他产品的补偿性触摸行为。基于补偿性动机，笔者认为，主动人际触觉阻断会让消费者产生更强烈的心理抗拒感和补偿性消费。笔者由此提出假设 1。

假设 1：主动人际触觉阻断（vs.被动人际触觉阻断）会增加消费者的炫耀性消费。

个体会通过自己的行为或者选择来展示自己的存在，因此个体对产品的选择是其掌控环境的一种形式，也是自我表达的一种方式（Snibbe & Markus，2005；丁瑛，杨晨，2021）。与被动人际触觉阻断相比，主动人际触觉阻断对个体的消极影响更大。因为员工故意阻止消费者触摸产品可能隐含着对消费者的某种歧视，遭遇自由限制的消费者更希望通过自我表达的方式向外界传递自己的观点与想法（Kim & Sherman，2007），而炫耀性消费是表达自我、建立积极自我形象的重要方式（Belk，1988），笔者由此提出假设 2。

假设 2：低自我概念清晰性的个体更容易进行炫耀性消费。

自我概念清晰性是指个体对自我认识的清晰度、确信度、内部一致性和稳定性（Campbell et al.，1996）。米塔尔（Mittal，2015）提出，自我概念清晰性包含三个方面：清晰性、自信、稳定性。高自我概念清晰性意味着个体对自我的特性非常了解，且这一了解具有内部一致性和稳定性。低自我概念清晰性则意味着个体缺乏自我认识，且对自我概念存在不确定性、不稳定感和不一致感（Campbell et al.，1996）。笔者猜测，高自我概念清晰性会减弱主动人际触摸阻断对个体自我表达需求的影响，进而会降低个体做出炫耀性消费；但低自我概念清晰性的个体会在被限制触摸体验后基于自我表达的需求而进行炫耀性消费。笔者由此提出假设 3 和假设 4。

假设 3：自我概念清晰性调节主动性人际阻断与炫耀性消费之间的关系。

当消费者的自我概念清晰性较低时，主动人际触摸阻断（vs.被动人际触觉阻断）会促使消费者进行炫耀性消费；当消费者的自我概念清晰性较高时，这一现象消失。

假设 4：自我概念清晰性的调节作用受到自我表达需求的中介影响。

研究发现，自我缺失、边界模糊会增加个体的自我表达需求（Griskevicius et al.，2007）。自我表达有多种形式，言语、行为、选择均可表达个人看法，而在消费情境下，消费者会采用特殊购买行为来弥补需求。因此，基于补偿性需要，消费者会购买能够表达自我的产品。为了向他人传达关于自己的信息，个体通常会尝试耗费大量的经济资源以向他人传达自我的积极信息，以获得理想的结果。而根据前人在心理学领域对炫耀性消费的研究，炫耀性购买是表达自我、树立形象的重要方式（Belk，1988）。另有研究表明炫耀性消费能让个体获得在人群中的支配地位，表现自我（Charles et al.，2009）。

三、其他研究议题

关于产品触摸体验的有无对享乐型 NFT 者和工具型 NFT 者的影响，笔者认为学者可从两个方面进行思考：第一，探讨产品触摸体验的有无对高工具型 NFT 者和高享乐型 NFT 者在跨情境影响上的差异。比如，对于同一款产品，很有可能高工具型 NFT 者在触摸后会在随后情境中对与该产品无关的事物的判断更有信心，而高享乐型 NFT 者在触摸后会在随后情境中更加关注与该产品无关的事物的积极特征。第二，探究产品触摸体验的有无对高享乐型 NFT 者和低享乐型 NFT 者在实用品的信息搜寻和认知加工上的差异化影响。笔者猜测，高享乐型 NFT 者在触摸（vs.不触摸）享乐属性不明显的实用品后，会努力搜寻和加工该产品的享乐属性，但对于低享乐型 NFT 消费者，这一效应可能会消失。

第十四章

产品具体触感体验对不同触摸需求者的后效

在本章中，笔者将从光-粗、冷-热、轻-重、软-硬四种具体触感体验出发，讨论产品的具体触感体验对不同NFT者的影响。第一节以高NFT者和低NFT者作为比较对象，阐述对产品实物的具体触感体验对其在产品态度和行为上的影响差异。第二节阐述对图片或屏幕中产品的具体触感体验对工具型NFT者和享乐型NFT者的影响差异。第三节提出未来有待解决的研究议题。

图 14-1 是本章内容导图。

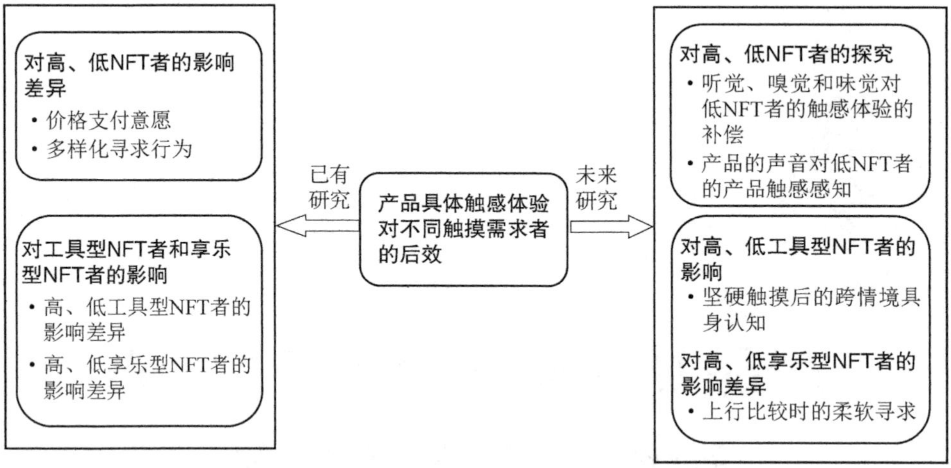

图 14-1　第十四章内容导图

第一节　对高、低 NFT 者的后效比较

本节介绍关于产品具体触感体验对高、低 NFT 者的后效的已有研究结论。学术界关注这一议题的研究并不多。本节重点介绍汪蕾等（Wang et al.，2020）以及林等（Lin et al.，2017）的研究。汪蕾等（Wang et al.，2020）关注消费者对盛放茶饮料的容器材质的具体触感体验是如何影响其对茶叶的态度的。林等（Lin et al.，2017）关注产品温度对消费者的产品多样化寻求行为的影响。

一、对容器材质的具体触感体验会影响高 NFT 者的价格支付意愿

汪蕾等（Wang et al.，2020）用陶瓷、玻璃、纸和塑料材质的杯子盛装相同的茶饮料让被试品尝，然后被试评价他们对饮料味道的熟悉程度、愉悦程度以及愿意支付的价格。结果发现，盛放茶饮料的容器材质显著影响被试在品尝茶饮料时的愉悦程度以及对茶饮料的价格支付意愿。具体而言，被试对陶瓷杯（vs.纸杯）里的茶饮料的愉悦程度评分更高。此外，高 NFT 者对陶瓷杯（vs.纸杯）里的茶饮料愿意支付更高的价格，而低 NFT 者对茶饮料的价格支付意愿不受容器材质的影响。汪蕾等（Wang et al.，2020）认为，高 NFT 者和低 NFT 者在对茶饮料的价格支付意愿上存在差异的原因是，容器材质提供了有关茶饮料的诊断性信息。比如，使用陶瓷杯盛放茶饮料时，许多泡茶过程的细节会被展示得更加细致与全面。高 NFT 者会依赖盛放茶饮料的容器材质的在触觉信息上的诊断性做出决策，而低 NFT 不受这

类诊断性触觉信息的影响。

二、产品温度会影响高 NFT 者对产品的多样化寻求行为

林等（Lin et al.，2017）发表在《管理评论》（*Management Review*）上的文章关注产品温度对消费者的产品多样化寻求的影响。这篇文章非常有趣，接下来笔者对其进行详细介绍。

（一）作者为何开展这一研究？

以往关于多样化寻求行为和其他消费行为决策的研究都采取纸笔测试的方式，但这些测试容易忽略消费情境的真实性。在实际消费时，消费者不仅会用视觉观察产品，还会用触觉感受产品。具身认知理论认为，个体的身体体验可能会影响个体的态度、判断力和行为。因此，从触觉的角度来研究多样化寻求行为是必要的。关于具体触感体验对高、低 NFT 者的后效的研究并不多。特别是从触觉的角度来研究多样化寻求行为的相关研究少之又少，为了弥补这一研究空缺，林等（Lin et al.，2017）探究了产品温度这一具体触感体验对消费者的产品多样化寻求行为的影响。

（二）作者基于什么推理提出了什么观点？

已有研究表明，个体对温度的感知会影响个体的判断和决策（Hong & Sun，2012）。例如，寒冷感知会增加人们对温暖的食物和饮料的获取渴望（Zhong & Leonardelli，2008）。多样化寻求行为是一种缓解无聊感、增加享乐感的活动，在补偿机制下，低温的感知会导致消费者做出补偿行为，多样化寻求行为正是此类行为之一。因此，林等（Lin et al.，2017）认为，低温产品导致消费者产生更高水平的多样化寻求行为，且这一现象在高 NFT 者身上更为明显，因为高 NFT 更需要通过触摸产品来判断产品质量。

（三）作者如何检验这一观点？

林等（Lin et al.，2017）开展了 4 个实验来检验上述观点，其中前 3 个实验证明了低温感知会导致消费者产生更多的多样化寻求行为。但此处笔者详细介绍第 4 个实验。该实验采用 2（产品温度：高 vs.低）× 2（NFT 特质：高 vs.低）的双因素被试间设计，共有 180 名被试。以某品牌的 330 毫升的纸盒装饮料（共 6 种口味）作为实验材料。因变量是对饮料的多样化寻求行为，以被试选择的不同口味饮料的数量作为衡量多样化寻求行为的指标。自变量为产品温度，其中低温定义为 15℃，常温定义为 28℃。

在实验过程中，被试被随机分配到低温产品组或常温产品组，并被告知实验

目的是提高消费者对市场上可用饮料的品牌知名度的认识。实验者首先要求被试填写一份关于饮料消费行为的问卷调查。问卷中的问题包括每周平均消费的饮料数量、消费最多的饮料类型，以及这些饮料的购买地点等。随后，实验者要求被试阅读每个饮料纸箱上的产品信息，如成分、营养成分和制造信息。这之后，实验者要求被试回答有关饮料知识的问题，包括饮料的营养成分、平均保质期和允许添加的食品添加剂。接下来，实验者对被试的多样化寻求行为进行测量。具体而言，实验者告知被试他们可以带 5 杯饮料（可以选择重复的口味）回家，并要求被试报告自己所选择的饮料组合。最后，实验者通过 NFT 量表测试了被试的 NFT 水平。结果发现，对于高 NFT 水平的被试，低温显著促进其多样化寻求行为；对于低 NFT 水平的被试，低温对其多样化寻求行为的影响并不明显。这一观点有什么价值和启示？

在理论层面，林等（Lin et al.，2017）的研究表明，低温感知可以促进消费者的多样化寻求行为，这为具身认知领域提供了一个新的研究方向，即温度也是影响多样性寻求行为的一个外部因素。在实践层面，林等（Lin et al.，2017）的研究对食品制造商和零售商均具有重要的启示意义。具体而言，食品制造商可以提供多种口味的产品来吸引消费者，零售商可以用多口味多品牌的方法来展示低温产品。此外，在以数量为基础的低温产品的促销活动中，零售商可以采用多口味或多类别的组合来增加消费者的购买欲望。

第二节　对工具型和享乐型 NFT 者的后效比较

消费者对产品的具体触感体验会对工具型和享乐型 NFT 者产生哪些差异化的影响？目前学术界只有极少数学者对这一问题进行了探究。本节将介绍学者围绕产品的具体触感体验对高、低工具型 NFT 者以及高、低享乐型 NFT 者的影响开展的研究。

一、产品具体触感体验对高、低工具型 NFT 者的影响差异

哈图拉等（Hattula et al.，2017）的研究发现，直接触摸界面（vs.间接触摸界面）可以增加消费者在多种判断和决策环境中的信心，原因可能与触摸屏的具体触感体验有关：触摸屏光滑、坚硬，使用起来非常流畅，并给人一种坚定的感觉。例如，当消费者使用触摸屏进行线上购物时，他们不太可能推迟购买决定并对自己选择的产品更有信心。此外，哈图拉等（Hattula et al.，2017）的研究还发现，

触摸屏光滑、坚硬的触感体验增强消费者决策信心这一现象只存在于高工具型NFT者上，对低工具型NFT者的影响并不明显。导致这种差异化影响的原因与消费者的错误归因有关：消费者没有充分区分物理环境中的触摸评估对象和显示评估对象的设备的触摸屏之间的关系。因此，高工具型NFT者把从触摸屏的触感体验中获得的信心归因于触摸屏中所显示的产品。

二、产品具体触感体验对高、低享乐型NFT者的影响差异

高享乐型NFT者感受到描述产品具体触感体验的营销刺激后，会更容易产生冲动购买（Peck & Childers，2006），说明产品具体触感体验对于高、低享乐型NFT者的影响存在差异。相比于低享乐型NFT者，高享乐型NFT者在感受到描述产品具体触感体验的营销刺激后，会更容易产生冲动购买行为。普里（Puri，1996）认为冲动行为是均衡冲动成本和收益的结果。冲动购买的特点是缺乏明确的购买目标和具体的购买计划，因此冲动购买涉及享乐的成分。高享乐型NFT者会长期从记忆中获取享乐信息（Peck & Childers，2003）。因此，高享乐型NFT者比低享乐型NFT者更易冲动购物（Peck & Childers，2006）。对此，学者提出了两种解释：第一种解释认为，高享乐型NFT者比低享乐型NFT者更容易获得触觉信息；第二种解释是高享乐型NFT者的认知资源受限。希夫和费多日肯（Shiv & Fedorikhin，1999）发现，在决策任务中，如果认知资源有限，享乐诱发的情感反应对消费者决策的影响更大。因此，佩克和奇尔德斯（Peck & Childers，2006）认为，杂货店是一个认知资源有限的环境，消费者在杂货店购物时更依赖于情感反应，进而导致高享乐型NFT者产生更多的冲动购买行为。

第三节　待解决的研究议题

第一节和第二节介绍了已有研究围绕高、低NFT者，高、低工具型NFT者，高、低享乐型NFT者开展的产品具体触感体验及其后效层面的已有研究。本节基于已有研究以及笔者的思考提出一些有待未来解决的研究议题。

一、通过其他感官补偿不同触摸需求者的具体触感体验及其补偿后效

有研究指出，视觉对不同触摸需求者在具体触感体验的补偿作用上存在显著差异（Peck & Childers，2003a）。那么其他感官，如嗅觉、听觉、味觉的补偿作用

机制是否会产生类似的效果？以听觉为例，笔者认为，低 NFT 者在听到对某产品的相关描述后很可能打消触摸该产品的想法。也就是说，对于低 NFT 者来说，对商品的有声描述能够替代对商品的触感体验。但对于高 NFT 消费者来说，即使听到了某产品的相关描述，依然会倾向于亲自触摸该产品以获取触摸体验和具体触感体验。也就是说，对于高 NFT 者，听觉信息无法补偿产品具体触感信息的缺失。感兴趣的学者可以检验这一推测。此外，学者还可以检验除听觉、视觉外的其他感官对低 NFT 者的补偿作用。

二、高、低工具型 NFT 者在触摸坚硬产品后的跨情境具身认知

施特赖歇尔和埃斯蒂斯（Streicher & Estes，2016）发现，先前触摸某一产品可以增加消费者随后对与该产品在视觉上相似的其他产品的选择。这种现象在高工具型 NFT 者身上明显，在低工具型 NFT 者身上消失。作为对这一研究的推进，笔者认为，学者可以探究高、低工具型 NFT 者在触摸坚硬的产品后对无关事物的决策信心。具体而言，在日常生活中，如果某个人性格柔软，人们会觉得这个人缺乏底气，而性格坚硬的人则让人感觉他很有底气。因此笔者猜测，对自己的购买决策缺乏信心的高工具型 NFT 者触摸坚硬的产品要比触摸柔软的产品更能增加他们对随后遇到的与先前所摸产品无关的事物的决策信心和底气。但这一现象在低工具型 NFT 者身上不成立。此外，学者还可以检验光-粗这对触感体验对高、低工具型 NFT 者的差异化影响。笔者认为，很有可能高工具型 NFT 者在触摸粗糙的产品后，会对随后看到的需要帮助的受难者更同情，对涉及伦理道德的决策更谨慎。感兴趣的读者可以检验上述猜测。

三、高、低享乐型 NFT 者在上行社会比较时的柔软触感寻求行为

社会比较的形式有两种：上行比较（与比自己更强的人比较）和下行比较（与比自己更差的人比较）。当个体进行下行比较时，自我满意度会提升（Wils，1981）；反之，当个体进行上行比较时，容易造成心理威胁，伤害自尊，导致消极的自我评价（韩晓燕，迟毓凯，2012；Collins，1996）。丁瑛和宫秀双（2016）的研究表明，社会排斥会导致消费者更加偏好触感柔软的产品，而不是触感坚硬的产品。因此，笔者推测，基于补偿性动机，面临上行比较时，高享乐型 NFT 者会通过触摸触感柔软的产品来缓解社会排斥带给自己的威胁体验。

四、感官交互对不同触摸需求者的后效

人类拥有 5 种最基本的感官，已有研究大多基于独立的感官开展（Lee &

Labroo，2004；Peck & Childers，2003a）。事实上，消费者对产品的评价和购买是一种多感官体验（Krishna & Morrin，2008）。施特赖歇尔和埃斯蒂斯（Streicher & Estes，2016）的研究表明，当触觉和视觉信息来源不同时，视觉和触觉的联动效应也可能发生。该结论为未来研究提供了一个新的方向——从感官交互的视角开展对不同触摸需求者的研究。感官交互是指在人们的感知过程中，一种感觉通道的信息输入会影响其他感觉通道的知觉。例如，产品的声音大小会影响消费者对产品的质地粗糙程度的感知——产品打开的声音越大，消费者感觉该产品越粗糙；声音越小，消费者感觉该产品越顺滑（Zampini et al.，2006）。

笔者认为，在感官交互层面，未来研究有必要探究听觉和触觉、味觉和触觉、嗅觉和触觉对不同类型 NFT 者的影响。味觉和触觉非常类似，都是一种具象的、近距离的感官形态，而听觉和视觉非常类似，都是一种相对抽象的、远距离的感官形态。这就意味着，触觉和味觉之间可能会实现交互作用，而听觉和视觉之间可能会实现交互作用。相比低 NFT 者，高 NFT 者会采取分析型加工方式并更多地依赖细节和具象信息。因此，笔者推测，商家同时描述无形产品的触觉信息和味觉信息，会让高 NFT 者感到产品更加具体、有形和实体，进而增加消费者对该类产品的偏好和购买；对于低 NFT 者，这种方式并没有显著效果。另外，笔者认为，触觉信息和听觉信息的搭配以及触觉信息和视觉信息的搭配对于低 NFT 者的效果可能会比高 NFT 者更好。感兴趣的读者可以检验上述猜测。

第十五章

产品触摸容易体验对不同触摸需求者的后效

本章关注产品触摸容易体验如何影响不同 NFT 者的产品态度和购买反映。在线上购物时，消费者无法在购前触摸产品实物，而线上购物又需要通过直接触摸界面或间接触摸界面来实现（Brasel & Gips，2014）。这两类界面的差异导致消费者产品触摸容易体验的差异——直接触摸界面比间接触摸界面更让消费者觉得屏幕中的产品触摸起来容易（Shen et al.，2016）。基于此，学者关于触摸容易体验对不同类型 NFT 者的影响研究聚焦直接触摸界面和间接触摸界面。本章第一节介绍这两类界面对高、低 NFT 者的影响差异的已有研究结果；第二节介绍这两类界面对高、低享乐型 NFT 者的影响的已有研究结果；第三节对未来有待解决的研究议题提出自己的思考和展望。

图 15-1 是本章内容导图。

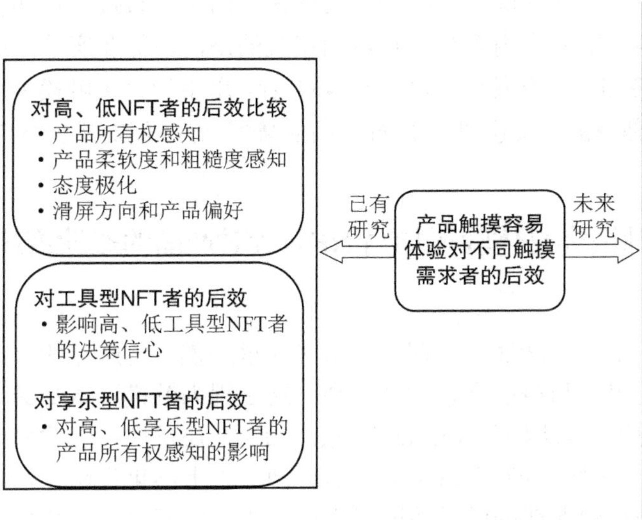

图 15-1　第十五章内容导图

第一节　对高、低 NFT 者的后效比较

本节介绍学术界关于触摸容易体验对高、低 NFT 者的影响的已有研究，这些研究主要围绕直接触摸界面和间接触摸界面展开。整体而言，本节涉及的文献数量偏少，但这些文献的结论都非常有趣。接下来，笔者简要介绍这些文献。

一、触摸屏诱发的触摸容易体验增强高 NFT 者对产品的拥有者身份感知

作为营销领域有关触摸屏研究的开创性研究，布拉塞尔和吉普斯（Brasel & Gips，2014）探究了消费者对直接触摸界面和间接触摸界面上呈现的产品的拥有者身份感知以及由此导致的禀赋效应。根据前文所述内容，触摸屏实际上并不能提供有关产品实物的具体触感体验，因此也无法提供诊断性信息或非诊断性信息。但布拉塞尔和吉普斯（Brasel & Gips，2014）指出，通过触摸屏（vs.鼠标）与产品的互动会让消费者对产品产生更高的拥有者身份感知，这一效应通常是通过触摸动作产生的。通过触摸屏（vs.鼠标）与产品互动导致消费者在评估产品时更多地依赖产品的触觉属性。触摸屏浏览产品增强了产品禀赋效应，这一现象之所以

出现，是因为消费者可以在触摸屏上直接触摸产品图像，从而模拟与产品的身体接触（Brasel & Gips，2014；Liu & Jiang，2020）。需要说明的是，布拉塞尔和吉普斯（Brasel & Gips，2014）的研究内容与本章最为相关的是，他们在实验一中将被试的 NFT 得分作为协变量。结果发现，对于高 NFT 者，用手指直接触摸（vs.用鼠标间接点击）图片或屏幕中的产品会增强其对产品的禀赋效应；但对于低 NFT 者，这一现象不存在。

二、触摸屏诱发的触摸容易体验增加高 NFT 者对产品的柔软度/粗糙度感知

刘杨和蒋镇辉（Liu & Jiang，2020）发现，消费者通过触摸屏与产品的互动会让消费者对产品的柔软度感知和粗糙度感知都更高，这是因为触摸屏本身具有相对坚硬和光滑的特点。刘杨和蒋镇辉（Liu & Jiang，2020）还发现，上述效应在高 NFT 者身上更为显著，在低 NFT 者身上无明显体现。以上结果说明，消费者可能会将从交互设备中获得的偶然的触觉体验错误地归因于交互设备上呈现的产品本身。

三、触摸屏诱发的触摸容易体验导致高 NFT 者的态度极化

汪蕾等（Wang et al.，2020）的研究发现，直接触摸界面（vs.间接触摸界面）更容易让消费者对事物的态度极化。具体而言，他们发现，对于消费者持有积极态度的目标物，用直接触摸界面呈现会提高消费者对该目标物的评价；对于消费者持有消极态度的目标物，用直接触摸界面呈现会降低消费者对该目标物的评价。此外，这一效应在高 NFT 者身上表现得更为明显。笔者认为原因可能是高 NFT 者对产品触觉信息的绝对依赖。

四、滑屏方向诱发的触摸容易体验增加高 NFT 者的产品偏好

滑动屏幕是在触摸屏界面上更换页面或搜索一些感兴趣的文字及图片时最常用的交互技术之一。滑动屏幕的方向有垂直（向上下滑动）和水平（向左右滑动）两种，因此滑动屏幕分为垂直滑动和水平滑动。这两类滑动方式对高、低 NFT 者的产品偏好是否存在差异化影响？学者对此展开了研究，结果发现，滑动方向和 NFT 水平对消费者的产品偏好有显著的交互作用（Ren et al.，2017）。具体而言，对于高 NFT 者，水平滑动（vs.垂直滑动）产品图片会让其对产品有更高的偏好；但对于低 NFT 者，这一效应消失。这一研究为线上零售上如何设计产品展示和滑屏方向提供了重要启示。

第二节　对工具型NFT者和享乐型NFT者的后效比较

根据笔者有限的文献积累，目前仅发现两篇符合本节主题的研究。一篇是哈图拉等（Hattula et al.，2017）探究触摸屏影响高工具型NFT者的产品决策信心的文章，另一篇是德弗里斯等（de Vries et al.，2018）探究直接触摸界面影响高享乐型NFT者对产品的拥有者身份感知的文章。对于哈图拉等的文章，笔者将简要介绍；对于德弗里斯等（de Vries et al.，2018）的文章，笔者将详细介绍。

一、触摸屏诱发的触摸容易体验增加高工具型NFT者的产品决策信心

哈图拉等（Hattula et al.，2017）发现，触摸屏（vs.非触摸屏）可以增强消费者对产品的购买决策和选购多种商品的信心。这一现象在高工具型NFT者身上明显，在低工具型NFT者身上消失。哈图拉等认为，导致这种差异化影响的原因与消费者的错误归因有关：消费者没有充分区分物理环境中的触摸评估对象（如商店中的产品）和显示评估对象的设备的触摸屏，因此，触摸屏会导致高工具型NFT者的信心膨胀。也就是说，高工具型NFT者把从触摸屏的触感体验中获得的信心归因于他们触摸到了触摸屏显示的产品。具体而言，在线下购物情境中，消费者会触摸评估对象来获得触觉信息，从而增加判断这些物体的信心；但在线上购物情境中，消费者通过触摸屏并不能获取所显示的评估对象的触觉信息，因此他们对该对象的判断信心会保持不变。哈图拉等（Hattula et al.，2017）认为，触摸促使高工具型NFT者的信心膨胀是因为这类消费者不能充分区分线下实体环境中的触摸评估对象（如商店中的产品）和仅显示评估对象的电子触摸屏。具体而言，在物理环境中，消费者会通过触摸评估对象来检查其触觉性质，从而获得判断这些物体的信心。相比之下，在数字环境中，消费者触摸电脑设备的屏幕是为了操作这些设备，不会因此获取所显示的评估对象的触觉信息。因此，他们对该对象的判断信心应该保持不变。但由于高工具型NFT者在触摸屏上也可以触摸图片中的产品，这类消费者会觉得他们对触摸到的在线产品有信心。

二、触摸屏诱发的触摸容易体验不影响享乐型 NFT 者对产品的拥有者身份感知

德弗里斯等（de Vries et al.，2018）的文章探究了直接触摸界面对享乐型 NFT 者的拥有者身份感知的影响。笔者围绕下述 4 个问题对这篇文章进行详细介绍，以加深读者对这篇文章的理解。

（一）作者为何开展这一研究？

使用直接触摸界面正迅速成为消费者完成线上访问的主要手段（Brasel & Gips，2014；2015）。有证据表明，设备界面的变化极大地改变了消费者对访问内容的感知，但目前学术界关于线上购物情境下设备界面对消费者行为的影响的研究不足（Brasel & Gips，2014；2015）。对此，德弗里斯等（de Vries et al.，2018）开展了这一研究，以探究不同的设备界面是否会导致消费者在心理所有权和所选产品的禀赋效应上存在差异，以及是否会影响消费者的情感体验。与本章主题最为相关的是，德弗里斯等（de Vries et al.，2018）探究了享乐型 NFT 者是否可以调节电脑界面对消费者的拥有者身份感知的影响。

（二）作者基于什么推理提出了什么观点？

直接触摸界面对消费者的拥有者身份感知的影响可能会受到一些因素的调节（Brasel & Gips，2014）。不同触摸需求者的个体差异可能会引发其对触摸刺激的不同反应（Peck & Childers，2003a）。高享乐型 NFT 者更倾向于提取触觉信息来体验快乐，也会在判断产品的过程中利用这些信息（Peck & Childers，2003a），并对产品形成积极态度（Peck & Wiggins，2006）。相比用鼠标点击产品图片，用手指触摸触摸屏上的产品图片与实际触摸产品的动作更一致（Brasel & Gips，2014）。基于此，德弗里斯等（de Vries et al.，2018）提出了下述观点：直接触摸界面（vs.间接触摸界面）将促使消费者对选定产品产生更高的拥有者身份感知和更大的禀赋效应。这一现象在高享乐型 NFT 者身上更为明显，在低享乐型 NFT 者身上消失，因为前者在触摸由直接触摸界面展示的产品后会产生更强的愉悦体验。

（三）作者如何检验这一观点？

德弗里斯等（de Vries et al.，2018）开展了一个实验来检验上述观点。该实验采取 2（设备界面：直接触摸 vs.间接触摸，被试间变量）× 2（产品交互性：低 vs.高，被试间变量）× 2（产品因素：Unox 低脂香肠 vs.Optimel 低乳糖乳品饮料，被试内变量）多因素混合设计。因变量为产品评估、拥有者身份感知和购物乐趣

感知。此外，实验者还测量了被试的享乐型 NFT 水平。该实验招募了 50 名被试，每个被试在 4 个处理条件下完成线上购物，每个处理条件的被试人数是 25 人。需说明的是，实验之所以选择 Unox 低脂香肠和 Optimel 低乳糖乳品饮料，是因为它们属于典型的触觉属性明显的商品并在已有研究中被证明是有效的食品类刺激材料。实验设备是多界面笔记本电脑，通过显示每个产品的静态 2D 与 360° 旋转 3D 图像，完成产品低交互性与高交互性的操纵。前者只需要一个简单的“点击+放大”功能就能实现，而后者需要一个在线动画工具来实现。

结果发现，界面类型和享乐型 NFT 对产品拥有者身份感知的交互效应不显著，对购物乐趣感知的交互效应显著。也就是说，高享乐型 NFT 者比低享乐型 NFT 者在直接触摸界面条件下感知的购物乐趣更大。具体实验结果见图 15-2。

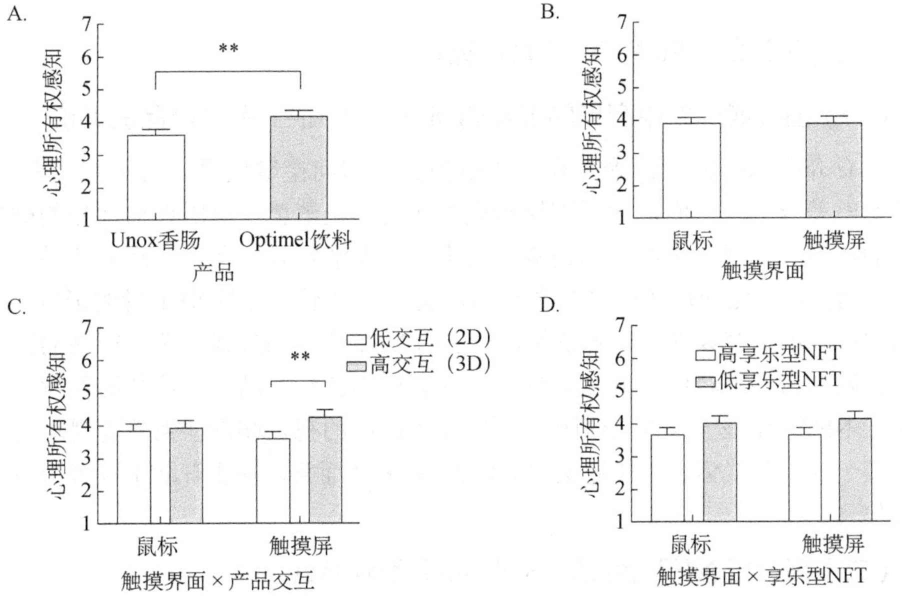

图 15-2 德弗里斯等（de Vries et al.，2018）的实验结果

（四）这一观点有什么价值和启示？

德弗里斯等（de Vries et al.，2018）的研究结果与佩克和巴杰（Peck & Barger，2008）发现的享乐型 NFT 对实际触摸和拥有者身份感知间的关系不存在调节作用这一结果一致。此外，德弗里斯等（de Vries et al.，2018）发现，高享乐型 NFT 者（vs. 低享乐型 NFT 者）使用直接触摸界面购物时会感知到更大的购物乐趣。正如佩克和威金斯（Peck & Wiggins，2006）所言，对于低享乐型 NFT

者，直接触摸还是间接触摸的改变并不能引起很大的反应差异。这表明，享乐型 NFT 者触摸产品的目的是获取愉悦感受而非拥有者身份感知。但是，由于德弗里斯等（de Vries et al.，2018）的实验样本量偏小，还需要更大样本量的实验来继续检验享乐型 NFT 者是否会在直接触摸界面上对产品有更高的拥有者身份感知。

第三节 待解决的研究议题

电脑界面对消费者产品触觉体验的影响是当前消费者产品触觉领域前沿性的研究议题，具有很大的探究价值。笔者基于已有研究和自己的思考提出下述三个未来有待解决的研究议题。

一、关于高、低 NFT 者的研究议题

（一）图片或屏幕中产品的视觉朝向影响高 NFT 者对产品的评价

本章介绍的研究全部聚焦在直接触摸界面和间接触摸界面对不同类型 NFT 者的影响差异上。然而，除了直接触摸界面会诱发消费者对所评估产品的触摸容易体验，图片或屏幕中产品的视觉朝向也会诱发消费者对所评估产品的触摸容易体验。因此，探究图片或屏幕中产品的视觉朝向对不同类型 NFT 者的影响，是一个值得关注的研究议题。笔者猜想，对于高 NFT 者，图片或屏幕中产品的视觉朝向和消费者滑动屏幕的方向之间的一致性会增强其对产品的评价和购买欲望；但对于低 NFT 者，这一效应会消失。原因在于产品的视觉朝向和消费者滑动屏幕的方向属于非触觉线索，而非触觉线索对低 NFT 者而言，并非有助于决策形成的诊断性信息。

（二）高、低 NFT 者偏好不同的屏幕互动方式

屏幕互动方式可以根据消费者滑动屏幕的方向来划分，也可以根据消费者触摸屏幕的方式来划分。任等（Ren et al.，2017）的研究关注了消费者垂直滑动屏幕和水平滑动屏幕对高、低 NFT 者的差异化影响。未来研究可以探究点击和滑动屏幕对高、低 NFT 者的差异化影响。笔者认为，点击和滑动都是消费者在触摸屏上用手指与产品进行互动的方式，但点击更为精准和短暂，滑动更为宽泛和持续。这就意味着，消费者在点击屏幕时会更加感性和快速，进而有更强的心理体验和更积极的产品评价；但消费者在滑动屏幕时会更加依赖理性思维，会对产品决策进行深思熟虑的加工，进而对产品的判断更加客观和准确。此外，产品触觉信息

的补偿对低 NFT 消费者有效，但对高 NFT 消费者效果不明显（Peck & Childers，2003a），高 NFT 者比低 NFT 者往往更加理性（Grohmann et al.，2007）。因此笔者推测，滑动屏幕这类屏幕互动方式更适合高 NFT 者而非低 NFT 者，而点击屏幕这类屏幕互动方式更适合低 NFT 者。

二、关于工具型 NFT 者和享乐型 NFT 者的研究议题

（一）工具型 NFT 者比享乐型 NFT 者更易受直接触摸界面的影响

前文介绍的布拉塞尔和吉普斯（Brasel & Gips，2014）的研究表明，相比于低 NFT 者，高 NFT 者在直接触摸界面（vs.间接触摸界面）上浏览产品时对产品的拥有者身份感知更高。但是，德弗里斯等（de Vries et al.，2018）却发现，高享乐型 NFT 者在直接触摸界面和间接触摸界面上浏览产品时对产品的拥有者身份感知相似。这是两个彼此矛盾的研究结论，读者可能认为是由于产品因素导致的。因为布拉塞尔和吉普斯（Brasel & Gips，2014）用的是无形的旅游类产品，而德弗里斯等（de Vries et al.，2018）用的是有形的饮料类产品。此外，布拉塞尔和吉普斯（Brasel & Gips，2014）比较的是高、低 NFT 者之间消费者之间的差异，德弗里斯等（de Vries et al.，2018）比较的是高、低享乐型 NFT 者。除了上述明显的差异外，电脑界面类型和消费者对产品的拥有者身份感知间的关系是否也会受消费者 NFT 水平的调节以及受哪类 NFT 的调节，是一个非常值得探究的问题。如前所述，工具型 NFT 者通过触摸获取评估产品的信心，而享乐型 NFT 者通过触摸获取情感愉悦。拥有者身份感知是由对产品的控制感诱发的，（Peck & Shu，2009）而控制感又是自我效能感和自信的来源，因此笔者推测，直接触摸界面（vs.间接触摸界面）引发的拥有者身份感知的现象在高工具型 NFT 消费者身上成立，但在高享乐型 NFT 消费者身上消失。

产品触摸体验的有无会是影响禀赋效应的因素之一，但 NFT 不会调节产品触摸体验的有无对产品禀赋效应的影响（Peck & Shu，2009）。那么，工具型 NFT 是否会调节界面类型对消费者对产品的禀赋效应的影响之间的关系？这是一个未经检验的研究话题。

（二）高工具型 NFT 者比低工具型 NFT 者有更强的触感确认心理

布拉塞尔和吉普斯（Brasel & Gips，2014）指出，未来研究需要探索界面纹理在消费者对产品的评估中的作用。触摸屏光滑的触感可能与消费者正在浏览的产品的触觉属性有很大差异，这是否会造成消费者对产品视觉特征和触觉描述的冲突感知，进而导致消费者通过实际触摸做出触感确认？笔者认为，这一问题的答案是肯定的。在光滑的触摸屏上评估粗糙或柔软的产品会让高工具型 NFT 者对

产品产生触感确认心理，这一心理最终会导致高工具型 NFT 者对产品的态度变得复杂。具体而言，笔者推测，如果产品所属的品牌强调自身是一个待消费者友好真诚的品牌，高工具型 NFT 者会降低对光滑触摸屏上呈现的具有粗糙或柔软触感特征的产品的评价；如果产品所属品牌强调自身是一个让消费者产生兴奋感的品牌，高工具型 NFT 者会提高对光滑触摸屏上呈现的具有粗糙或柔软触感特征的产品的评价。对于低工具型 NFT 者，这一现象不存在。这是一个非常有趣的研究猜想，笔者也正在开展实证研究检验这一猜想。

（三）直接触摸界面对高工具型 NFT 者的决策信心产生复杂影响

高工具型 NFT 者渴望通过触摸产品来提升对产品的决策信心，进而制定产品购买决策（Peck & Childers，2003b）。直接触摸界面可以让高工具型 NFT 者直接触摸到产品图片，这种触摸容易体验是会增加其对产品的决策信心，还是会降低其决策信心呢？这是一个复杂的、值得探究的研究议题。对这一问题的回答要考虑产品特征和消费者特征两方面。笔者认为，如果是常见的产品，触摸容易体验会增加高工具型 NFT 者的产品决策信心；但如果是稀缺产品，触摸容易体验会让高工具型 NFT 者对产品的正宗性和质量产生怀疑。日常生活中消费者对于轻易触摸或获得稀缺产品是持有怀疑态度的，因此会对产品的正宗性产生怀疑，这一现象与上述推理逻辑是类似的。此外，笔者认为，除了产品自身的稀缺性外，产品自身的价格也会产生类似影响。也就是说，高工具型 NFT 者会更对直接触摸界面呈现的高价产品的质量、真假持怀疑态度；而对于低价产品，这一现象则会消失。最后，笔者猜测，消费者自身的触摸想象能力将是一个可能的调节变量。具体而言，对于触摸想象能力强的高工具型 NFT 者，直接触摸界面（vs. 间接触摸界面）更能让他们产生对稀缺、高价产品的触摸容易体验，进而产生对这类产品正宗性和质量的怀疑；对于触摸想象能力弱的高工具型 NFT 者，上述现象消失。感兴趣的学者可以检验上述猜测。

三、关于高、低享乐型 NFT 者的研究议题

（一）直接触摸界面对高享乐型 NFT 消费者的跨情境影响

享乐型 NFT 者触摸产品主要是为了获得愉悦的触摸体验。但是，触摸屏上的产品图片和产品实物截然不同。因此，无论高享乐型 NFT 者是通过直接触摸界面还是间接触摸界面评估产品时，他们通过触摸寻求积极情绪体验的需求都得不到满足，这会对高享乐型 NFT 者在随后情境中的心理和行为产生什么影响呢？这是一个值得探究的话题。笔者推测，通过直接触摸界面（vs.线下实体店）购物时，由于缺乏愉悦的产品触觉体验，高享乐型 NFT 者的随后购物行为会更加感性和冲

动。具体表现为，通过触摸屏触摸产品图片（vs.触摸产品实物）会让高享乐型NFT者在随后的购物情境中为“感觉好的产品”付溢价，会对购买计划外但强愉悦体验的产品有更高的购买意愿。但对于低享乐型NFT者，这一现象并不存在。

（二）图片或屏幕中产品的动态感对高、低享乐型NFT者的影响

具有动态感的产品广告或宣传片会让消费者感到愉悦和惊喜，而高享乐型NFT者触摸产品主要是为了获得愉悦的触摸体验。因此，笔者推测，动态感高（vs.低）的产品图片或宣传片会让高享乐型NFT者感受到惊喜和兴奋，进而增强对产品的好感和提高购买意愿，这一现象在低享乐型NFT者身上消失。其中，和本章关注的触摸容易体验联系最为紧密的一点是，当具有动态感的产品是与危险、风险等联系的公共类产品（如交通警示标识、禁止攀岩等警示标识）时，笔者猜测，高享乐型NFT者会更快地意识到危险/风险，进而减少危险/风险寻求行为，这一现象在低享乐型NFT消费者身上不明显。感兴趣的读者可以检验这一猜想。

第六篇 总结与讨论

本篇仅包含第十六章。笔者在这一章首先分别对前面篇章进行了小结，其次介绍了本书的创新之处和特色，再次对本书的价值进行了讨论，最后指出了本书的不足和未来的研究方向。其中，笔者对本书的创新之处的论述主要基于对已经发表的消费者触觉综述的研究空缺展开的。对于本书的特色，笔者侧重从写作思路、写作方式和交叉融合视角等进行总结。在阐述本书价值时，笔者从研究者、管理者、政策制定者和消费者四个主体的角度进行总结。作为本书的最后一篇内容，本篇将为本书画上句号。

第十六章

总结和讨论

触觉作为个体基本的感觉器官之一，在消费中发挥着不可或缺的作用。消费者对产品的搜寻、评估、决策、使用和处置等均离不开触觉。在线上购物盛行的当下，消费者对产品触觉的依赖比以往更加强烈。因为没有手部对间接触摸设备和直接触摸设备的操作，消费者的线上购物就无法完成。撇开购物不说，在当下的信息时代，没有手部对输入设备的触摸动作，消费者的工作、社交、娱乐等也不可能完成。既然触觉有如此重要的作用，市场营销和消费者行为领域的学者需要如何研究消费者对产品的触觉体验呢？本篇通过对前五篇内容的总结对这一问题进行相对深入的回答。

第一节 本书小结

谈及消费者的产品触觉体验，人们直觉上会认为触摸产品就是获取产品的具体触感体验，因此人们常将产品触觉体验等同于对产品的具体触感体验。但是，通过本书的介绍，读者就会发现，消费者的产品触觉体验除了包含对产品的具体触感体验外，还包括对产品触摸体验的有无及对产品的触摸容易体验。其中，产品触摸体验的有无伴随着消费者触摸产品的动作的发生而自然产生，即只要消费者触摸产品，就会产生触摸体验。这类体验强调自己能否触摸产品或自己是否被允许触摸产品。此外，产品触摸容易体验也常常被人们忽视。但作为一种元认知体验，产品触摸容易体验对消费者的心理和行为具有非常大的影响，从本书第十章和第十一章的阐述中就可得知。

一、第一篇小结

在明确界定消费者对产品实物或产品图片的三类产品触觉体验后，笔者在第一章对这三类产品触觉体验的概念界定、研究价值、方法和理论基础依次进行了论述。其中，在介绍研究价值时，笔者分别从理论价值和实践价值两个方面进行论述。在介绍理论基础时，笔者根据自己的积累和思考总结出了学者研究消费者的三类产品触觉体验时所涉及的六大理论基础；在介绍研究方法时，笔者论述了实验室实验、田野实验、问卷调查法。这些介绍能够帮助读者掌握消费者的产品触觉体验的基础知识并形成基础认知。

第二章介绍了已有的消费者触觉综述。之所以介绍综述而不是具体的研究，是因为一篇综述往往是作者花费大量时间和精力对众多单篇实证研究进行思考和整理后形成的精华。这就使得介绍一篇综述不仅能使读者了解综述涉及的多篇实证研究，还能对综述介绍的研究主题有更加宏观和整体的认识。笔者在对已有的消费者触觉综述进行简要述评后，总结出了目前这些综述研究存在的研究空缺，并基于这些研究空缺，经过对相关实证文献的阅读、思考和积累，在第二章创新性地提出了消费者三类产品触觉体验的研究框架。具体而言，笔者首先论述了解决上述三大研究空缺的理论重要性和实践必要性，之后对本书提出的研究框架进行了简要介绍。这一研究框架包含消费者三类产品触觉体验的前因和后效层面已经开展的研究议题，以及未来有待解决的研究议题。读者了解了这一研究框架便了解了本书的大致结构。

二、第二篇小结

第二篇针对消费者三类产品触觉体验的前因层面的研究议题进行了梳理和展望。由于消费者只有在线下购物时才会产生产品触摸体验和对产品的具体触感体验，所以这两类触觉体验对应线下购物；而消费者在线上购物时才会体验到对产品的触摸容易体验，所以这类触觉体验对应线上购物。第二篇包含本书的第三章至第五章，其中，第三章关注产品触摸体验的有无的前因，介绍了已有研究探究的消费者层面、情境层面和产品层面的哪些因素会诱发消费者做出触摸产品的行为。这些因素包含但不局限于消费者的触摸需求、解释水平、心理抗拒水平、诱发个人控制感缺乏的情境以及产品类型（触觉属性丰富的产品 vs.视觉属性丰富的产品）等。随后，关于消费者对产品触摸体验有无的诱发因素的展望，笔者认为未来研究可以从其他产品层面的因素（如产品的稀缺诉求、透明包装、产品与消费者间的时间距离和概率距离等）和消费者层面的因素（如消费者评估产品的手是否被占用、消费者对产品的触摸容易体验）来进行探究。

第四章介绍了产品具体触感体验的诱发因素的已有研究，并对有待未来解决的研究议题进行了思考和展望。不同产品的触感存在天然差别，因此，第四章关注的是针对同一产品，有哪些因素会促使消费者对其的具体触感形成差异性的感知。第四章涉及的文献非常少，因此笔者对单篇文献进行了详细介绍。具体而言，该章首先介绍了已有研究识别出的消费者层面的因素（如消费者的需求状态和对产品的拥有者身份感知）如何影响消费者对同一产品的轻-重触感感知。随后，介绍了已有研究报告的情境层面的因素（如消费者用触觉还是视觉评估产品、消费者是否正在经历社会排斥等）如何影响消费者对同一产品的轻-重触感感知和冷-热触感感知。最后，围绕产品具体触感体验的其他诱发因素进行了未来研究展望。

第五章关注消费者的产品触摸容易体验的诱发因素，并在介绍相关已有研究的基础上对这一主题的未来研究进行了展望。由于产品层面和消费者层面的因素交互影响消费者的产品触摸容易体验，因此第五章介绍了学者对这两类因素交互作用的思考。具体而言，该章首先介绍了学者为何认为图片中物体尺寸和消费者身体姿势之间的相容性、图片或屏幕中产品的视觉朝向、消费者抓产品的手是否同侧，以及消费者评估产品的手是否被占用的交互作用，会影响消费者对产品的触摸容易体验。随后，介绍了学者围绕消费者对产品的触摸容易体验的情境层面的诱发因素开展的研究议题。需要说明的是，这些情境层面的诱发因素聚焦于电脑界面视角。最后，笔者对消费者的产品触摸容易体验的诱发因素提出了个人思考。

三、第三篇小结

如果说第二篇对线下购物和线上购物都有侧重，那么第三篇则是基于线下购物视角对消费者的三类触觉体验的后效层面的已有研究进行了论述，并展望了未来研究议题。第三篇包括本书的第六章至第八章。其中，第六章和第七章分别基于同情境视角和跨情境视角，对产品触摸体验的有无这类触觉体验对消费者心理和行为的后效进行了介绍。此处的同情境是指自变量和因变量都在同一情境中发生。其中，消费者的产品态度和行为是因变量，消费者对产品的触摸行为是自变量。而跨情境是指自变量和因变量在不同情境中发生，其中，消费者在随后情境中对其他产品的态度和行为是因变量，消费者对先前情境中产品的触摸行为是自变量。第八章介绍了探究产品具体触感体验的后效的已有研究，且笔者对未来有待解决的研究议题进行了思考和展望。

在第六章基于同情境视角阐述产品触摸体验的有无对消费者心理和行为的后效时，笔者从消费者本人或他人作为触摸主体两个角度进行了分别阐述。具体而言，消费者本人有无触摸产品的体验会对消费者的产品态度（含情绪维度、认知和感知维度以及行为倾向维度）和行为（含口碑传播行为、品牌选择行为和实际购买行为）产生影响。他人对产品触摸体验的有无会产生正性传染效应和负性传染效应两大结果。此外，第六章介绍了学者围绕消费者和他人都触摸过同一件产品后消费者的创造力是否会得到提升这一主题开展的已有研究。在第六章末尾，笔者提出了未来有待解决的研究议题。

在第七章基于跨情境视角阐述产品触摸体验的有无对消费者心理和行为的后效时，笔者对产品触摸体验的有无进行了细分，并分别阐述了学者围绕消费者先前有无产品触摸体验及消费者先前是否有被允许触摸产品这两类情形下的产品触摸体验的有无的跨情境后效的已有研究。具体而言，先前有无触摸产品的动作会影响消费者随后对其他视觉上与先前产品相似的产品和视觉上极度不一致的新产品的选择。然而，先前是否有被允许触摸产品会影响消费者的店内消费金额、对昂贵产品的购买，以及对随后遇到的其他产品的触摸和购买。随后，笔者针对他人触摸产品对消费者产生的跨情境影响提出了几个研究猜想。在该章末尾，笔者对未来有待探究的一系列研究议题进行了思考和展望。

第八章论述了消费者对产品的四类具体触感体验对其的后效，笔者介绍了学者已经开展的相关研究并展望了未来研究方向。具体而言，该章梳理了软-硬触感、光-粗触感、轻-重触感和冷-热触感对消费者认知、情感和行为的不同影响。由于还未有学者围绕他人对产品的具体触感体验开展相关研究，所以笔者基于个人思考提出了他人对产品的具体触感体验会对消费者的心理和行为产生的一系列影响猜想。在该章末尾，笔者针对产品具体触感体验的其他可能后效提出了一系列有待未来解决的研究议题。

四、第四篇小结

第四篇基于线上购物的视角阐述了学者围绕消费者的三类产品触觉体验开展的已有研究，并展望了未来研究议题。具体而言，该篇首先阐述了如何补偿线上购物情境下消费者产品触摸体验和产品具体触感体验的缺乏，以及这些补偿策略的后效。之所以介绍这两类产品触觉体验的补偿，是因为在线上购物情境下，消费者购前无法触摸产品，也就无法产生触摸体验和对产品的具体触感体验，而另一类和线上购物紧密相关的触觉体验——产品触摸容易体验则不需要补偿，反而需要增强。所以，如何补偿消费者缺乏的这两种产品触觉体验就成了提升消费者线上购物体验的关键。因此，该篇随后对如何增强消费者的产品触摸容易体验及其后效进行了阐述。

第九章介绍了学者围绕线上购物情境下产品触摸体验和产品具体触感体验缺失的补偿策略及其补偿后效开展的研究。这些研究涉及通过消费者本人或他人的行为对这两类触觉产品体验进行补偿。对此，笔者进行了分别阐述。随后，基于对已有研究的梳理和个人的思考，笔者提出了一系列未来有待解决的研究议题。

第十章和第十一章都关注消费者的产品触摸容易体验对其心理和行为的后效。但第十章从电脑界面视角展开论述，第十一章则从非电脑界面视角开论述。具体而言，在第十章中，笔者首先介绍了消费者在直接触摸界面和间接触摸界面浏览产品时在产品触摸容易体验上的差异。之后，介绍了已有研究总结出的由这两类电脑界面的差异所导致的七类后效。最后，笔者基于电脑界面视角提出了一系列未来有待开展的研究议题。

在第十一章中，笔者首先对学者开展的非电脑界面视角下的产品触摸容易体验的后效的研究进行了阐述。这些研究关注图片或屏幕中产品的视觉朝向如何通过影响消费者的产品触摸容易体验，进而影响消费者的情绪及对产品的评估和购买意愿。随后，从消费者身体姿势和图像动态感这两个视角介绍了学者开展的相关研究。这些研究涉及如何通过消费者的趋近性姿势和图像的高动态感影响消费者的产品触摸容易体验，进而影响消费者对产品的评估和风险规避行为。最后，笔者基于对已有研究的梳理和个人的思考提出了有待未来解决的研究议题。

五、第五篇小结

第五篇介绍了学术界围绕不同类型 NFT 者的识别以及三类触觉体验对不同

类型 NFT 者的后效的已有研究。本篇包括本书的第十二章至第十五章。其中，第十二章关注不同类型 NFT 者的识别，分别从人口学和心理行为层面介绍了高、低 NFT 者，高、低工具型 NFT 者以及高、低享乐型 NFT 消费者之间的差异。了解这些差异能够帮助研究者和管理者识别不同消费者的触摸需求水平。第十三章介绍了产品触摸体验的有无对不同类型 NFT 者的后效。第十四章介绍了产品具体触感体验对不同类型 NFT 者的后效。第十五章介绍了产品触摸容易体验，尤其是直接触摸界面引发的触摸容易体验对不同类型 NFT 者的后效。在本篇各章的最后，笔者分别提出了相应的未来有待解决的研究议题。

第二节　本书创新之处和特色

从本章第一节对本书前五篇内容的简要小结可以看出，本书具有相对完整的阐述体系和相对清楚的阐述思路。接下来，笔者将论述本书的创新之处和特色。需要说明的是，这些创新之处和特色是相对而言的，读者也可以有其他思考。

一、本书创新之处

（一）本书的创新之处在于关注了消费者的产品触摸容易体验

在进行线上购物时，消费者会对图片或屏幕中的产品产生触摸容易体验或触摸困难体验。但是已有的消费者触觉综述并没有关注这类触觉体验。此外，已有的产品触觉领域的实证研究也仅把这类触觉体验当作中介变量加以提及，且研究中涉及这类触觉体验的内容相对来说比较分散和凌乱，不便于读者系统了解这类消费者触觉体验。因此，基于多年的文献积累和个人思考，笔者从前因和后效两个层面揭示了消费者产品触摸容易体验究竟是如何形成以及如何影响消费者心理和行为的。这是本书最大的创新之处。

（二）同时关注三类产品触觉体验并分别对其前因和后效进行梳理和挖掘

作为对消费者产品触觉体验的综述，本书弥补了已有综述未同时关注消费者三类产品触觉体验的这一研究空缺。已有的消费者产品触觉体验综述，要么着眼于对消费者触觉领域进行概括性介绍，要么着眼于对消费者触觉领域的子领域进行专题综述。然而，目前未有学者对产品触觉体验的前因和后效层面进行梳理。此外，关于消费者的三类产品触觉体验的前因，已有实证研究仅将其当作自变量或中介变量，而本书分别对这三类触觉体验的前因进行了整理和挖掘。事实上，由于产品触觉体验的后效具有更大的营销实践价值，所以绝大多数的产品触觉实证研究都是聚焦于后效介绍。需注意的是，同时关注前因和后效是必要并且有价值的，这可以让学者和实践者在了解诱发三类触觉体验的因素的基础上，通过改变或添加前因来后效。实际上，前因和后效就像消费者产品触觉研究的两条腿，离开任何一条腿都不能稳步前行。

（三）提出了三消费者产品触觉体验的未来研究议题

本书提出的有待学者未来解决的研究议题是笔者的原创性观点或猜想，这是本书的核心创新之处。本书不仅聚焦于介绍已经开展的研究议题，还花费很多笔墨展望有待研究者未来解决的研究议题。在阐述这些待解决的研究议题时，并不是对其进行笼统的框架式介绍，而是提出了一系列相对具体的、涉及具体自变量和因变量的研究猜想或研究假设。这些待解决的研究议题如果能够被检验或验证，将是本书对消费者产品触觉这一领域的贡献。

（四）梳理和展望了不同类型 NFT 者的相关研究

自从佩克和奇尔德斯（Peck & Childers，2003a；2003b）提出消费者触摸需求可以分为工具型和享乐型维度后，学术界围绕佩克和奇尔德斯（Peck & Childers，2003b）开发的 NFT 量表开展了大量实证研究。但是，目前尚未有学者对不同类型 NFT 者的识别以及对三类产品触觉体验对不同类型 NFT 者的后效加以梳理、述评和展望。本书第五篇做了上述工作，这些梳理、述评对营销管理者的市场细分和产品定位有重要的管理启示。

二、本书特色

（一）多角度阐述

本书从多角度对消费者三类产品触觉体验的前因和后效进行了梳理和阐述。这些阐述视角包括但不局限于：①消费者本人触摸视角和他人触摸视角；②同情境和跨情境视角；③产品视角、消费者视角和情境视角；④电脑界面视角和非电脑界面视角；⑤态度的情绪维度、认知维度和行为倾向维度的视角。从多角度对三类产品触觉体验的前因和后效进行介绍，能够帮助读者在头脑中建立起消费者产品触觉的架构。此外，有助于促使感兴趣的研究者开展更多视角下的消费者产品触觉研究。

（二）问题回答式介绍

本书第二篇至第四篇都涉及学者已经开展的研究议题。在介绍这些研究议题时，笔者对文献数量丰硕和集中的研究议题从整体上进行归纳介绍，对文献数量少和分散的研究议题，则采用问题回答式的写作逻辑详细介绍单篇文献。

具体而言，关于一些选题有趣的、研究主题和本书内容相关，并且被发表在权威期刊上的文章，本书通过回答如下四个问题对其展开系统的介绍：①作者为何要开展这一研究？②作者基于什么推理提出了什么观点？③作者如何检验这一观点？④这一观点有什么价值和启示？由于一篇文章往往数十页，而回答这四个问题能够帮助读者很快地理解文章的精华。笔者相信，这种写作逻辑不仅可以帮助读者节省时间和精力，也更容易使读者萌发新的研究想法。

（三）交叉融合

本书的交叉融合主要体现在下述几点：①产品触觉、人际触觉和产品-产品触觉的交叉融合。尽管本书关注的是产品触觉，但是书中提出的有待未来解决的研究议题却不局限于产品触觉。具体而言，本书提出的多个未来有待解决的研究议题，都是从人际触觉和产品-产品触觉的子研究领域中汲取灵感的。原因在于，产品触觉、人际触觉和产品-产品触觉之间本身就是融会贯通的，不存在很大的领域壁垒。②消费者产品触觉和其他消费者行为研究领域的交叉融合。从本书各篇章提出的有待未来解决的研究议题可以看出，本书在对三类消费者产品触觉体验的前因和后效层面进行思考和展望时，从消费者行为这一大研究方向下的很多小研究领域中汲取了养分，包括但不局限于：除触觉外的其他四种感官、消费者信息加工、消费者决策制定等。③营销学科和心理学科之间的交叉融合。读者阅读完本书会发现，本书具有相对浓厚的心理学色彩。这一方面是因为笔者具有心理学背景；另一方面是因为消费者触觉领域的很多理论和方法源于心理学。本书各篇提出的待解决研究议题都涉及从消费者的心理和行为角度来探究三类产品触觉体验的前因及后效。

（四）本书的实践价值落地于线上购物和线下购物

本书是基于笔者对线下购物和线上购物的思考完成的。作为本书的实践意义的体现与落地，线下购物和线上购物贯穿全书内容。具体而言，本书第一篇在论述消费者产品触觉体验的研究价值时，从线下零售渠道和线上零售渠道进行了交叉介绍。本书第二篇和第三篇从线下购物视角，分别论述了对产品触摸体验的有无和产品具体触感体验这两类产品触觉体验的前因和后效。与前三篇基于线下传统购物的视角不同，第四篇基于线上购物视角论述了对消费者产品触摸体验和具体触感体验的缺乏的补偿，以及消费者对产品容易触摸体验的感知及其后效。

（五）每章均有内容导图

本书第三章至第十五章开头部分均有内容导图，这些内容导图是对每章内容的高度视觉化提炼和展现。为做到清晰和统一，这些内容导图的中间部分均是各章的研究主题，左侧是已有研究的观点精髓，右侧是笔者提出的待解决的研究议题。笔者希望通过这样的梳理，能够让读者清晰地了解每章研究主题的内容和发展走向。读者可以通过第一篇的本书内容框架图了解全书概貌，通过第三章至第十五章开头部分的内容导图了解每一章的详细内容。这些内容导图更加佐证了本书是一本消费者产品触觉领域的文献检索工具书，而且不仅是感兴趣的读者了解这一领域的工具书，也是研究者开展这一领域相关研究的工具书。

第三节　本 书 价 值

一、对研究者的价值

本书是一本消费者触觉领域的文献工具书，能够帮助对这一领域感兴趣的研究者了解这一领域的研究概貌、主要研究者、研究空缺，以及解决这些研究空缺的可能途径。本书文献涉及消费者产品触觉领域的大多数文献，尤其是这一领域的重要文献。所以，初学者可以通过阅读本书迅速了解这一领域，资深研究者可以对本书所提观点进行讨论和思考。根据对已有文献的梳理，笔者发现，目前国内外尚未有学者从三类触觉体验的视角来梳理消费者触觉领域的理论基础、研究方法，也未有学者从三类触觉体验的前因、后效及不同类型 NFT 者的识别层面来介绍消费者触觉这一领域。本书做了上述工作，因此，本书具有很强的学术性。此外，除了对消费者触觉领域感兴趣的读者外，对消费者心理和行为的其他研究领域感兴趣的读者也可以从本书找到灵感和启发。因为各学术领域在本质上是相通的。消费者心理和行为的研究在本质上都是研究概念及其前因和后效以及内在机制。本书具有清晰的阐述体系和完善的研究思路，也能为消费者心理和行为的其他研究提供借鉴。

二、对管理者的价值

本书具有一定的管理实践价值。由于本书第一章第二节已经从实践层面详细论述了本书所关注的触觉体验及消费者行为这一领域研究的重要性和必要性，所以此处仅简要阐述。本书关注的线下购物和线上购物情境下的消费者产品触觉体验的前因和后效这一主题和管理实践紧密相关。在线下购物情境下，消费者触摸产品的行为和对产品的具体触感体验究竟是如何形成的，又是如何影响消费者对产品的评估和购买决策的？这些问题是线下零售商、前台服务人员、一线销售人员、产品和品牌经理等关心的。本书第二篇和第三篇对这些问题的相关研究进行了梳理和介绍。这些梳理和介绍有助于上述人员了解产品触摸体验的有无和产品具体触感体验对消费者的影响，并以此来调整产品、价格、促销和渠道等策略。

类似地，在线上购物情境下，消费者的产品触摸体验和产品具体触感体验处于缺失状态，如何补偿消费者的这两类触觉体验，是线上零售商和服务提供商等关心的问题。本书第九章对这一问题进行了深入回答。此外，在线上购物情境下，究竟哪些因素会影响消费者对产品的触摸容易体验，以及这种产品触摸容易体验会对消费者随后的决策产生怎样的影响，这也是线上零售商和服务提供商等关心的问题。本书第五章、第九章和第十章对这些问题进行了梳理和回答。这些梳理和回答能够帮助线上零售商和服务提供商等了解消费者在线上购物时的心理和行为，并以此优化营销策略。最后，本书在第五篇详细介绍了识别不同类型 NFT 者的方式以及三类触觉体验对不同类型 NFT 者的后效。这些内容为营销人员针对不同类型 NFT 者制定和调整相关营销策略提供了具体的、可操作性强的启示。

三、对政策制定者和消费者的价值

除了具有管理实践价值外，本书也对政策制定者如何增加消费者的福祉有一定启示作用。本书介绍了三类产品触觉体验的前因及后效。其中一些前因涉及消费者的心理需求，一些后效涉及消费者的冲动购买、冲动触摸、昂贵产品购买、不健康食物的购买和摄入等。从长远来看，这些后效会给消费者带来财务风险和健康风险。然而，消费者通过阅读本书，可以对自己的触摸行为和购买行为有更深的了解，以规避自身的冲动购物和不健康食物摄入。同样地，政策制定者通过阅读本书，可以获得关于公共政策制定和调整方面的启示，进而增加消费者的福祉。比如，通过投放公益广告、公益宣传片等方式呼吁消费者警惕“鼓励触摸”的诱饵，引导消费者进行理性购物而非感官体验式购物。

第四节　本书不足和未来研究方向

一、本书不足

（一）本书是一本文献工具书

从本质上而言，本书是一本文献工具书，也是一篇大型文献综述。本书是建立在笔者过去 10 年来在消费者触觉领域的积累和沉淀的基础上形成的。书中所提的很多观点、研究猜想、研究假设，以及对文献的阐释仅代表笔者的主观理解，因此部分学术观点和研究猜想难免存在思维不严密或不客观的地方，这些仅供读者参考和讨论。如果读者想要围绕这些研究猜想和研究假设开展相应的实证研究，还需要阅读大量文献以找到更全面的推理依据。

（二）对灵感和严谨性的权衡

本书的写作思路源于笔者的灵感涌现，但是一些有趣的灵感由于未被及时记录而丢失，也有一些灵感由于逻辑推演不合理没有被写进本书。为保证严谨性，笔者未将一些逻辑推演不合理的灵感写进本书。严谨性和灵感在很多时候是一种悖论。这种悖论体现在理性和感性、聚合性思维和发散性思维、谨慎和粗糙等方面，对任何一方的追求都会损失另一方。

（三）本书尚存在纰漏

本书在较短的时间内完成，尽管几易其稿，但难免存在纰漏。比如，在起初产生写书想法时，笔者在大脑中构建了多幅蓝图。但随着写作的推进，笔者遇到了较多困难，如教学、科研和家务等对写作时间的挤占，这就使得最初构思的多种蓝图无法全部实现。又比如，本书可能没有完全囊括消费者触觉领域的所有文献。除此之外，出于逻辑清晰起见，本书仅基于消费者三类产品触觉体验的前因和后效视角介绍已有研究议题和展望未来研究议题，视角单一既是本书的优点，也是劣势所在。

二、未来研究方向

（一）对人际触觉和产品-产品触觉这两个领域进行梳理和述评

本书仅聚焦于产品触觉这一具体的消费者触觉领域进行梳理、述评和展望。由于学识浅显，笔者仅在和产品触觉相关的部分对人际触觉和产品-产品触觉进行了简单介绍。但笔者认为很有必要对这两个领域进行系统介绍和梳理，因为国内尚未有类似书籍出版。如果是对人际触觉领域进行梳理，笔者认为可以晕轮效应为切入点；如果是对产品-产品触觉领域进行梳理，可以考虑疾病传染担忧这一知识点，这刚好可以和当前的新冠肺炎疫情背景关联起来。

（二）对消费者的触摸渴望进行专题阐述

消费者为何会渴望触摸产品、触摸他人、触摸环境、触摸自己？触摸自我和触摸他人会给消费者带来怎样的差异化影响？哪一类消费者更渴望触摸他人，哪一类消费者会在遇到心理威胁时更倾向于触摸自己？笔者一直对这些问题颇感兴趣，也把这些问题抛出来与志同道合者一起探讨。与上述问题相关的是，触摸特定对象仅仅是一种行为表现，那么触摸渴望背后的驱动因素是什么？是对安全的寻求还是对大自然的拥抱？是对归属的寻求还是对控制的寻求？回答这些问题能够帮助我们更加了解触觉所能发挥的作用。

（三）从其他视角探究消费者的产品触觉体验

尽管笔者对消费者产品触觉这一领域钻研了 10 年，但这个汪洋大海中仍然有很多奥秘有待揭晓。究竟哪一类产品触觉体验对消费者决策的影响更大，哪一类的影响更弱？究竟消费者和他人对产品的触觉体验和产品-产品之间的触觉体验、人际触觉体验在前因和后效上有何不同和相似之处？这些都是本书尚未回答的问题。

（四）对消费者的其他感官体验进行梳理和展望

触觉研究只是感官体验领域的一个子研究领域，除触觉外，感官体验还包含听觉、嗅觉和味觉。消费者用听觉来感受产品的声音，用嗅觉用来感受产品的气味，用味觉来感受产品的味道。由此可以看出，这些感官体验之间既有差异也有相似之处，很有必要对其先比较，从而得出一些共识性的研究结论。实际上，有关听觉体验、嗅觉体验和味觉体验和消费者行为的关系已经受到大量学者的关注。但由于本书主题的限制，本书并未对这三个子领域的已有研究进行梳理和述评。如果后续精力和时间允许，笔者想针对听觉、嗅觉和味觉这三个主题的消费者行为研究进行梳理和展望。

（五）探究技术变革对营销学科尤其是产品触觉领域的影响

产品触觉研究隶属于营销学科，而营销学科深受技术变迁的影响。在 20 世纪末期，线上购物的兴盛给实体店带来了严峻挑战。由此，学者开始集中研究实体店该如何通过满足消费者的触摸渴望来吸引顾客，以及线上虚拟店铺如何通过补偿或弱化消费者的触摸渴望来挽留顾客，也就产生了本书中所提的有关产品触摸体验的有无和产品具体触感体验的大量研究。2010 年之后，具有触摸功能的平板电脑和智能手机的普及，使得消费者在无法触摸产品时能够通过触摸屏幕中的产品图片来获得和实际触摸类似的情感体验以及决策信心。2014 年，布拉塞尔和吉普斯（Brasel & Gips，2014）探究了直接触摸界面和间接触摸界面的差异，推进了佩克和舒（Peck & Shu，2009）发现的有关产品触摸和拥有者身份感知的研究结论。之后的五六年间，学术界出现了大量与触摸屏和图片相关的实证研究。近年来，有关电脑界面的文章的发表数量开始下降，但有关虚拟现实技术和触觉反馈技术的文章的发表数量开始增加。

总而言之，技术更新会影响营销学科的发展，具体表现之一是对产品触觉领域学者的研究主题的影响。技术到底走向何处？消费者的产品触觉体验寻求究竟是逐渐走向虚拟世界还是回归传统店铺？究竟学者是否该追随技术相关的研究热点？追随这些研究热点的好处和弊端又是什么？本书并未回答这些问题。

参 考 文 献

丁瑛 & 宫秀双. (2016). 社会排斥对产品触觉信息偏好的影响及其作用机制. *心理学报*, (10), 1302-1313.

丁瑛 & 杨晨. (2021). 社会拥挤如何影响炫耀性消费：基于自我表达需求的中介作用. *南开管理评论*, (4), 161-173.

董伶俐. (2017). 触觉体验对消费者购买决策判断的影响：兼论 NFT 与决策环境的调节作用. *经济经纬*, (5), 123-127.

董伶俐 & 晁钢令. (2012). 触觉对高技术产品创新扩散影响研究：兼论决策环境的调节作用. *经济管理*, (6), 128-137.

董泽瑞 & 杜建刚. (2020). 手工制造的积极效应及其对产品评价的影响机制研究. *南开管理评论*, (3), 188-199.

范晓明, 王晓玉 & 杨祎. (2019). 手工制作效应——手工制作对产品质量评价的影响研究. *管理科学学报*, (8), 33-45.

郭秀艳. (2004). *实验心理学*. 北京：人民教育出版社.

韩晓燕 & 迟毓凯. (2012). 自发社会比较中的威胁效应及自我平衡策略. *心理学报*, (12), 1628-1640.

贺远琼, 唐漾一 & 张俊芳. (2016). 消费者心理逆反研究现状与展望. *外国经济与管理,* (2), 49-61.

黄静, 郭昱琅, 王诚 & 颜垒. (2015).“你摸过，我放心!”在线评论中触觉线索对消费者购买意愿的影响研究. *营销科学学报*, (1), 133-151.

黄敏学 & 王薇. (2019). 移动购物更快吗？决策场景与思维模式的相容性. *心理学报*, (5), 612-624.

雷亮, 王菁煜 & 柳武妹. (2020). 稀缺对个体心理和行为的影响：基于一个更加整合视角下的阐释. *心理科学进展*, (5), 833-843.

柳武妹. (2021). 数码时代下的产品触觉研究：新主题和新方向. *珞珈管理评论*, (3), 69-86.

柳武妹 & 张东. (2022). “触摸限制”策略会适得其反：触摸限制—多样化寻求效应. *营销科学学报*.

柳武妹, 黄河清 & 叶富荣. (2020).消费者行为研究中的田野实验：概念、操作介绍与开展建议. *外国经济与管理*, (3), 35-56.

柳武妹, 王海忠 & 王静一. (2014). 消费行为领域的触觉研究: 回顾、应用与展望. *外国经济与管理*, (4), 25-35.

柳武妹, 王静一 & 邵建平. (2016). 消费者触摸渴望的形成机制解析——基于认知体验视角. *心理学报*, (4), 410-422.

柳武妹, 雷亮, 李志远, 苏云 & 黄晓治. (2018). 触摸, 还是不触摸? 先前触摸促进新产品接受. *心理学报*, (7), 782-792.

迈克尔・所罗门. (2014). *消费者行为学（第 8 版・中国版）*. 杨晓燕, 等译. 北京: 中国人民大学出版社.

魏华, 段海岑 & 周宗奎. (2018). 具身认知视角下的消费者行为. *心理科学进展*, (7), 1294-1306.

小卡尔・麦克丹尼尔 & 罗杰・盖茨. (2019). *当代市场调研(原书第 10 版)*. 李桂华, 等译. 北京: 机械工业出版社.

易仲怡, 杨文登 & 叶浩生. (2018). 具身认知视角下软硬触觉经验对性别角色认知的影响. *心理学报*, (7), 793-802.

张计划, 陈晓健 & 谭铭. (2020). 点击还是滑动? 移动端翻页动作对用户在线沉浸感强度的影响研究. *外国经济与管理*, (2), 59-70.

钟科, 王海忠 & 杨晨. (2014). 感官营销战略在服务失败中的运用: 触觉体验缓解顾客抱怨的实证研究. *中国工业经济*, (1), 114-126.

钟科, 王海忠 & 杨晨. (2016). 感官营销研究综述与展望. *外国经济与管理*, (5), 69-85.

Abouab, N., & Gomez, P. (2015). Human contact imagined during the production process increases food naturalness perceptions. *Appetite*, *91*, 273-277.

Ackerman, J. M., Nocera, C. C., & Bargh, J. A. (2010). Incidental haptic sensations influence social judgments and decisions. *Science*, *328*(5986), 1712-1715.

Adaval, R. (2018). From doubt to functionality: An imagery story. *Foundations and Trends in Marketing*, *11*(2), 71-142.

Amedi, A., Jacobson, G., Hendler, T., Malach, R., & Zohary, E. (2002). Convergence of visual and tactile shape processing in the human lateral occipital complex. *Cerebral Cortex, 12*(11), 1202-1212.

Argo, J. J., Dahl, D. W., & Morales, A. C. (2006). Consumer contamination: How consumers react to products touched by others. *Journal of Marketing*, *70*(2), 81-94.

Argo, J. J., Dahl, D. W., & Morales, A. C. (2008). Positive consumer contagion: Responses to attractive others in a retail context. *Journal of Marketing Research*, *45*(6), 690-701.

Balaji, M. S., Raghavan, S., & Jha, S. (2011). Role of tactile and visual inputs in product evaluation: A multisensory perspective. *Asia Pacific Journal of Marketing and Logistics*, *23*(4), 513-530.

Barsalou, L.W. (2008). Grounded cognition. *Annual Review of Psychology*, *59*(1), 617-645.

Baumeister, R. F., & Leary, M. R. (1995). The need to belong: Desire for interpersonal attachments as a fundamental human motivation. *Psychological Bulletin, 117*(3), 497-529.

Baumeister, R. F., & Tice, D. M. (1990). Anxiety and social exclusion. *Journal of Social and Clinical Psychology, 9*(2), 165-195.

Bayliss, A. P., Paul, M. A., Cannon, P. R., & Tipper, S. P. (2006). Gaze cuing and affective judgments of objects: I like what you look at. *Psychonomic Bulletin and Review, 13*(6), 1061-1066.

Beck, A. T., Laude, R., & Bohnert, M. (1974). Ideational components of anxiety neurosis. *Archives of General Psychiatry, 31*(3), 319-325.

Belk, R. W. (1988). Possessions as the extended self. *Journal of Consumer Research, 15*(2), 39-168.

Bem, D. J. (1972). Self-perception theory 1. //L. Berkowitz. *Advances in Experimental Social Psychology 6* (pp. 61-99). New York: Academic Press.

Berning, C. A. K., & Jacoby, J. (1974). Patterns of information acquisition in new product purchases. *Journal of Consumer Research, 1*(2), 18.

Biswas, D., Szocs, C., Krishna, A., & Lehmann, D. R. (2014). Something to chew on: The effects of oral haptics on mastication, orosensory perception, and calorie estimation. *Journal of Consumer Research, 41*(2), 261-273.

Bless, H., & Schwarz, N. (2010). Mental construal and the emergence of assimilation and contrast effects: The inclusion/exclusion model. *Advances in Experimental Social Psychology, 42*(3), 319-373.

Brasel, S. A., & Gips, J. (2014). Tablets, touchscreens, and touchpads: How varying touch interfaces trigger psychological ownership and endowment. *Journal of Consumer Psychology, 24*(2), 226-233.

Brasel, S. A., & Gips, J. (2015). Interface psychology: Touchscreens change attribute importance, decision criteria, and behavior in online choice. *Cyberpsychology, Behavior and Social Networking, 18*(9), 534-538.

Brehm, J. W. (1966). *A Theory of Psychological Reactance.* New York: Academic Press.

Brendl, C. M., Markman, A. B., & Messner, C. (2003). The devaluation effect: Activating a need devalues unrelated choice options. *Journal of Consumer Research, 29*(4), 463-473.

Bruner, J. S. (1957). On perceptual readiness. *Psychological Review, 64*(2), 123-152.

Bruner, J. S., & Coodman, C. C. (1947). Value and need as organizing factors in perception. *The Journal of Abnormal Social Psychology, 42*(1), 33-44.

Burger, J. M. (1989). Negative reactions to increases in perceived personal control. *Journal of Personality and Social Psychology, 56*(2), 246-256.

Burger, J. M., & Cooper, H. M. (1979). The desirability of control. *Motivation and Emotion, 3*(4),

381-393.

Cacioppo, J. T., Priester, J. R., & Berntson, G. G. (1993). Rudimentary determinants of attitudes. II: Arm flexion and extension have differential effects on attitudes. *Journal of Personality and Social Psychology*, *65*(1), 5-17.

Campbell, J. D., Trapnell, P. D., Heine, S. J., Katz, I. M., Lavallee, L. F., & Lehman, D. R. (1996). Self-concept clarity: Measurement, personality correlates and cultural boundaries. *Journal of Personality and Social Psychology*, *70*(6), 141-156.

Cannon, P. R., Hayes, A. E., & Tipper, S. P. (2010). Sensorimotor fluency influences affect: Evidence from electromyography. *Cognition and Emotion*, *24*(4), 681-691.

Castro, I. A., Morales, A. C., & Nowlis, S. M. (2013). The influence of disorganized shelf displays and limited product quantity on consumer purchase. *Journal of Marketing*, *77*(4), 118-133.

Charles, K. K., Hurst, E., & Roussanov, N. (2009). Conspicuous consumption and race. *Social Science Electronic Publishing, 124*(2), 425-467.

Cho, S., & Workman, J. (2011). Gender, fashion innovativeness and opinion leadership, and need for touch. *Journal of Fashion Marketing and Management: An International Journal*, *15*(3), 363-382.

Chung, S., Chakravarti, A., & Zwick, R. (2016). It feels softer than it looked: Contrast-priming effects of touch-screen users in multi-channel shopping. *Advances in Consumer Research*, *44*, 225-230.

Chung, S., Kramer, T., & Wong, E. M. (2018). Do touch interface users feel more engaged? The impact of input device type on online shoppers' engagement, affect, and purchase decisions. *Psychology and Marketing*, *35*(11), 795-806.

Cian, L., Krishna, A., & Elder, R. S. (2015). A sign of things to come: Behavioral change through dynamic iconography. *Journal of Consumer Research, 41*(6), 1426-1446.

Citrin, A. V., Stem, D. E., Spangenberg, E. R., & Clark, M. J. (2003). Consumer need for tactile input: An internet retailing challenge. *Journal of Business Research*, *56*(11), 915-922.

Collins, R. L. (1996). For better or worse: The impact of upward social comparison on self-evaluations. *Psychological Bulletin*, *119*(1), 51-69.

Coulter, K. S. (2016). How hand proximity impacts consumer responses to a persuasive communication. *Psychology and Marketing*, *33*(2), 135-149.

Dai, X., & Hsee, K. (2013). Wish versus worry: Ownership effects on motivated judgment. *Journal of Marketing Research*, *50*(2), 207-215.

de Vries, R., Jager, G., Tijssen, I., & Zandstra, E. H. (2018). Shopping for products in a virtual world: Why haptics and visuals are equally important in shaping consumer perceptions and attitudes. *Food Quality and Preference, 66*(6), 64-75.

Dhar, R., & Wertenbroch, K. (2000). Consumer choice between hedonic and utilitarian goods. *Journal of Marketing Research, 37*(1), 60-71.

Dubois, D., Rucker, D. D., & Galinsky, A. D. (2010). The accentuation bias: Money literally looms larger (and sometimes smaller)to the powerless. *Social Psychological and Personality Science, 1*(3), 199-205.

Eelen, J., Dewitte, S., & Warlop, L. (2013). Situated embodied cognition: Monitoring orientation cues affects product evaluation and choice. *Journal of Consumer Psychology, 23*(4), 424-433.

Eisenberger, N. I., Lieberman, M. D., & Williams, K. D. (2003). Does rejection hurt? An fMRI study of social exclusion. *Science, 302*(5643), 290-292.

Elder, R. S., Schlosser, A. E., Poor, M., & Xu, L. (2017). So close I can almost sense it: The interplay between sensory imagery and psychological distance. *Journal of Consumer Research, 44*(4), 877-894.

Elder, R., & Krishna, A. (2012). The "Visual Depiction Effect" in advertising: Facilitating embodied mental simulation through product orientation. *Journal of Consumer Research, 38*(6), 988-1003.

Epley, N., Waytz, A., & Cacioppo, J. T. (2007). On seeing human: A three-factor theory of anthropomorphism. *Psychological Review, 114*(4), 864-886.

Ernst, M. O., & Banks, M. S. (2002). Humans integrate visual and haptic information in a statistically optimal fashion. *Nature, 415*(6870), 429-433.

Ert, E., Raz, O., & Heiman, A. (2016). (Poor)Seeing is believing: When direct experience impairs product promotion. *International Journal of Research in Marketing, 33*(4), 881-895.

Escalas, J. E. (2004). Imagine yourself in the product: Mental simulation, narrative transportation, and persuasion. *Journal of Advertising, 33*(2), 37-48.

Fazio, R. H., & Zanna, M. P. (1978). On the predictive validity of attitudes: The role of direct experience and confidence. *Journal of Personality, 46*(2), 228-243.

Festinger, L. (1957). *A theory of cognitive dissonance*. Stanford: Stanford University Press.

Findlater, L., Froehlich, J. E., Fattal, K., Wobbrock, J. O., & Dastyar, T. (2013). Age-related differences in performance with touchscreens compared to traditional mouse input. *Sigchi Conference on Human Factors in Computing Systems*(p. 343). ACM.

Fitzsimons, G. J. (2000). Consumer response to stockouts. *Journal of Consumer Research*, *27*(2), 249-266.

Flavell, J. H. (1979). Metacognition and cognitive monitoring: A new area of cognitive-developmental inquiry. *American Psychologist*, *34*(10), 906-911.

Fuchs, C., Schreier, M., & van Osselaer, S. M. J. (2015). The handmade effect: What's love got to do with it? *Journal of Marketing, 79*(2), 98-110.

Frazer, J. G. (1955). *The Golden Bough: A Study in Magic and Religion(Part 2): Taboo and The Perils of the Soul*. New York: Macmillan.

Galoni, C., & Noseworthy, T. J. (2015). Does dirty money influence product valuations? *Journal of Consumer Psychology, 25*(2), 304-310.

Gérard, J., & Helme-Guizon, A. (2018). Within a hair's breadth of buying the product: The impact of tangible and intangible bodily cues of contamination: The role of disgust and mental imagery. *Applied Cognitive Psychology, 32*(5), 537-549.

Gilovich, T., Griffifin, D. W., & Kahneman, D. (2002). *Heuristics and Biases: The psychology of Intuitive Judgment*. Cambridge: Cambridge University Press.

González-Benito, O., Martos-Partal, M., & San Martín, S. (2015). Brands as substitutes for the need for touch in online shopping. *Journal of Retailing and Consumer Services, 27*, 121-125.

Griskevicius, V., Tybur, J. M., Sundie, J. M., Cialdini, R. B., Miller, G. F., & Kenrick, D. T. (2007). Blatant benevolence and conspicuous consumption: When romantic Motives elicit strategic costly signals. *Journal of Personalit and Social Psychology, 93*(1), 85-102.

Grohmann, B., Spangenberg, E. R., & Sprott, D. E. (2007). The influence of tactile input on the evaluation of retail product offerings. *Journal of Retailing, 83*(2), 237-245.

Hadi, R., & Valenzuela, A. (2019). Good vibrations: Consumer responses to technology-mediated haptic feedback. *Journal of Consumer Research, 47*(2), 256-271.

Hagtvedt, H., & Adam Brasel, S. (2017). Color saturation increases perceived product size. *Journal of Consumer Research, 44*(2), 396-413.

Harrar, V., & Spence, C. (2013). The taste of cutlery: How the taste of food is affected by the weight, size, shape, and colour of the cutlery used to eat it. *Flavour, 21*(2), 1-12.

Haskell, R. E. (2001). *Transfer of Learning: Cognition, Instruction, and Reasoning*. San Diego: Academic Press.

Hattula, J., Herzog, W., & Ravi, D. (2017). When touch interfaces boost consumer confidence: The role of instrumental need for touch. *Association for Consumer Research North American Conference*.

Higgins, E. T. (1997). Beyond pleasure and pain. *American Psychologist, 52*(12), 1280-1300.

Hofstede, G. (2001). Culture's consequences: Comparing values, behaviors, institutions and organizations across nations. *Behaviour Research and Therapy, 41*(7), 861-862.

Holbrook, M., & Hirschman, E. C. (1982). The experiential aspects of consumption: Consumer fantasies, feelings, and fun. *Journal of Consumer Research, 9*(2), 132-140.

Hommel, B. (1996). The cognitive representation of action: Automatic integration of perceived action effects. *Psychological Research, 59*(3), 176-186.

Hong, J., & Sun, Y. (2012). Warm it up with love: The effect of physical coldness on liking of romance movies. *Journal of Consumer Research, 39*(2), 293-306.

Hornik, J. (1992). Tactile stimulation and consumer response. *Journal of Consumer Research, 19*(3), 449-458.

Hsu, Y. I., & Ngoc, A. N. (2016). The handmade effect: What is special about buying handmade? *International Review of Management and Business Research, 5*(2), 594-609.

Huang, J. Y., Ackerman, J. M., & Sedlovskaya, A. (2017). (De)contaminating product preferences: A multi-method investigation into pathogen threat's influence on used product preferences. *Journal of Experimental Social Psychology, 70*(5), 143-152.

Hubert, M., Blut, M., Brock, C., Backhaus, C., & Eberhardt, T. (2017). Acceptance of smartphone-based mobile shopping: Mobile benefits, customer characteristics, perceived risks, and the impact of application context. *Psychology & Marketing, 34*(2), 175-194.

Huyghe, E., Verstraeten, J., Geuens, M., & van Kerckhove, A. (2015). Clicks as a healthy alternative to bricks: How online grocery shopping reduces vice purchases. *Journal of Marketing Research, 54*(1), 61-74.

Ijzerman, H., & Semin, G. R. (2010). Temperature perceptions as a ground for social proximity. *Journal of Experimental Social Psychology*, 46, 867-873.

Ijzerman, H., Gallucci, M., Pouw, W. T. J. L., Weiβgerber, S. C., & van Williams, K. D. (2012). Cold-blooded loneliness: Social exclusion leads to lower skin temperatures. *Acta Psychologica, 140*(3), 283-288.

Jackson, P. L., Meltzoff, A. N., & Decety, J. (2006). Neural circuits involved in imitation and perspective-taking. *Neuroimage, 31*(1), 429-439.

Janiszewski, C., & Meyvis, T. (2001). Effects of brand logo complexity, repetition, and spacing on processing fluency and judgment. *Journal of Consumer Research, 28*(1), 18-32.

Jansson-Boyd, C., & Marlow, N. (2007). Not only in the eye of the beholder: Tactile information can affect aesthetic evaluation. *Psychology of Aesthetics, Creativity, and the Arts, 1*(3), 170-173.

Jha, S., Balaji, M. S., Peck, J., Oakley, J., & Deitz, G. D. (2020). The effects of environmental haptic cues on consumer perceptions of retailer warmth and competence. *Journal of Retailing, 96*(4), 590-605.

Jhang, J. H., Grant, S. J., & Campbell, M. C. (2012). Get it? Got it. Good! Enhancing new product acceptance by facilitating resolution of extreme incongruity. *Journal of Marketing Research, 49*(2), 247-259.

Jin, S. V., & Phua, J. (2015). The moderating effect of computer users' autotelic need for touch on brand trust, perceived brand excitement, and brand placement awareness in haptic games and in-game advertising(IGA). *Computers in Human Behavior*, *43*(2), 58-67.

Jostmann, N. B., Lakens, D., & Schubert, T. W. (2009). Weight as an embodiment of importance. *Psychological Science*, *20*(9), 1169-1174.

Kahneman, D., Knetsch, J. L., & Thaler, R. H. (1990). Experimental tests of the endowment effect and the coase theorem. *Journal of Political Economy*, *98*(6), 1325-1348.

Kang, M. J., Hsu, M., Krajbich, I. M., Loewenstein, G., McClure, S. M., Wang, J. T., & Camerer, C. F. (2009). The wick in the candle of learning: Epistemic curiosity activates reward circuitry and enhances memory. *Psychological Science, 20*(8), 963-973.

Kashdan, T. B., Rose, P., & Fincham, F. D. (2004). Curiosity and exploration: Facilitating positive subjective experiences and personal growth opportunities. *Journal of Personality Assessment*, *82*(3), 291-305.

Kierkels, J., & van den Hoven, E. (2008). Children's haptic experiences of tangible artifacts varying in hardness. *Nordic Conference on Human-computer Interaction*(pp.221-228). DBLP.

Klatzky, R. L. & Peck, J. (2012). Please touch: Object properties that invite touch. *IEEE Transactions on Haptics, 5*(2), 139-147.

Klatzky, R. L., Lederman, S. J., & Matula, D. E. (1993). Haptic exploration in the presence of vision. *Journal of Experimental Psychology: Human Perception and Performance*, *19*(4), 726-743.

Koriat, A., Ma'ayan, H., & Nussinson, R. (2006). The intricate relationships between monitoring and control in metacognition: Lessons for the cause-and-effect relation between subjective experience and behavior. *Journal of Experimental Psychology*: *General*, *135*(1), 36-69.

Kramer, T., & Block, L. G. (2014). Like Mike: Ability contagion through touched objects increases confidence and improves performance. *Organizational Behavior and Human Decision Processes*, *124*(2), 215-228.

Krishna, A. (2006). Interaction of senses: The effect of vision versus touch on the elongation bias. *Journal of Consumer Resear*ch, *32*(4), 557-566.

Krishna, A. (2012). An integrative review of sensory marketing: Engaging the senses to affect perception, judgment and behavior. *Journal of Consumer Psychology*, *22*(3), 332-351.

Krishna, A., & Morrin, M. (2008). Does touch affect taste? The perceptual transfer of product container haptic cues. *Journal of Consumer Research*, *34*(6), 807-818.

Krishna, A., & Schwarz, N. (2014). Sensory marketing, embodiment, and grounded cognition: A review and introduction. *Journal of Consumer Psychology*, *24*(2), 159-168.

Krishna, A., Elder, R. S., & Caldara, C. (2010). Feminine to smell but masculine to touch? Multisensory congruence and its effect on the aesthetic experience. *Journal of Consumer Psychology, 20*(4), 410-418.

Kristofferson, K., McFerran, B., Morales, A. C., & Dahl, D. W. (2016). The dark side of scarcity promotions: How exposure to limited-quantity promotions can induce aggression. *Journal of Consumer Research*, *43*(5), 683-706.

Kühn, F., Lichters, M., & Krey, N. (2020). The touchy issue of produce: Need for touch in online grocery retailing. *Journal of Business Research*, *117*, 244-255.

Labroo, A. A., & Nielsen, J. H. (2010). Half the thrill is in the chase: Twisted inferences from embodied cognitions and brand evaluation. *Journal of Consumer Research*, *37*(1), 143-158.

Landau, M. J., Meier, B. P., & Keefer, L. A. (2010). A metaphor-enriched social cognition. *Psychological Bulletin*, *136*(6), 1045-1067.

Lederman, S. J., & Klatzky, R. L. (1990). Haptic classification of common objects: Knowledge-driven exploration. *Cognitive Psychology*, *22*(4), 421-459.

Lee S. H., & Workman, J. (2014). Gossip, self-monitoring and fashion leadership: Comparison of US and South Korean consumers. *Journal of Consumer Marketing*, *31*(6/7), 452-463.

Lee, A. Y., & Labroo, A. A. (2004). The effect of conceptual and perceptual fluency on brand evaluation. *Journal of Marketing Research*, *41*(2), 151-165.

Lee, M. K. O., & Turban, E. (2001). A trust model for consumer internet shopping. *International Journal of Electronic Commerce*, *6*(1), 75-91.

Lee, S. H., Workman, J. E., & Jung, K. (2016). The influence of need for touch, gender on internet shopping attitudes among korean consumers. *International Journal of Fashion Design, Technology and Education*, *10*(2), 230-239.

Levav, J., & Argo, J. J. (2010). Physical contact and financial risk taking. *Psychological Science*, *21*(6), 804-810.

Levav, J., & Zhu, R. (2009). Seeking freedom through variety. *Journal of Consumer Research*, *36*(4), 600-610.

Lin, H. M., Yen, Y. X., & Lin, H. C. (2017). The effects of temperature and need for touch on variety-seeking behavior. *Management Review*, *36,* 121-132.

Linkenauger, S. A., Witt, J., Stephanucci, J., & Proffitt, D. (2006). Ease to grasp an object affects perceived distance. *Journal of Vision*, *6*(6), 724-724.

Liu, W., Batra, R., & Wang, H. (2017). Product touch and consumers' online and offline buying: The role of mental representation. *Journal of Retailing*, *93*(11), 369-381.

Liu, Y., & Jiang, Z. (2020). Harder and smoother on touchscreens? How interaction mode affects consumer product judgment. *Hawaii International Conference on System Sciences*, *1*, 4165-4174.

Liu, Y., Zang, X., Chen, L., Assumpção, L., & Li, H. (2018). Vicariously touching products through observing others' hand actions increases purchasing intention, and the effect of visual perspective in this process: An FMRI study. *Human Brain Mapping*. *39*(1), 332-343.

Macrae, C. N., Raj, R. S., Best, S. B., Christian, B. M., & Miles, L. K. (2013). Imagined sensory experiences can shape person perception: It's a matter of visual perspective. *Journal of Experimental Social Psychology*, *49*(3), 595-598.

Madzharov, A. V. (2019). Self-control and touch: When does direct versus indirect touch increase hedonic evaluations and consumption of food. *Journal of Retailing*, *95*(4), 170-185.

Mai, R., Symmank, C., & Seeberg-Elverfeldt, B. (2016). Light and pale colors in food packaging: When does this package cue signal superior healthiness or inferior tastiness? *Journal of Retailing, 92*(4), 426-444.

Maille, V., Morrin, M., & Reynolds-McIlnay, R. (2020). On the other hand: Enhancing promotional effectiveness with haptic cues. *Journal of Marketing Research, 57*(1), 100-117.

Manzano, R., Gavilan, D., M Ferrɑ́n, Avello, M., & Abril, C. (2016). Autotelic and instrumental need for touch: Searching for and purchasing apparel online. *International Journal of Economics and Management Sciences*, *5*(2), 1-7.

Marlow, N., & Jansson-Boyd, C.V. (2011). To touch or not to touch; that is the question. Should consumers always be encouraged to touch products, and does it always alter product perception? *Psychology and Marketing*, *28*(3), 256-266.

McCabe, D. B., & Nowlis, S. M. (2003). The effect of examining actual products or product descriptions on consumer preference. *Journal of Consumer Psychology*, *13*(4), 431-439.

McDaniel, C., & Baker, R. C. (1977). Convenience food packaging and the perception of product quality. *Journal of Marketing*, *41*(4), 57-58.

Mehta, R., & Zhu, R. (2009). Blue or red? exploring the effect of color on cognitive task performances. *Science*, *323*(5918), 1226-1229.

Metcalfe, J., & Mischel, W. (1999). A hot/cool-system analysis of delay of gratification: Dynamics of willpower. *Psychological Review*, *106*(1), 3-19.

Meyers-Levy, J., Zhu, J. R., & Jiang, L. (2010). Context effects from bodily sensations: Examining bodily sensations induced by flooring and the moderating role of product viewing distance. *Journal of Consumer Research*, *37*(1), 1-14.

Miron, A. M., & Brehem, J. W. (2006). Reactance theory—40 years later. *Zeitschrift Für Sozialpsychologie*, *37*(1), 9-18.

Mittal, B. (2015). Self-concept clarity: Exploring its role in consumer behavior. *Journal of Economic Psychology*, *46*(2), 98-110.

Monsour, M. (1992). Meanings of intimacy in cross-and same-sex friendships. *Journal of Social and*

Personal Relationships, *9*(2), 277-295.

Moore, S. G., & Fitzsimons, G. J. (2014). Yes, we have no bananas: Consumer responses to restoration of freedom. *Journal of Consumer Psychology*, *24*(4), 541-548.

Morales, A. C., & Fitzsimons, G. J. (2007). Product contagion: Changing consumer evaluations through physical contact with "disgusting" products. *Journal of Marketing Research*, *44*(2), 272-283.

Moulard, J. G., Rice, D. H., Garrity, C. P., & Mangus, S. M. (2014). Artist authenticity: How artists' passion and commitment shape consumers' perceptions and behavioral intentions across genders. *Psychology and Marketing*, *31*(8), 576-590.

Newman, G. E., & Bloom, P. (2014). Physical contact influences how much people pay at celebrity auctions. *Proceedings of the National Academy of Sciences*, *111*(10), 3705-3708.

Newman, G. E., Diesendruck, G., & Bloom, P. (2011). Celebrity contagion and the value of objects. *Journal of Consumer Research*, *38*(2), 215-228.

Norton, M. I., Mochon, D., & Ariely, D. (2012). The "IKEA" effect: When labor leads to love. *Journal of Consumer Psychology*, *22*(3), 453-460.

Noseworthy, T. J., & Trudel, R. (2011). Looks interesting, but what does it do? Evaluation of incongruent product form depends on positioning. *Journal of Marketing Research*, *48*(6), 1008-1019.

Nuszbaum, M., Voss, A., Klauer, K. C., & Betsch, T. (2010). Assessing individual differences in the use of haptic information using a german translation of the need for touch scale. *Social Psychology, 41*(4), 263-274.

Otterbring, T. (2016). Touch forbidden, consumption allowed: Counter-intuitive effects of touch restrictions on customers' purchase behavior. *Food Quality and Preference*, *50*, 1-6.

Papies, E. K., Best, M., Gelibter, E., & Barsalou, L.W. (2017). The role of simulations in consumer experiences and behavior: Insights from the grounded cognition theory of desire. *Journal of the Association for Consumer Research*, *2*(4), 402-418.

Pecher, D., & van Dantzig, S. (2016). The role of action simulation on intentions to purchase products. *International Journal of Research in Marketing*, *33*(4), 971-974.

Peck, J., & Childers, T. L. (2003a). Individual differences in haptic information processing: The "Need for Touch" scale. *Journal of Consumer Research*, *30*(3), 430-442.

Peck, J., & Childers, T. L. (2003b). To have and to hold: The influence of haptic information on product judgments. *Journal of Marketing*, *67*(2), 35-48.

Peck, J., & Childers, T. L. (2006). If I touch it I have to have it: Individual and environmental influences on impulse purchasing. *Journal of Business Research*, *59*(6), 765-769.

Peck, J., & Childers, T. L. (2008). Sensory factors and consumer behavior. *Handbook of Consumer Psychology*, *6*, 193-219.

Peck, J., & Johnson, J. W. (2011). Autotelic need for touch, haptics, and persuasion: The role of involvement. *Psychology & Marketing*, *28*(3), 222-239.

Peck, J., & Shu, S. B. (2009). The effect of mere touch on perceived ownership. *Journal of Consumer Research*, *36*(3), 434-447.

Peck, J., & Wiggins, J. (2006). It just feels good: Customers' affective response to touch and its influence to persuasion. *Journal of Marketing*, *70*(4), 56-69.

Peck, J., Barger, V. A., & Webb, A. (2013). In search of a surrogate for touch: The effect of haptic imagery on perceived ownership. *Journal of Consumer Psychology*, *23*(2), 189-196.

Peng, X., Wang, X., & Teo, H. H. (2017). Touch makes you think concretely: The effects of computer interfaces on product evaluation. *Proceedings*, *10*, 1-10.

Pesquita, A., Brennan, A. A., Enns, J. T., & Soto-Faraco, S. (2013). Isolating shape from semantics in haptic-visual priming. *Experimental Brain Research*, *227*(3), 311-322.

Petit, O., Velasco, C., & Spence, C. (2019). Digital sensory marketing: Integrating new technologies into multisensory online experience. *Journal of Interactive Marketing*, *45*(2), 42-61.

Phau, I., & Lo, C. (2004). Profiling fashion innovators: A study of self-concept, impulse buying and internet purchase intent. *Journal of Fashion Marketing and Management*, *8*(4), 399-411.

Ping, R. M., Dhillon, S., & Beilock, S. L. (2009). Reach for what you like: The body's role in shaping preferences. *Emotion Review*, *1*(2), 140-150.

Pino, G., Amatulli, C., Nataraajan, R., Angelis, M. D., Peluso, A. M., & Guido, G. (2020). Product touch in the real and digital world: How do consumers react? *Journal of Business Research, 112*, 492-501.

Puri, R. (1996). Measuring and modifying consumer impulsiveness: A cost-benefit accessibility framework. *Journal of Consumer Psychology*, *5*(2), 87-113.

Raghubir, P., & Krishna, A. (1999). Vital dimensions: Antecedents and consequences of biases in volume perceptions. *Journal of Marketing Research*, *36*(3), 313-326.

Ramanathan, S, & Menon, G. (2002). *Don't Know Why, But I Had This Craving: Goal-dependent Automaticity in Impulsive Decisions.* New York: New York University.

Rathee, R., & Rajain, P. (2019). Online shopping environments and consumer's need for touch. *Journal of Advances in Management Research*, *16*(5), 814-826.

Reber, R., Schwarz, N., & Winkielman, P. (2004). Processing fluency and aesthetic pleasure: Is beauty in the perceiver's processing experience? *Personality and Social Psychology Review, 8*(4), 364-382.

Ren, H., Kang, H., Ryu, S., & Han, K. (2017). The effects of swiping orientation on preference and willingness to pay: The interaction between touch interface and need-for-touch. *Korean Society for Emotion and Sensibility*, *20*(4), 65-78.

Ringler, C., Sirianni, N. J., Gustafsson, A., & Peck, J. (2019). Look but don't touch! The impact of active interpersonal haptic blocking on compensatory touch and purchase behavior. *Journal of Retailing*, *95*(4), 186-203.

Robles-De-La-Torre, G. (2006). The importance of the sense of touch in virtual and real environments. *IEEE Multimedia*, *13*(3), 24-30.

Rook, D. W. (1987). The buying impulse. *Journal of Consumer Research*, *14*, 189-199.

Rook, D. W., & Fisher, R.J. (1995). Normative influences on impulsive buying behavior. *Journal of Consumer Research, 22*(3), 305-313.

Rothbaum, F., Weisz, J. R., & Snyder, S. S. (1982). Changing the world and changing the self: A two-process model of perceived control. *Journal of Personality and Social Psychology, 42*(1), 5-37.

Rozin, P., & Fallon, A. E. (1987). A perspective on disgust. *Psychological Review*, *94*(1), 23-41.

Rozin, P., & Nemeroff, C. (2002). *Sympathetic Magical Thinking: The Contagion and Similarity "Heuristics".* Cambridge: Cambridge University Press.

Rozin, P., Millman, L., & Nemeroff, C. (1986). Operation of the laws of sympathetic magic in disgust and other domains. *Journal of Personality and Social Psychology*, *50*(4), 703-712.

Ruan B., Peck J., Tanner R., & Wang L. (2016). Grip not to slip: How haptic roughness leads to psychological ownership. *Advances in Consumer Research*, *44*, 225-230.

Rutjens, B. T., van Harreveld, F., & van der Pligt, J. (2010). Yes we can: Belief in progress as compensatory control. *Social Psychological and Personality Science, 1*(3), 246-252.

Schaefer, M., Xu, B., Flor, H., & Cohen, L. G. (2009). Effects of different viewing perspectives on somatosensory activations during observation of touch. *Human Brain Mapping*, *30*(9), 2722-2730.

Schwarz, N. (2004). Metacognitive experiences in consumer judgment and decision making. *Journal of Consumer Psychology*, *14*(4), 332-348.

Schwarz, N., & Clore, G. L. (1983). Mood, misattribution, and judgments of well-being: Informative and directive functions of affective states. *Journal of Personality and Social Psychology*, *45*(3), 513-523.

Shahibi, M. S., & Aziz, F. (2017). The effect of smartphone that influence the compulsive usage among students. *International Journal of Academic Research in Business and Social Sciences, 7*(8), 888-908.

Shen, H., & Rao, A. (2016). Looks good to me: How eye movements influence product evaluation. *Journal of Consumer Psychology*, *26*(3), 435-440.

Shen, H., & Sengupta, J. (2012). If you can't grab it, it won't grab you: The effect of restricting the dominant hand on target evaluations. *Journal of Experimental Social Psychology*, *48*(2), 525-529.

Shen, H., Zhang, M., & Krishna, A. (2016). Computer interfaces and the "Direct-Touch" effect: Can iPads increase the choice of hedonic food? *Journal of Marketing Research*, *53*(5), 745-758.

Shiv, B., & Fedorikhin, A. (1999). Heart and mind in conflict: The interplay of affect and cognition in consumer decision making. *Journal of Consumer Researc*h, *26*(3), 278-292.

Siegel R.E. (1970). *Galen on Sense Perception*. Basel: S. Karger.

Silva, S., & Duarte, P. (2017). Understanding the mediating effects of the relationship between consumer's need-for-touch and online purchase propensity: A comparison study between China and Portugal. *European International Business Conference*. EIBA.

Smith, R. E., & Swinyard, W. R. (1983). Attitude-behavior consistency: The impact of product trial versus advertising. *Journal of Marketing Research*, *20*(3), 257-267.

Smith, R. K., Newman, G. E., & Dhar, R. (2015). Closer to the creator: Temporal contagion explains the preference for earlier serial numbers. *Journal of Consumer Psychology*, *42*(5), 653-668.

Snow, J. C., Strother, L., & Humphreys, G. W. (2014). Haptic shape processing in visual cortex. *Journal of Cognitive Neuroscience*, *26*(5), 1154-1167.

Solomon, M. R. (2017). *Consumer Behavior*. Hoboken: Pearson Education Limited.

Stavrova, O., Newman, G. E., Kulemann, A., & Fetchen-hauer, D. (2016). Contamination without contact: An examination of intention-based contagion. *Judgment and Decision Making*, *11*(6), 554-571.

Stevens, J. C., & Green, B. G. (1996). *History of Research on Touch*: *Pain and Touch*. San Diego: Academic Press.

Streicher, M. C., & Estes, Z. (2016). Multisensory interaction in product choice: Grasping a product affects choice of other seen products. *Journal of Consumer Psychology*, *26*(4), 558-565.

Streicher, M. C., & Estes. Z. (2015). Touch and go: Merely grasping a product facilitates brand perception and choice. *Applied Cognitive Psychology*, *29*(3), 350-359.

Szpunar, K. K., Spreng, R. N., & Schacter, D. L. (2014). A taxonomy of prospection: Introducing an organizational framework for future-oriented cognition. *Proceedings of the National Academy of Sciences*, *111*(52), 18414-18421.

Tai, K., Zheng, X., & Narayanan, J. (2011). Touching a teddy bear mitigates negative effects of social exclusion to increase prosocial behavior. *Social Psychological and Personality Science*, *2*(6),

618-626.

Taylor, S. E., & Schneider, S. K. (1989). Coping and the simulation of events. *Social Cognition*, *7*(2), 174-194.

Thaler, R. (1980). Toward a positive theory of consumer choice. *Journal of Economic Behavior and Organization*, *1*(1), 39-60.

Thayer, S. (1986). Touch: Frontier of intimacy. *Journal of Nonverbal Behavior*, *10*(1), 7-11.

Trope, Y., & Liberman, N. (2003). Temporal construal. *Psychological Review*, *110*(3), 403-421.

Trope, Y., & Liberman, N. (2010). Construal-level theory of psychological distance. *Psychological Review*, *117*(3), 1024-1024.

Trope, Y., Liberman, N., & Wakslak, C. (2007). Construal levels and psychological distance: Effects on representation, prediction, evaluation, and behavior. *Journal of Consumer Psychology, 17*(2), 83-95.

Tucker, M., & Ellis, R. (1998). On the relations of seen objects and components of potential actions. *Journal of Experimental Psychology: Human Perception and Performance*, *24*(3), 830-846.

Tucker, M., & Ellis, R. (2001). The potentiation of grasp types during visual object categorization. *Visual Cognition*, *8*(6), 769-800.

Underhill, P. (2001). Why we buy: The science of shopping. *The Cornell Hotel and Restaurant Administration Quarterly*, *42*(3), 8-9.

Vallacherr, R., & Wegner, D. M. (1989). Levels of personal agency: Individual variation in action identification. *Journal of Personality and Social Psychology*, *57*(4), 660-671.

van Denbroucke, S., Crombez, G., Loeys, T., & Goubert, L. (2015). Vicarious experiences and detection accuracy while observing pain and touch: The effect of perspective taking. *Atten Percept Psychophys*, *77*(5), 1781-1793.

van Dijk, B., & Paap, R. (2008). Explaining individual response using aggregated data. *Econometric Institute Research Papers*, *146*(1), 1-9.

van Horen, F., & Mussweiler, T. (2014). Soft assurance: Coping with uncertainty through haptic sensations. *Journal of Experimental Social Psychology*, *54*, 73-80.

van Horen, F., & Pieters, R. (2012). When high-similarity copycats lose and moderate-similarity copycats gain: The impact of comparative evaluation. *Journal of Marketing Research*. *49*(1), 83-91.

Vess, M. (2012). Warm thoughts: Attachment anxiety and sensitivity to temperature cues. *Psychological Science*, *23*(5), 472-474.

Vieira, V. A. (2013). The association between need for touch and desire for unique products and consumer(inter)dependent problem-solving. *Revista de Administração*, *48*(3), 481-499.

Vogt, J., Lozo, L., Koster, E. H. W., & DeHouwer, J. (2011). On the role of goal relevance in emotional attention: Disgust evoke early attention to cleanliness. *Cognition and Emotion*, *25*(3), 466-477.

Vrána, J., & Mokry, S. (2020). Haptics and its effect on consumers' intentions using neuroscientific methods: Literature review. *Acta Universitatis Agriculturae et Silviculturae Mendelianae Brunensis*, *68*(2), 451-457.

Wang, C., Zhu, R., & Handy, T. C. (2016). Experiencing haptic roughness promotes empathy. *Journal of Consumer Psychology*, *26*(3), 350-362.

Wang, F., Zuo, L., Yang, Z., & Wu, Y. (2019). Mobile searching versus online searching: Differential effects of paid search keywords on direct and indirect sales. *Journal of the Academy of Marketing Science*, *47*(6), 1151-1165.

Wang, L., Yu, Y., & Li, O. (2020). The typeface curvature effect: The role of typeface curvature in increasing preference toward hedonic products. *Psychology and Marketing*, *37*(8), 1118-1137.

Wang, R. J. H., Malthouse, E. C., & Krishnamurthia, L. (2015). On the go: How mobile shopping affects customer shopping behavior. *Journal of Retailing*, *91*(2), 217-234.

Wenzler, S., Levine, S., van Dick, R., Oertel-Knche, V., & Aviezer, H. (2016). Beyond pleasure and pain: Facial expression ambiguity in adults and children during intense situations. *Emotion*, *16*(6), 807-814.

White, K., Lin, L., Dahl, D. W., & Ritchie, R. J. B. (2016). When do consumers avoid imperfections? Superficial packaging damage as a contamination cue. *Journal of Marketing Research*, *53*(1), 110-123.

Whitson, A., & Galinsky, A. D. (2008). Lacking control increases illusory pattern perception. *Science*, *322*(5898), 115-117.

Williams, L. E., & Bargh, J. A. (2008). Experiencing physical warmth promotes interpersonal warmth. *Science*, *322*(5901), 606-607.

Wills, T. A. (1981). Downward comparison principles in social psychology. *Psychological Bulletin*, *90*(2), 245-271.

Winkielman, P., & Cacioppo, J. T. (2001). Mind at ease puts a smile on the face: Psychophysiological evidence that processing facilitation elicits positive affect. *Journal of Personality and Social Psychology*, *81*(6), 989-1000.

Wrosch, C., Heckhausen, J., & Lachman, M. E. (2000). Primary and secondary control strategies for managing health and financial stress across adulthood. *Psychology and Aging*, *15*(3), 387-399.

Xu, K., Chan, J., Ghose, A., & Han, D. P. (2017). Battle of the channels: The impact of tablets on digital commerce. *Management Science*, *63*(5), 1469-1492.

Yazdanparast, A., & Spears, N. (2013). Can consumers forgo the need to touch products? An investigation of nonhaptic situational factors in an online context. *Psychology & Marketing, 30*(1), 46-61.

Zampini, M., Mawhinney, S., & Spence, C. (2006). Tactile perception of the roughness of the end of a tool: What role does tool handle roughness play? *Neuroscience Letters, 400*(3), 235-239.

Zhang, M., & Li, X. (2012). From physical weight to psychological significance: The contribution of semantic activation. *Journal of Consumer Research, 38*(6), 1063-1075.

Zheng, L., & Bensebaa, F. (2022). Need for touch and online consumer decision making: The moderating role of emotional states. *International Journal of Retail and Distribution Management, 50*(1), 55-75.

Zhong, C. B., & Leonardelli, G. J. (2008). Cold and lonely: Does social exclusion literally feel cold? *Psychological Science, 19*(9), 838-842.

Zhou, X., He, L., Yang, Q., Lao, J., & Baumeister, R. F. (2012). Control deprivation and styles of thinking. *Journal of Personality and Social Psychology, 102*(3), 460-478.

Zhu, R., & Metha, R. (2017). Sensory experiences and consumer creativity. *Journal of Association for Consumer Research, 2*(4), 472-484.

Zhu, Y., & Meyer, J. (2017). Getting in touch with your thinking style: How touchscreens influence Purchase. *Journal of Retailing and Consumer Services, 38*(9), 51-58.